郑国 著

变动社会下的信仰分化

上海灵学会研究

BIANDONG SHEHUIXIA DE XINYANG FENHUA
SHANGHAI LINGXUEHUI YANJIU

中国社会科学出版社

图书在版编目（CIP）数据

变动社会下的信仰分化：上海灵学会研究／郑国著.—北京：
中国社会科学出版社，2017.12
ISBN 978 - 7 - 5203 - 0869 - 4

Ⅰ.①变… Ⅱ.①郑… Ⅲ.①信仰—研究 Ⅳ.①B92

中国版本图书馆 CIP 数据核字（2017）第 210441 号

出 版 人	赵剑英
责任编辑	赵　丽
责任校对	王　龙
责任印制	王　超

出　　版	中国社会科学出版社
社　　址	北京鼓楼西大街甲 158 号
邮　　编	100720
网　　址	http://www.csspw.cn
发 行 部	010 - 84083685
门 市 部	010 - 84029450
经　　销	新华书店及其他书店

印　　刷	北京明恒达印务有限公司
装　　订	廊坊市广阳区广增装订厂
版　　次	2017 年 12 月第 1 版
印　　次	2017 年 12 月第 1 次印刷

开　　本	710×1000 1/16
印　　张	14.25
插　　页	2
字　　数	201 千字
定　　价	59.00 元

自　序

在近代中国西学东渐的过程中，科学无疑是最有影响力的主题之一。伴随着近代时局的变换，知识界对科学的体认逐渐深入，经历了由模糊到清晰的过程。灵学，自清末被视为科学而引入，至"五四"时期被新青年派批判为鬼神迷信。这个过程较有代表性地演示了知识界认知科学的曲折历程，体现了中西新旧之间多重因素互为纠结和重新组合的一个侧面。展示这一历程，有助于今人了解近代知识界对科学认知由模糊转向清晰的复杂性。

灵学是西来之物。因译介者翻译和理解的不同，民初，中国灵学的称谓不一，有"心灵学""精神学""灵魂学""鬼学"等。这类多重表述，显示了灵学尚处于引介阶段。本书论述的灵学与灵学派，分别指民国初年相信灵异存在、研究神秘现象的社会意识及其相应的社会组织。

因灵学研究对象的神秘性，译介传播者多以其与传统巫术迷信对应比附，进而相信后者具有"学理"价值。传统巫术迷信借灵学复活，其身份获得提升，谈论鬼神，亦被视为"科学研究"。这种动向模糊了西来科学之边界，淆乱了知识界对科学的理解。较有影响力的《东方杂志》成为传播灵学的重要期刊。其对西方灵学研究的最新进展和主要人物及时被译介传入，渲染了浓郁的灵学氛围。近代，中国较早的灵学组织多由留日学生成立于日本，采用设立分会和发展会员的方式，侧重于传习催眠术。民初，上海聚集了一批类似的灵学组织。

灵学企图沟通新旧，为旧学"新解"提供了"学脉"。灵学会成立前夕，该会主要人物杨践形对神秘之术的体验即经历了由扶乩到催眠术，再到扶乩的过程。扶乩因能"证验"鬼神而成为透视"灵学世界"的窗口。灵学会以扶乩为中心，仿近代学会的形式，组建了盛德坛，以乩坛研究"学理"，以学会吸收会员，扩展空间，以杂志输出"学理"。为标榜"学术研究"，盛德坛的坛规有一个从宽松到严格的过程，取缔了前期叩问休咎以及为凡人摄取"鬼影"的功能。至后期，灵学会会员减少，《灵学丛志》拖期严重，参观人员罕至，渐显败迹。

灵学会有其特定的社会网络。其相关人员多出自无锡，而又以"春来党"人居多。在清末社会，他们多为忧时之士，早年接受新学，响应新政，兴办学堂，后多支持或参加革命。在业缘方面，他们多栖身书局，其中不乏业内翘楚。在学缘方面，他们多新旧兼备，且以研修佛学者居多。面对民初权威失序和信仰失范的现实，他们感怀世事，将西来之灵学视为"科学"，切磋交流，将其推向社会，从早年批判鬼神迷信转向相信鬼神，回到"鬼神之说不昌，国家之命遂促"的说教，倡扬"鬼神救世"。

扶乩是民初灵学实践的一个标本。通过辩驳"作伪说""潜意识说"和"灵鬼说"，灵学会自诩扶乩为"人神相格"之术，虚构了一个鬼神灵魂的"日常世界"，以之导引当下。该会自认灵学为"科学"，以比附和"弥补"科学来论证其合法性，即试图比附科学家群体和科学方法，纳鬼神为研究对象，以拓展科学边界，抨击偏于物质之科学，提倡所谓"精神"之科学，从而成为一种声势颇大的社会意识。

灵学会挪用科学的概念，主张有鬼论，淆乱了科学边界，从而被提倡科学的新青年派定为批判对象。新青年派对灵学的批判大体分为三个阶段，主要围绕哲学、科学和历史传统三种路径展开。陈独秀以海克尔的一元论否定有鬼论，易乙玄起而辩护，提出科学不尽能解释感觉，遭到了陈独秀和刘叔雅的反驳。当时，某些灵学者多以羼入自我理解的以太、放射等科学知识作为论证灵学的依据，所论似是而非，陈大齐、王星拱等则以科学知识匡谬辨正，戳破了灵学者的"学理"基础，钱玄同等则从历史传统出发否定有鬼论。通过论辩，新青年派宣传了无鬼说，澄清了知识界对科学的认知，在社会上产生了深远的影响。

　　综上所述，灵学在近代中国的传播纠结了近代与传统的多重因素。相应地，灵学会在形式与功能上亦具有复杂的面相。知识界对科学的认知模糊是灵学得以汇为思潮的重要原因。在经历了新青年派的批判之后，科玄论战从科学有无边界出发，批判灵学为非科学。1931 年，马克思主义者艾思奇等以辩证唯物主义继续批判灵学，才逐渐确立了科学的清晰界限。灵学（或其变名）作为一种人类求索神秘的情愫还远未消失，但知识界对科学的理解无疑也在逐渐进步。

目　　录

导　论

一　问题缘起

灵学又称"心灵学""心灵研究""灵魂学""精神科学"等。本书论述的灵学与灵学派分别指民初中国相信灵异存在、研究神秘现象的社会意识及其相应的社会组织。民初，中国灵学涉及的内容大部分古已有之，但将其界定为"灵学"进行专门的研究，并组织同人团体自称为科学之一，明显受西学的影响，是西学传入和旧学新释的结果。

中国近代以来曾被激烈批判的倡扬鬼神的神秘文化，在民初以灵学的名义重又泛起，这反映了社会心理和社会思想的波折，表明了当时知识界一部分人对科学认知的模糊。因此，本书沉入灵学派内部来研究民初灵学，分析其传入、内容、组织、传播等，描述时人对知识、思想与社会的思考，展现灵学思潮背后的思想变动与问题意识，对认识近代中国中西文化交流与中西学权势转移、理解时人思想变动的历程以及民初的社会变迁、考察知识界对科学的认知由模糊到清晰的历程，具有一定的学术意义。

同时，灵学在中国近代的传播，既有外来的机缘、当下的际会，也有中国传统思想的基因。特别是后者，作为社会心理的一部分，中国传统思想的基因具有较强的传承性。因此，研究灵学，探讨其本质内容在民初中国的发展与延续，有重要的现实借鉴作用。20世纪70年代末，始于四川唐雨"耳朵认字"特异功能的传播，可以说是灵学变换名称后的又一次泛起。这在时人的忆述中也多次被提及。流沙河的《该燃犀照怪了》一文结合自己从轻信到怀疑的过程，生动地反映了这一文化传播现象的起落明灭。现征引如下。

> 光阴何其快啊，吴蜀少年唐雨耳朵认字事件于今二十年了。那年我还在故乡的县文化馆工作，恭读省上党报，大开眼界，深信耳朵真能听出纸团上的字来。不但信，还鼓吹，斥不信者"不懂人体科学"。时当长夜破晓，鄙人乐观未来，轻信奇迹，甚至灵迹。随后调回成都工作，从海外弄来几本灵学书，读了，惊悉灵魂有重量二十一克（因为据说人死了称体重减少二十一克）。还看了人体飞升照片（一男在众人仰视中悬浮低空）和灵魂出窍照片（一裸女之腋、乳、脐、阴、鼻、口、耳诸部冒出白烟），大为激动。不久，各地奇迹蜂起，特异大师也出山了，煞是热闹。待到某类气功热遍全国之后，那些大师更像活神仙了。奈何满天肥皂泡终有破灭日，二十年过了，那些奇迹安在哉。①

二　学术史回顾

目前，学术界关于民初中国灵学的研究主要从中国近代史和伪科学批判这两个角度展开。现回顾如下。

（一）中国近代史角度的研究

史学界对民初中国灵学的研究相当薄弱，成果不多，论文仅见

---

① 流沙河：《该燃犀照怪了》，吴茂华《流沙河短文》，四川文艺出版社 2001 年版，第 286—287 页。

6篇。① 专著尚付阙如，仅在相关著作中涉及。以下拟分别梳理。

从时间来看，这6篇论文中有4篇发表于20世纪80年代，余下的两篇分别出现在2000年和2007年。这些文章基本描绘出了民初中国灵学的大体概貌，如吴光的《灵学·灵学会·〈灵学丛志〉简介》是一篇介绍性文章，从民初中国灵学研究的起源、内容及其主要组织、灵学会的宗旨和人员、《灵学丛志》的主要内容及新青年派对灵学的批判等方面一一对其做了介绍，基本展示了民初中国灵学研究以及新青年派批判灵学的大体情况。文章观点明确，提出了民初中国出现的灵学是"宣扬宗教迷信、唯心主义的东西"，是"西方腐朽文化和中国封建主义文化相结合的产物，是对抗新文化、阻碍民主革命发展的唯心主义理论"。②

多数文章立足于论述五四时期新青年派批判鬼神迷信的斗争。相关论者提出，民初灵学会以灵学谈论鬼神，实质上是中国旧有鬼神迷信转换名义后的重又泛起，理所当然地遭到了新青年派的批判。陈独秀的《有鬼论质疑》和易白沙的《诸子无鬼论》都重视借鉴古代无神论思想，都援引东汉王充的无神论思想来批判灵学。为此，吴光把东汉王充的无神论思想与五四时期的批判迷信联系起来进行考察，提出了鬼神迷信的根深蒂固和批判继承优秀文化的时代意义。③ 此外，吴光还以《论〈新青年〉反对鬼神迷信的斗

---

① 这里统计的篇目限于直接以灵学为题研究的论文。其他相关论文非常之多，如仅中国社会科学院近代史研究所《纪念五四运动六十周年学术讨论会论文选》（中国社会科学出版社1980年版）所涉及的论文有彭明《民主、科学和社会主义》、侯外庐《五四时期的民主和科学思潮》、丁守和《陈独秀和〈新青年〉》、李锐《青年毛泽东的思想方向》、严家炎《五四文学革命的性质问题》、戴念祖《五四运动和现代科学在我国的传播》，等等。此类研究多为反衬五四时期的思潮格局，局限于介绍性陈述。这里不一一梳理。

② 《中国哲学》第10辑，生活·读书·新知三联书店1983年版。

③ 吴光：《王充的无神论与五四时期的反迷信斗争》，《浙江学刊》1981年第1期。

争》① 为题，认为论战与反对封建专制的政治斗争密切相关，与近代西方自然科学中的唯物主义同唯心主义的斗争有着密切的思想联系，认为其也是中国古代唯物论与唯心论、无神论和有鬼论之间的斗争在新的历史条件下的继续和发展。李延龄的《论五四时期无神论与灵学鬼神思想斗争的时代意义》一文与吴光研究的角度相似，并补充提出了批判灵学有助于国民性的改造。②

同样是批判灵学，程钢的文章从分析陈独秀如何批判灵学的思路入手，揭示其一元论思想的来源与变异，亦即通过对批判武器的分析，提出陈氏一元论预示着"一种新世界观和新思维方式的萌芽"。程文认为，陈氏不拘泥于灵学具体真伪的判断，而直接从世界观的角度立论，体现了其思想界领袖的魅力，并进而提出其世界观的原型为德国海克尔的物质一元论。同时，该文还对陈独秀论证的思路和依据提出了质疑，涉及对海克尔思想的变异性运用，提出"陈独秀同他的西方思想原型相比，差别明显。海克尔只认为它是一个合理的假设而已，而陈独秀坚信它为'科学法则'"，亦即把科学理论的假设作为信仰。③ 这反映了近代中国一种普遍存在的科学主义思维方式。

灵学是被一部分人视为西方科学而引入的，仅仅批判灵学为鬼神迷信只是看到了问题的一个方面，应该进一步提出这种鬼神迷信所具有的时代特征，揭示其在科学的旗帜下与中国传统巫术迷信结合的事实。吴光认为，灵学"本非中国特产，而是一批封建买办文人和资产阶级文人从西方文化垃圾堆中贩运到中国来的一种精神鸦片，是融古今中外迷信思想于一炉的唯心主义哲学大杂烩"。④ 黄克武则进一步提出，要走出"以往的研究多从实证科学的角度，将

---

① 《近代史研究》1981 年第 2 期。

② 《长白学刊》2000 年第 4 期。

③ 程钢：《陈独秀反灵学中的一元论思想及其渊源》，《清华大学学报》1989 年第 3、4 期。

④ 《中国哲学》第 10 辑，生活·读书·新知三联书店 1983 年版。

灵学贬为'封建迷信'"这一认识的局限，主张避免黑白对立的评价，"尝试从描写、分析的角度"正视灵学的出身，他认为当时科学本身的复杂性和变动性是灵学派得以"汲取、吸收、挪用"的原因。他还研究得出灵学试图假借科学的传播方式并不成功，"绝大多数参与者只是零星地讨论、附会西方灵学、心理学等方面的知识，而回归到佛道理论与扶乩传统，根本谈不上知识层面的'结合'。很多人都认为灵学会是在五四启蒙运动所代表的科学精神围剿之下，因而败下阵来，实际上它内在的限制亦不容忽略"。① 这是从灵学与科学的角度来解释灵学昙花一现的原因，较之 20 世纪80 年代的认识更深入了一步。但是，为什么当时灵学会的出现只是"零星地讨论、附会西方灵学、心理学等方面的知识"？笔者认为这需要追溯到灵学传入的源头来看，是否灵学在传入伊始即已发生变异而倒向传统巫术迷信。

除以上直接以"灵学"为题的研究论文外，学界在研究民国初年的文化史、哲学史、文学史、区域史时，也或多或少地涉及灵学这一特殊面相。此类著作较多，这里不一一罗列，兹举要说明。

在对中国近代社会新陈代谢的研究中，陈旭麓从科学发展与社会现实两个方面总结了灵学泛滥的原因："从认识论来说，'科学公例'所不能解释的地方，总是神秘主义和不可知论得以滋生的土壤；从那个时候的社会现实来说，当人们因社会动荡及其所带来的精神痛苦而无法掌握自己的命运时，人们往往会向神灵世界祈求希望和慰藉。基于以上两点，灵学成为那个时候广有声势的社会意识。"② 这是符合灵学思潮泛滥因缘的高明之见，值得进一步对当时"科学发展"和"社会现实"这两部分史实展开深入剖析。就"科学公例"而言，在中国近代知识界对科学认知由浅入深的过程

---

① 黄克武：《民国初年上海的灵学研究——以上海灵学会为例》，《中央研究院近代史研究所集刊》2007 年第 55 期。

② 陈旭麓：《近代中国社会的新陈代谢》，上海人民出版社 1992 年版，第 371页。

中，我们也不能忽视如灵学派挪用科学从而使"科学公例"发生变异和游移而给科学传播带来复杂性的情况。

在总结民国文化的时代精神时，黄兴涛从中西文化交流的角度提出"文化各个领域里中西会通融合的水平并不一致，融会的方式、自觉和努力的程度也有差别"，其中就有"五四时期的'灵学'和抗战时期汉奸理论'新民说'那样的中西杂交的畸形怪胎"。[①]这是符合当时历史事实的研究结论，提示笔者有进一步对具体交流方式展开研究的必要性。从该角度出发，宋仲福等还认为灵学会把儒家人物引为降坛者是对儒学的严重腐蚀，"到'灵学'渗入儒学并在少数封建文人中流行时，简直就把儒学变成了神学；儒家古代圣贤也变成了神和仙。这是儒学真正的厄运，也是最大的危机"。[②]

袁伟时在《中国现代哲学史稿》（上卷）第四章"关于宗教鬼神的辩论"中，主要围绕灵学以及新青年派批判灵学而展开。文章提出灵学会的目的是"以迷信吞噬科学"和"维护孔孟之道"，高度评价了新青年派批判灵学的意义，"这场论辩维护了科学的威严和有利于科学的世界观和方法论，在历史上起了进步作用"。[③]

（二）伪科学批判角度的研究

当代灵学研究的另一缘起是针对20世纪70年代以来的伪科学特别是对特异功能的批判，其内容相对宽泛，能将视野扩展到国外，追踪国外灵学的起源，并部分兼顾民初灵学。此类研究强调科学与非科学的划界，以灵学"是什么"为研究的开始，明确提出灵学伪装或冒充科学的事实以及其在当代中国的变异，提示笔者研究民初灵学绕不开对近代中国科学史的考察。

---

① 黄兴涛：《文化史的视野——黄兴涛学术自选集》，福建教育出版社2000年版，第50页。

② 宋仲福：《儒学在现代中国》，中州古籍出版社1991年版，第58—62页。

③ 袁伟时：《中国现代哲学史稿》（上卷），中山大学出版社1987年版。

此类研究以于光远的《要灵学，还是要自然辩证法》为主要代表。于文缘起于当时特异功能的泛滥，结合中外历史与现实，旗帜鲜明，视野开阔。它首先提出"人体特异功能的研究就是灵学的一个变种；灵学是一门伪科学；是同唯物主义根本对立的"；灵学研究的对象"原来是古代（不论中国或者外国）常讲的事情。在佛家的教义中早就有天眼通、天耳通、他心通等说法。这些事情原来是古代迷信，后来才成为一门学问——灵学"。继而，于文结合恩格斯的《自然辩证法》，叙述了灵学从唯灵论到超心理学转变的历史，提出国外的灵学研究者并不隐瞒自己的唯心主义立场，这与国内的特异功能宣传者口上讲唯物主义而实质反对唯物主义是根本不同的。它揭露了中国特异功能宣传上的谬误和不断游移的矛盾立场，既自认为是 20 世纪 70 年代的新发现，又征引古代典籍且引国外灵学者为同道。最后，于文认为"要从根本上解决问题，就是要反对经验主义"，用唯物辩证法武装自己。受当时社会舆论所限，于光远在文中颇感无奈，表示"到目前为止我得到的反应是赞成的有，但反对的还是占多数"。①

1999 年以来，因对"法轮功"事件的关注，学术界从批判特异功能和反迷信的角度加强了对灵学的研究，有相关论文和著作问世。② 在此类研究中，辛芃追溯了灵学起源的社会原因，提到 19 世纪中期是科学高度发展的时期，也是欧美信仰观念逐渐从宗教崇拜转到崇尚神秘力量的过渡时期，"许多人认为，从招魂术中所找到的慰藉，比传统礼拜中所得到的安慰和追求，有更充实的内容"。

---

① 于光远：《要灵学，还是要自然辩证法》，《自然辩证法通讯》1982 年第 1 期。

② 如杨科：《1979—1999：20 年科学与伪科学的大较量》，《科技潮》2000 年第 3 期；辛芃：《中国特异功能传播的三次浪潮及其文化背景分析》，《科学与无神论》2004 年第 6 期；申振钰：《"法轮功"何以成势》，《2002 年中国反邪教协会年会论文集》（未刊）；吴光：《从近代'灵学会'到当代'法轮功'——对'伪科学、真迷信'的一个历史考察》，《观察与思考》1999 年第 10 期，等等。

民初中国的灵学研究亦发生在清末民初社会转型之际，很有可比性。此外，辛芃还分析了灵学研究的主题，认为催眠术是近代灵学的前驱，"从灵学的历史来看，无论是灵学还是他的现代名称——超心理学，所追逐的一个不变主题——寻找灵魂不灭"。① 潘涛的博士学位论文《灵学——一种精致的伪科学》②，则紧紧围绕灵学"是什么"进行研究，追述了西方灵学的历史并关怀当下中国，认为灵学是一种精致的伪科学，揭示了灵学用精致的表象掩盖其假冒科学的实质，提出了这种研究将为批判灵学的变种"人体特异功能"提供一个参照系。

涂建华的《中国伪科学史》③ 是目前国内研究伪科学方面的专著。在追溯中国伪科学历史时，它把民初灵学视为中国伪科学的一个阶段，把灵学会、中国心灵研究会作为中国灵学传播的开始，但内容仅限于一般性的介绍。

（三）进一步思考的问题

总结以上梳理，学界已基本勾勒出民初中国灵学的概貌，为下一步研究提供了借鉴基础。同时，这些研究仍有进一步补充和推进的余地。

第一，已有研究多从新青年派出发来论述当时批判鬼神迷信的斗争，这无疑以灵学为反衬深化了对当时主流思潮的认识，但以灵学派为视角并以该派为主要对象的讨论则相对较少。有的研究尝试

---

① 辛芃：《从催眠术到唯灵论运动——灵学的起源》，《科学与无神论》1999 年第 2 期。

② 潘涛：《灵学——一种精致的伪科学》，博士学位论文，北京大学，1998 年。有关灵学"是什么"的研究还有数篇国外译作，如［英］A. 弗留：《心灵学是科学还是伪科学》，《国外社会科学》1982 年第 1 期；［加］J. 阿尔科可：《心灵学是科学还是魔法》，《国外社会科学》1983 年第 6 期，等等。

③ 涂建华：《中国伪科学史》，贵州教育出版社 2003 年版。另，此类编著较多，如何祚麻先后主编的《伪科学曝光》（中国社会科学出版社 1996 年版）、《伪科学再曝光》（中国社会科学出版社 1999 年版）等。

以内部视角解读灵学会，但所论尚欠全面。如黄克武的文章，从灵学会广告分析其内容和宣传特点，以会员多寡分析灵学会的兴衰，以扶乩和灵魂摄影分析灵学会的运作，但细节研究仍嫌不够。又如人物研究是历史研究的主题之一，而现有成果多缺乏对灵学会人物的具体研究，不能深入灵学会内部来分析其兴起的动因、洞悉其具体的运作。内部微观研究的缺失往往会影响学者对灵学会的定位。日本学者酒井忠夫将灵学会视作民初新兴宗教运动之一，视为宗教结社。① 除了"宗教结社"和"社会意识""社会思想"的界定似有歧误之外，具体史实的分析也可商榷。陈独秀早就明确表示灵学会与同善社等组织性质不同。在回答何谦生关于同善社的来信时，陈独秀表示，后者"含有复辟作用，只有用刑法来裁制，哪里够得上加以学理的批评"。②

第二，已有研究或略及灵学派假借科学的事实而很快进入批判鬼神的层面，或交代中国近代科学多元与模糊的一面，而未能把民初社会批判灵学的过程同近代中国知识界对科学的认知逐渐清晰的历程结合起来进行考察，从科学传播的层面来评价批判灵学的历史意义。

第三，以往研究在资料的搜集和利用方面尚欠充分，以至目前许多资料的引用有千篇一律的倾向，乃至误导。对灵学组织的研究多限于灵学会，以致对民初灵学共性和特性的认识不够全面。如《上海卫生志》第八篇《专病防治》之"精神病"一章，记有"民国八年（1919 年），马化影在麦特赫斯脱路（今泰兴路）开办上海大精神病治疗院"。③ 实际上，该组织是当时上海众多催眠术组织之一，名为"上海大精神医学会"。当时，上海各灵学组织多开办类似的治疗院，但并非进行严格的科学的精神病治疗。

---

① ［日］酒井忠夫：《民初初期之新兴宗教运动与新时代潮流》，张淑娥译，中国台湾《民间宗教》1995 年第 1 期。
② 陈独秀：《答何谦生》，《独秀文存》，安徽人民出版社 1987 年版，第 831 页。
③ 《精神病》，《上海卫生志》，上海社会科学院出版社 1998 年版。

第四，部分史实考据与描述欠准确，某些批判流于简单化。如把灵学的传入归结为封建主义顽固势力为维护本阶级的反动本性而必然借助于鬼神来阻止国人觉醒。在缺乏对灵学会会员整体研究的情况下，有文章认为"它的大多数参加者的文化水平不高"，等等。

三 研究设想

（一）研究方法

在近代中国中西文化交流融合的过程中，"那些被中国人所不同程度地吸纳了的外来思想，也往往发生区别于西方原型的流变，同中国的国情民俗、文化传统发生或浅或深、或畸或正的融合。因此，在探索近代各思潮的起源上，既要充分把握中国外部条件的变化，也要认真考察中国社会内部的变迁和文化积累"。① 民初，中国灵学者以科学涉足死亡，② 以扶乩"证验"鬼神，隐藏着在中国传统基础上挪用或假借科学的企图。③ 因此，笔者认为，细致解读西来灵学的"流变"以及其与中国文化传统的"融合"，分析其假借科学的过程与方式以及被批判的历程是认识民初中国灵学的关键，而要达此目的，则需要重视对发生过程的梳理、对史实的钩沉

---

① 彭明、程歗：《前言》，《近代中国的思想历程（1840—1949）》，中国人民大学出版社1999年版，第5页。

② 高平子称，"生固科学之宜问，死亦科学所当研"，见《吹万楼日记节钞》，（出版地不详）1940年版，第149页。高平子是近代著名的天文学家。据称，月球坐标6.7S、87.8E之处，有一座以"高平子"命名的环形山，也是唯一以中国近代天文学家命名的环形山。1938年10月左右，高平子致信其叔父即从事扶乩的高爕，希望能通过扶乩"实验"灵学，称"均生平从事实验之学，凡有研讨，常以实验为入手，因验而获信，故虽扶乩之事，自知不免试验之心。惟均所以异于人者，全在求真理之大明，绝不存轻慢之心理"。

③ 在与科学的纠葛中，当代灵学则被赋予了另一重意义。从后现代主义视角出发，灵学被视为对现代性如科学神话等的解构，并以灵学作为重构世界的入口。见《灵学与后现代科学》，［美］大卫·格里芬《后现代科学——科学魅力的再现》，马季方译，中央编译出版社2004年版，第179—191页。

与描述。

学界周知，以往思想文化史研究偏重对文本和结果的分析，近年以来，这种研究则"开始慢慢走出单纯的文本研究的方式，开始关注这些观念、态度、学术、思潮，是在什么样的语境下出现的？在特定的语境里面又是怎么变化？它的传播渠道是什么？它的读者又是哪些人？哪些人、出于怎样的理由接受或者反对？简单来讲，这一类型的历史研究关注的是一种充满了细节的过程。研究者在许多不同的路径和方向上提问各种可能性，然而，回答这些可能性的方式，并不是直接给出确定无疑的解释，而是用各种有趣、鲜活的事实向读者铺陈那些过去了的时间"。① 就灵学研究而言，这种研究将与过去学界多以科学与灵学对立的视角有别，着重分析灵学如何从假借科学到被批判为非科学，从对结果的探讨转向对过程的研究，分析在科学崇拜这一语境下灵学传播的主体、脉络与演变，分析在此过程中人物的思想变动与精神世界，展现当时知识界对科学认知的多元与模糊，从而展示中国近代思想历程的另一个侧面和细节。视角转换，问题或能得以深入。

由此，笔者拟以史料钩沉和史实分析为基本路径，沉入灵学会的内部，具体描述灵学传入的途径与方式、组织与传播、主要人物及内容等，分析灵学是怎样嵌入并激活近代以来曾被激烈批判的传统鬼神信仰的，或者说灵学和传统的鬼神信仰是怎样互动起来的，在这个过程中各自又发生了怎样的变化；补正以往相关研究对灵学与科学关系的重视不足，描述灵学从挪用科学到被界定为非科学的过程，由此管窥民初思想变迁的一种趋势。

（二）相关界定
1. 资料范围
本书依据的资料以民国初期各类报刊、相关的灵学著作为主。

---

① 周武：《新文化史的兴起》，《文汇报》2006 年 11 月 22 日。

其中，《灵学丛志》（1918—1920）为灵学会刊物，共 18 期，北京各图书馆藏全部期刊。为节约篇幅，正文中出现的《灵学丛志》一般简称为"丛志"，注释中简称为《丛志》（各期出版时间见附录的表一）。《心灵》为中国心灵研究会刊物，始自 1913 年，初为一年 4 期，1918 年改为一年春、秋两号，目前，上海图书馆藏 1916年第 4 号、1922 年秋号、1923 年春秋号、1924 年春秋号、1925 年第 1 期（未注明春秋号）及 1931 年 20 周年纪念专号《心灵文化》，共计 8 期。《大精神杂志》为上海大精神医学研究会发行刊物，上海图书馆藏 1922 年夏号。

2. "灵学会"与"上海灵学会"

目前，学界一般有"灵学会"与"上海灵学会"两种命名方式，陈旭麓、吴光等则多表述为前者，黄克武、李延龄等多以后者称之。详查丛志记载，其会名明显为前者，故本书为符合历史原貌，以"灵学会"命名该组织。此外，为显明起见，本书的标题则加"上海"二字以突出地域。

3. 知识界

考虑到近代以来中国对近代科学的理解与运用是一个长期的科学传播和文化建设的过程，特别是本书所涉及或受灵学影响的相关人物或多或少具有一定的科学知识。因此，本书研究的人物主体限定为"知识界"，围绕这一类人群对灵学的认识来探讨近代中国对科学的认知由模糊到清晰的进步过程。

4. 灵学派与新青年派

中国近代学术思想界一个显著的特点是因"派"而显分。据相关研究显示，学术界通常称之为某派的思想家群体就有二三十个之多，"这些群体大多以同人共同创办刊物为组合的纽带，往往是一个刊物形成一个思想家群体，如新青年派群体以《新青年》杂志为纽带"。①《新青年》派出现的同时，鲁迅就有"灵学派"的提法，

---

① 郑大华：《民国思想史论》，社会科学文献出版社 2006 年版，第 3 页。

"其次是一班灵学派的人，不知何以起了极古奥的思想，要请'孟圣矣乎'的鬼来画策；陈百年、钱玄同、刘半农又道他胡说"。[①] 因此，本书将以新青年派和灵学派简称相应的人物。

5. 科学、非科学与伪科学

灵学自认和挪用科学，这需要厘清科学、非科学、伪科学的概念。

关于科学的定义，众说纷纭，从词源上来追寻或能不失其本意。丹皮尔研究提出，"拉丁语词 scientia（scire，学或知）就其最广泛的意义来说，是学问或知识的意思"。今天的英语 science 一词，仅指自然科学，而德语 wissenschaft 则是 scientia 的直译，其意义远比现代意义上的科学更宽泛，不但包括英语 science，而且还包括历史学、语言学及哲学。后来，这一不同体现为近代科学的英美传统和法德传统。今人理解的科学多为法德传统，笼统地称之为知识体系，如《现代汉语词典》定义科学为"科学是反映自然、社会、思维等的客观规律的分科的知识体系"。[②] 用知识体系来理解科学亦是民初普遍的现象。如梁启超有言曰，"有系统之真智识，叫做科学"。[③] 陈独秀则称，"科学者何？吾人对于事物之概念，综合客观之现象，诉之主观之理性而不矛盾之谓也"。[④] 后来，陈独秀更明确地把人事包括在内，表述为"把人事物质一样一样地分析出不可动摇的事实来，我以为这就是科学，也可以说是哲学"。[⑤] 当然，也有人力图调和这两种传统，如王星拱认为，"科学有两个意义：一是广义的，一是狭义的。广义的科学是：凡由科学方法制造出来的，都是科学的……狭义的科学，是指数学、物理学、化

①　鲁迅：《我之节烈观》，《新青年》第 5 卷第 2 号，1918 年。
②　商务印书馆 1996 年第 3 版。
③　梁启超：《科学精神与东西文化》（1922 年 8 月 20 日），王德峰《国性与民德——梁启超文选》，上海远东出版社 1995 年版，第 245 页。
④　陈独秀：《敬告青年》，《独秀文存》，第 8 页。
⑤　陈独秀：《答皆平》，《独秀文存》，第 820 页。

学、生物学、地质学等等"。①

关于非科学，魏屹东研究提出，"非科学是指广义的科学之外的所有知识体系或观念，包括形而上学、宗教、神学、灵学、占星术和迷信等。它不具有或不完全具有科学的特征"。从非科学出发，又有伪科学的定义，即"明知自己不是科学却偏偏谎称自己是科学，或伪装或冒充科学的非科学或反科学"。换言之，非科学不等于伪科学，只是在一定条件下可转化成伪科学。② 田松关于伪科学的定义与魏文的一致，并进一步分析了伪科学产生的文化背景，提出了"中国的伪科学有两个文化背景，一是与科学文化相异的传统文化，二是'五四'以来的唯科学主义"。③ 显然，这与民初灵学传播的文化背景是颇为吻合的。此外，刘大椿、李醒民、刘华杰等亦持此观点。④

6. 时间界定

本书主要探讨民初的灵学传播，即 1912—1928 年之间。灵学会成立于 1917 年 10 月 3 日，其结束时间在正文内有考证，基本涵盖在民初。同时，在追溯背景和交代影响时，本书有所延伸。

此外，《灵学丛志》内出现的时间有阳历和阴历两种，丛志的出版时间为阳历，但丛志之内如《记载栏》的时间等皆为阴历。

（三）本书结构

民初，中国的灵学概念称谓繁多不一，显示其尚在介绍引入的

---

① 王星拱：《科学与人生观》，张君劢等《科学与人生观》，辽宁教育出版社1998 年版，第 253—254 页。

② 魏屹东：《科学、非科学及伪科学的界定》，《自然辩证法研究》1998 年第 6期。

③ 田松：《唯科学·反科学·伪科学》，《自然辩证法研究》2000 年第 9 期。

④ 《关于科学与伪科学问题的科学、哲学、文化对话》，《民主与科学》2007 年第 1 期。

初期。但在当时西学几乎被等同于科学的"尊西崇新"① 的风气中，在清末民初社会转型和权威缺失的特定背景下，一部分人轻易相信灵学为科学。当时，部分求学于日本及欧洲的留学生，充当了在国内传播灵学的"先觉者"。灵学的传入为传统巫术迷信的复活提供了"学理"依据，使一部分人改变了对传统文化中处于边缘地位之巫术迷信的观念，认为其中包含着学理，甚至把"至诚之道，可以前知"② 解释为应用催眠术的缘故。传统巫术借西学复活，同时，又模糊了西来科学之边界。当时，一批灵学组织聚集于上海，并在各地广设分会，多以"研究"催眠术为主。灵学会则以扶乩为"实验"之具，以期"沟通人神"，体现了中西杂交的复杂性。灵学派在当时有颇大的传播声势，从而被新青年派定为论战的对象。通过这次批判及其后科玄论战对科学边界的争论，民初知识界对科学的认知逐渐清晰。1931 年，艾思奇在《现代自然科学的危机》中以辩证唯物主义的鲜明态度批判灵学。虽然灵学作为一种追求神秘的情愫还并未消失，但知识界对科学的认识却取得了进步和深入。

为论述以上过程，除导论外，本书分 5 部分。

第一章，解读灵学概念的词源演变与实际含义。以《东方杂志》为中心，描述民初灵学研究的氛围。该杂志较为全面地介绍了西方灵学研究的最新进展和主要人物。同时，部分译文和文章以中国传统迷信与西方灵学相对应，给予传统迷信以转化和提升的机会，使之以"新颖之科学"的面目复萌。这一传播现象表现了当时知识界对科学认知的模糊化、多元化的倾向。近代中国较早的灵学组织多由留日学生成立于日本，并采取在国内开设分会的形式传

① 罗志田研究称"尊西崇新已成清季民初的主流"，见《近代中国社会权势的转移：知识分子的边缘化与边缘知识分子的兴起》，《开放时代》1999 年第 4 期。

② 《中庸》云："至诚之道，可以前知。国家将兴，必有祯祥。国家将亡，必有妖孽。见乎蓍龟，动乎四体。祸福将至，善，必先知之；不善，必先知之。故至诚如神。"

播。上海当时聚集了一批灵学组织。

第二章，描述民初上海扶乩之盛，分析灵学会成立的背景及延续时间。灵学会的组织架构和操作方式为以乩坛研究"学理"，以学会吸收会员和扩展空间，以杂志输出"学理"。乩坛、学会和杂志三者以扶乩为中心开展活动，而乩手则以坛正杨践形为主。受当时社会摄"鬼影"之风的影响，该乩坛参与并发展了这一"技术"。为自高地位和标榜"学术"，盛德坛的坛规在前后有所变化，从允许叩问个人休咎及摄凡人死后"鬼影"到后期禁止此类活动。该会在会员吸收和杂志发行方面并不理想，丛志伊始即出现拖期，很快参观人员罕至，呈现败落迹象。

第三章，从社会网络入手，展示灵学会是如何运作起来的，提出其人员构成在地缘、业缘、学缘三方面的趋同性。该会主要人员多为无锡人，而以无锡"春来党"人居多。新旧鼎革之际，这些人士忧于世事、敏于新学、响应新政，后多支持或参与革命，具有一定的社会责任感。在职业方面，他们多栖身书业，不乏业内翘楚，有一定的社会影响力。同时，他们新旧学兼具，大多崇佛学佛，有共同的趋好。在民初世事与思潮的激烈变动中，他们感时伤怀，将西来之灵学视为"科学"，从早年批判鬼神迷信转而相信鬼神，提出"鬼神之说不张，国家之命遂促"，将灵学推向社会。

第四章，扶乩是灵学会主要的活动方式和民初灵学实践的一个标本。不同的扶乩解释折射出立场的差异。灵学会认为扶乩是"本于一诚"和"人神相格"，企图以此"证验"鬼神的存在，虚构了荒诞的"鬼神世界"。扶乩是灵学会自诩灵学为"科学"的途径。他们以灵学比附科学家群体和科学方法，试图"弥补"自认为偏于物质之科学，结果却是模糊了知识界对科学的理解，从而被新青年派定为批判的对象。

第五章，新青年派对灵学的批判大体分为三个阶段，主要围绕哲学、科学和历史传统三种路径展开。陈独秀以海克尔一元论否定有鬼，易乙玄起而辩护，提出科学不尽能解释感觉，遭到了陈独秀和刘叔雅的反驳。灵学者多以羼入自我理解的以太、放射、X线等科学知识作为论证灵学的依据，所论似是而非。陈大齐、王星拱等主要以科学知识来匡谬辨正，戳破了灵学者的"学理"依据。钱玄同等从历史传统出发否定了有鬼论。通过论辩，新青年派依托杂志造成了广泛的社会效果，宣传了无鬼说。

结语：继新青年派批判灵学之后，科玄论战继续了对科学边界的讨论。1931年，以艾思奇为代表的马克思主义者以辩证唯物主义批判灵学，有利于知识界对科学的认识取得进步和深入。展示这一过程，有助于今人了解近代知识界对科学的认知由模糊逐渐到清晰的复杂性。

本书的不足体现在资料和笔者自身学养两方面。一方面，受档案资料的限制，笔者掌握的资料尚不能就灵学会和中国心灵研究会的结束时间做出明确的界定，后者的重要人物余萍客的资料也尚付阙如。另一方面，灵学本是不可捉摸的虚妄，涉及古今中外各种知识，如传统鬼神观念、哲学史、科学史等，笔者学养有限，不能深入论述。

第 一 章

民国初年灵学泛起素描

民初，中国灵学概念称谓繁多不一，显示其尚在介绍引入的初期。当时，众多杂志如《东方杂志》对西方灵学等神秘之术研究的最新进展，以及从事灵学的主要人物等能随时介绍发表，由此造就了灵学传播与"研究"的浓郁氛围。清末，以留学生为主成立于日本的中国心灵研究会等灵学组织，至民初或在国内开设分会，或直接迁回，带动了灵学组织的纷纷涌现。这些组织由南而北，逐渐蔓延恣肆。

一 灵学概念输入

在西方灵学传入中国的过程中，因知识界理解和翻译不一，同时有"灵学""心灵学""灵魂学""精神学""幽灵学"等不同的表述。表述不同，而所指为一。多重表述的背后显示了民初中国灵学研究处于零散引介状态，浮光掠影，基本规范未臻一致。

（一）灵学的研究对象

灵学的研究对象有广义和狭义之分。其中，广义上的研究对象涉及与精神相关的奇异神秘的心灵现象，而狭义上则仅指鬼神、灵魂。

《心灵学》是西方灵学研究的百年回顾。在该书的《心灵研究名词术语简释》中，"心灵现象"（psychical phenomena）为专门术语之一，意谓"用正统科学理论无法解释的现象（包括医学的和技术的）"，而灵学即"关于心灵现象的所有类型的研究"。① 该书关于心灵现象的篇目有巫术、脱体经验、魂灵、遥视和传心术、死后续存、神动现象、心灵治疗、预知、心灵施动、照相术10类，并认为这些现象均涉及"是否有些东西在我们死后仍保留下来"② 的问题。其中，死后续存以及如何与死者沟通是灵学初期研究的主要内容，"死后续存的问题在一百年前曾激励心灵研究会的奠基者们揭竿而起"。③

中国心灵研究会会长余萍客没有对灵学做专门的定义，仅认为"不限于物质和时间、空间，在心灵学上乃是最重要的问题"。这里，恩格斯对类似于余氏的言说早有批判，曾指出"一切存在的基本形式是空间和时间，时间以外的存在和空间以外的存在，同样是非常荒诞的事情"④。余萍客认为，最急于研究的问题乃是"（一）传心术（二）催眠现象（三）千里眼透视（四）妖怪合鬼物确实的现象（五）降神术合灵魂交通扶乩等（六）搜历史上所载的奇迹凭证"。⑤ 该会编译的《心灵学讲义》称，"心灵学者，关于所谓心灵现象之学问也"。何为心灵现象，作者列举了几个方面，如精神感应、幽明交通、死后生活、降神术、千里眼、死者幻影、妖怪宅第、透视、念写及其他特异现象。⑥

从狭义上谈论灵学，灵学派多将之限定在生死鬼神及灵魂之间。如佛教居士徐蔚如认为灵学即涉及生死所往，"生息于大地之上，俄焉

---

① ［英］I. G. 吉尼斯：《心灵学——现代西方超心理学》，张燕云译，辽宁人民出版社1988年版，第526页。以下该书简称《心灵学》。

② 同上书，第4页。

③ 同上书，第157页。

④ 恩格斯：《反杜林论》，《马克思恩格斯选集》第3卷，人民出版社1972年版，第91页。

⑤ 余萍客：《心灵研究》，《心灵》1922年秋号。中国心灵研究会主张搜集历史上的奇迹作为研究的凭证，同样，灵学会亦对《丛志》的编辑提出意见，要求多登载此类内容，"关于记载鬼神显现实事，如神游琼苑记、还魂记、冤魂控盗纪等是也"，见《记载栏》九月二十六日，《丛志》第1卷第10期。据此，其时灵学研究对象可见一斑。

⑥ 《心灵学讲义》，心灵科学书局1933年版，第1、6—7页。

而生，俄焉而死，生从何来，死复何往，岂非人类最切近之问题哉，即此问题而研究之，则有灵学"。① 王揖唐亦如此，有"再生之说，前例甚多，灵学方昌，足资研究"之说。② 时人还将鬼神视为灵学的研究对象。李涵秋认为，"鬼神之说，儒者弗谈，况在今日科学昌明之时代。然观报章之所记载与士大夫之所信仰，咸彰彰可考，似全非羌无故"。③ 民初，曾任无锡县长的曹潆，因其母"灵魂出窍"一事而益信鬼神，将之视为灵学研究的内容，认为"鬼神也，今世泰西各邦盛倡之灵魂学说是也"。④ 按蔡元培的理解，灵学研究的内容为死后变化，如"人死后身体怎样的变化，灵魂怎样"之类。⑤

杨践形在阐述灵学研究对象时以"常识"为标准，有其个人独特的狭义和广义之分。他认为，灵学乃研究超越常识之事理，"了解一切超越常识以上之经验、思想、技能，达于至全圆满之真实境域"。同时，灵学又指"涵盖宇宙万有一切现象，囊括精神科学，新心理学之事业"，即将普通知识亦纳入灵学研究的范围，显然是对灵学概念的扩大和变异。⑥ 从源流上看，杨氏认为灵学本中国固有，最初发端于羲皇，延至黄帝《内经》中有"灵枢"二字，后世因袭为"枢机"，"实即上古灵学之专名术语也"。⑦

此外，历史上的催眠术是否属于灵学，历来莫置一词。《简明不列颠百科全书》关于"心灵现象"的词条认为，"早期的研究范围还包括催眠术，但现在认为催眠术并非超常现象"。⑧ 这是符合

---

① ［英］约瑟芬特莱：《科学的人灵交通记》之跋，上海世界新闻社 1933 年版。

② 《纳兰性德再生》，王揖唐，张金耀校点《今传是楼诗话》，辽宁教育出版社 2003年版，第 314 页。

③ 李涵秋：《灵学缀闻》，《新声》1921 年第 4 期。

④ 《曹母宿业记》，《丛志》第 2 卷第 1 期。

⑤ 蔡元培：《美育代宗教》（1932 年），《蔡元培全集》第 7 卷，浙江教育出版社1997 年版，第 373 页。

⑥ 杨践形：《灵学浅讲》，《哲报》1925 年第 3 卷第 16 期。

⑦ 杨践形：《灵学浅讲》，《哲报》1925 年第 3 卷第 17 期。

⑧ 《简明不列颠百科全书》，中国大百科全书出版社 1986 年版，第 616 页。

历史事实的，应该区别对待历史上的催眠术与当代生理学和心理学等医学知识已有解释的催眠术。

多数研究者认为灵学与催眠术有不可忽视的联系。陈大齐把催眠术归于心理学，"催眠术发源甚古，初民社会已极流行，以学问的态度研究催眠现象是十九世纪以来的事"。即使如此，陈氏发现，民初中国仍有"往往故神其技"者，使催眠术不乏神秘气氛。① 民初有《催眠术与心灵现象》② 一书，其标题把催眠术与心灵现象并署，似表示这两个概念虽有联系但不一致。《心灵学》亦持同样的观点。催眠术没有被列入"心灵现象的范围"，而是作为"心灵研究的诸方面"入书。所谓"心灵研究的诸方面"，意指"在本学科某些分支中呈现出来的学科特点，而并非指分支本身"。③ 这显然是今人的刻意安排。回溯历史，英国心灵研究会成立之初即有关于催眠的实验，在最初成立的 6 个委员会中就有催眠术委员会。④

中国心灵研究会将催眠术归入灵学。在回顾该会成立之初时，称"创立了中国心灵俱乐部，为的是专门研究心灵学和催眠术，这可算是中国人研究心灵学、催眠术最初的组织了，也就是中国心灵研究会的前身了"。⑤ 这里虽然将两者并称，但其会名最终以"心灵俱乐部"命之。翻阅资料，该会多认可灵学包括催眠术。余萍客在分列心灵现象研究内容时，直接将催眠术归为心灵现象，列入心理条目。⑥ 类似论述并不少见，如"心灵学现象很多，最有兴趣和功用的就是催眠术"⑦ "应用心

① 陈大齐：《现代心理学》，《迷信与心理》，北京大学出版部 1922 年版，第 154—155 页。

② 《催眠术与心灵现象》，商务印书馆 1924 年版。

③ ［英］I. G. 吉尼斯：《心灵学》，张燕云译，辽宁人民出版社 1988 年版，第 4 页。

④ 同上书，第 15 页。

⑤ 《本会成立二十年的回顾》，《心灵文化》1931 年。

⑥ 余萍客：《今日的灵魂地位》，《心灵文化》1931 年。

⑦ 余萍客：《给予置疑心灵学的人》，《心灵文化》1931 年。

灵学中的催眠术"①，等等。从会名的翻译看催眠术亦被归为灵学，该会曾称"东京留日中国心灵研究会"，英文为"Chinese Hypnotism School"，即将"hypnotism"（催眠术）直译为"心灵研究"。② 最重要的是当时多数人以神秘论催眠术。1904 年，梁启超在谈及墨学明鬼时，亦坦诚相信有鬼，将催眠术等同于鬼学、魂学，"彼'鬼学'者（文言之曰'魂学'），至今已渐成为一有系统之科学，即英语所谓'哈比那逻支'，hypnologic 日本译为'催眠术'者"。③ 其意似可归为灵学范畴。

总之，无论灵学能否包含催眠术，两者间的密切联系是不容否认的，其在研究内容上的重合也是显而易见的，这在东西方皆有共识。英国心灵研究会承认，"欧洲和国际的心灵研究近代史与 F. A. 麦斯麦的著作有密切关系，他是所谓的'动物磁气说'的发现者，这一说法是后来的催眠术概念的前身"。④ 余萍客也注意到，"欧美心灵学者都具有催眠术的知识，其中心灵事实，靠催眠术拉力证实的不在少数，所以催眠术与心灵学很有关系"。⑤《新青年》在回答一读者关于催眠术的疑问时，将之归于灵学和魔术，排斥于科学范围之外，认为"催眠等诸魔术，属于精神学，非科学所能解释。记者于此毫无经验，未敢断其是非真伪也"。⑥ 鉴于灵学与催眠术的密切关系，本书将催眠术归于灵学。

（二）灵学与心灵研究、心灵学

因为翻译的缘故，国内关于心灵现象的研究有"灵学""心灵

---

① 李声甫：《神人交感与催眠术》，《心灵文化》1931 年。

② 余萍客：《催眠术史》，《催眠术函授讲义》，中国心灵研究会 1931 年版，第 49 页。

③ 梁启超：《子墨子学说》（1904 年），陈其泰、陆树庆、徐蜀《梁启超论著选粹》，广东人民出版社 1996 年版，第 291 页。

④ ［英］I. G. 吉尼斯：《心灵学》，张燕云译，第 46 页。

⑤ 余萍客：《从心灵学讲到催眠术——应日本中华留东心灵俱乐部演说辞》，《心灵文化》1931 年。

⑥ 程师葛：《通信栏》，《新青年》第 2 卷第 1 号。

研究""心灵学"等不同的称谓。

胡愈之将"Society of Psychical Research"直译为"心灵研究会",即将"Psychical Research"直译为"心灵研究"。[①] 严复与其译法不同,他把"Psychical Research"意译为"灵学"。[②] 同样,1923 年商务印书馆出版的《汉译科学大纲》亦将"Psychical Research"译为"灵学"。[③] 任鸿隽同样称"近有所谓'灵学'(psychical research)"。[④] 可见,作为同对"Psychical Research"的翻译,心灵研究与灵学所指并无二致,仅是译法不同而已。

在考察近代中国学科命名的特点时,熊月之认为,"以'学'为结尾构成学科名的方法,系中国学者首创。李善兰与艾约瑟合译的植物学著作,书名就是《植物学》"。[⑤] 因此,灵学、心灵研究在当时又被称心灵学[⑥],如称"关于降神一事,在现代心灵学上正待

---

① 分别见《梦中心灵之交通》,《东方杂志》1918 年第 15 卷第 1 号;《心灵研究之进境》,《东方杂志》1918 年第 15 卷第 9 号。上述两文皆收入《催眠术与心灵现象》,商务印书馆 1924 年版。

② 严复:《严几道先生侯疑始书》,《丛志》第 1 卷第 3 期。

③ 〔英〕汤姆生:《汉译科学大纲》第 3 卷,商务印书馆 1923 年版。

④ 任鸿隽:《科学与假科学》,《科学救国之梦——任鸿隽文存》,上海科学技术出版社 2002 年版,第 348—349 页。该文原为 1926 年出版的《科学概论》之一部分。

⑤ 熊月之:《西学东渐与晚清社会》,上海人民出版社 1994 年版,第 675 页。

⑥ 此处需要指出的是,不能说心灵学即灵学。1873 年,美国人海文牧师出版 *Menta Philosophy: Including the Intellect, Sensibilities and Will*,直译为《心灵哲学:智、情、意》。1889 年,颜永京将其译为《心灵学》,见邹振环《影响中国近代社会的一百种译作》,中国对外翻译出版公司 1996 年版,第 96—97 页。此外,至 1911 年,管国全译、诸葛汝校订的传教士谢卫楼之心理学著作仍名为《心灵学》,由北通州公理会印字馆印行,今北大图书馆存有。1921 年刘叔雅仍将心理学和心灵学并称,考虑到刘氏曾批判过灵学会,显然其观念中的"灵学"与"心灵学"并非一致。见《生命之不可思议》,《刘文典全集》,安徽大学出版社 1999 年版,第 507 页。另外,黄兴涛亦指出,"'心灵学'一词,则是中国人对西方心理学的早期翻译,后来被日译'心理学'一词所取代",见"近代中国汉语外来词的最新研究——评马西尼〈现代汉语词汇的形成〉",载《开放时代》1999 年第 5 期。

研究，这也不能遽定他是虚无"① 之类。今有研究者直接称，"心灵学即心灵研究（Psychical Research），它作为一个术语和范畴，曾于十九世纪流行一时。近几十年来，它逐渐为'超心理学'（Parapsychology）一词所取代"。②

吴光提出，"灵学"与"心灵学"意思对等，"灵学""心灵学""神智学""灵魂哲学"所指为一，"'灵学'一词，是当时中国的灵学家们对英文词'Psychical Philosophy'和'Psychical Research'的汉译名"。③潘涛亦有此论，提出"灵学，是近代唯灵论运动、现代心灵研究和当代超心理学的总称……研究心灵现象"。④这里，吴光将灵学与神智学对等似不宜，因为英国心灵研究会曾明确抨击神智学组织者布拉瓦特斯基（Helen Petrovna Blavatsky）为"欺世盗名"。⑤况且，两者在学理上亦有冲突，"唯灵论者因神灵术的神秘论、古怪哲学和缺乏科学态度而抨击它，于是与神灵术划清了界线……神灵会信徒指责唯灵论在哲学上不精致和非世界主义，唯灵论指责神灵术为非科学的宗派"。⑥

（三）灵学与精神论（唯灵论）、精神学、灵魂学、幽灵学

从现有资料看，民初灵学还有精神论、精神学、灵魂学、幽灵学之称。这要追溯至民初学界对"精神""心灵""灵魂"概念的理解。

"心灵"一词并非外来，在古代含有"思想""感情""意识"

①　心灯：《降神》，《心灵文化》1931 年。

②　《中译本序言》，［英］I. G. 吉尼斯：《心灵学》，张燕云译，第 1 页。

③　吴光：《灵学·灵学会·〈灵学丛志〉简介》，《中国哲学》第 10 辑，生活·读书·新知三联书店 1983 年版。

④　潘涛：《灵学——一种精致的伪科学》，博士学位论文，北京大学，1998 年。

⑤　［英］I. G. 吉尼斯：《心灵学》，张燕云译，第 20 页。

⑥　［美］戴维·赫斯：《新时代科学——超自然及其捍卫者和揭露者与美国文化》，乐于道译，吴硕校，江西教育出版社 1999 年版，第 29 页。该书以下简称《新时代科学》。

"精神"等义，如南朝梁沈约的《佛记序》有"推极神道，原本心灵"；《梁书·钟嵘传》有"凡此种种，感荡心灵"；《隋书·经籍志》有"诗者，所以导达心灵，歌咏情志者也"等。这里，心灵的含义与蒙培元所总结的中国哲学中追求境界的特点相契合。①

随西学的传入，民初"心灵"的意义渐有衍化。谭嗣同的《仁学》曾有"格致即不精，而不可不知天文、地舆、全体、心灵四学"。② 此处"心灵"当指心理学。当然，心理学之"心理"亦曾被理解为灵学中之"心灵"。有人即将英国心灵研究会译为心理研究会，如"千八百十二年……有名学者所组织之英国心理研究会"。③ 的确，考察心理学的历史离不开灵学，西方科学史证明，"在整个 19 世纪的前半叶……当时一些最'先进'和最'激进'的科学家都赞同使用科学来支持上帝是宇宙的主宰观念。心理学是作为灵魂的科学因而在知识界占据了重要的位置"。④

本书主要分析灵学范畴之"心灵"。民初的《新术语辞典》称"心灵"（spirit）即"精神"⑤ 之另一译名，且将"精神"解释为"与肉体相对，作'心灵'或'灵魂'解"。⑥ 同时，"spiritualism"则被译为"精神论"⑦，即今译"唯灵论"。可见，其时心灵概念已

---

①　参见蒙培元《儒、佛、道的境界说及其异同》，《世界宗教研究》1996 年第 2 期。

②　谭嗣同：《仁学》，中华书局 1959 年版，第 6 页。

③　若木一卿：《生灵及死灵》，《心灵》1916 年第 1 卷第 4 期。

④　[美]爱德华·S. 里德：《从灵魂到心理——心理学的产生，从伊拉斯马斯·达尔文到威廉·詹姆士》，李丽译，生活·读书·新知三联书店 2001 年版，第 2 页。该书以下简称《从灵魂到心理》。

⑤　据钱穆研究，"精神两字之连用，亦始于道家""所谓精神者，仍有一种纯形气的无灵魂的人生观而来，仍是一种无鬼论与无神论者的观点"。与钱氏所言相反，民初灵学中的精神显然为一种有鬼论和唯灵论。见钱穆《灵魂与心》，广西师范大学出版社 2004 年版，第 56 页。

⑥　吴念慈、柯柏年、王慎名：《新术语辞典》，上海南强书局 1929 年版，第 800 页。

⑦　同上书，第 378 页。

隐藏着唯灵论之意。中国心灵研究会一般将"心灵""精神""灵魂"三者并称。如余萍客在《心灵研究》一文中先是把"心灵交通"解释为"精神传达",后将"心灵占入"解释为"生人或死人的灵魂,占入他人的肉体"。① 三词同时出现,意义一致。同样,居中州将精神或心灵并列书写,如"精神或心灵是有超感觉的,为目力所不能见的……有为今日自科学所不能说明之奇异现象也"②,等等。

《新术语辞典》偏重对西学东来之新术语的解释,故对由日本而来的中国心灵研究会较为适宜,但对灵学会则有所不符。欧阳溥存(字仲涛)是灵学会会员,他认为精神是物质界以外存在的统称,包括意识、鬼魂、妖怪等,日常所言如祈禳、卜筮、星命、骨相等"皆与精神界交通之术"。③ 陆费逵认为灵魂是精神的本体,"灵魂之说,广矣大矣,是人之所以为人,而精神之本体也"。④ 丛志发刊辞认为灵魂是精神的主体,"灵魂者,精神之主体也……精神者,灵魂之用也,鬼神者,灵魂之体"。⑤ 可见,灵学会是将灵魂包括在精神之内的,从灵异神秘角度理解灵魂,即今之唯灵论。

从现有材料推知,民初"spiritualism"还被译为灵学。这引起了杨践形的不满。他认为灵学是中国的一个固有概念,而非由英文翻译而来的,且"spiritualism"有宗教之意,但"为便利一般人士互译中西书籍起见,既无确切至当之西字可以相为对照,亦不得不就似取象,姑将英文'spiritualism'之意义,译为灵学耳"。⑥

除精神论(唯灵论)外,其时灵学还有精神学之称。丁福保即有"精神学,亦名灵学,主张灵魂不灭说"之语。⑦ 中国心灵研究

---

① 余萍客:《心灵研究》,《心灵》1922 年秋号。
② 居中州:《关于生理学上之大脑即精神说的指摘》,《心灵》1924 年秋号。
③ 欧阳仲涛:《序二》,郭仁林《有鬼论》,(出版者不详)1917 年版。
④ 陆费逵:《灵魂与教育》,《丛志》第 1 卷第 1 期。
⑤ 华襄治:《灵学丛志发刊辞》,《丛志》第 1 卷第 1 期。
⑥ 杨践形:《灵学浅讲》,《哲报》1925 年第 3 卷第 16 期。
⑦ 丁福保:《畴隐居士学术史》,上海诂林精舍出版部 1949 年版,第 198 页。

会以心灵学与催眠学相称，同时又有"本会自标榜精神学以来"
"他日中国精神学之历史"等提法，[1] 该会的居中州则有"现时精
神学或心灵学"之并称。[2]

　　蔡元培则以"幽灵学"称灵学，认为"幽灵学"为近代以
来世界科学的大发展之一，提出"至于人死后身体怎样的变
化，灵魂怎样，也有幽灵学科学可以告诉我们"，从而主张取
消宗教，"单是科学已尽够解释一切事物的现象，用不着去请
宗教"。[3] 此外，蔡氏还把"幽灵学"与"灵魂学"通称，在
介绍科学时代探求真善美的方法中，提出精神科学方面有"心
理，教育，美学，幽灵学（灵魂学）"。[4] 徐珂亦有灵魂学之说，
提出"国人鲜明科学，诞妄不经之言（指迷信——引者注）自
易入耳。且借口于晚近西人之研究灵魂学，哲学家亦颇加以思
索，乃不敢直斥其谬，更有引为谈助而资以消遣者"。[5]《申报》
的一则关于伍廷芳的报道，以灵魂学命名之，称"数月前伍老
博士在沪讲演灵魂学，科学家或以理想目之"。[6] 此外，华享平
在《〈灵学丛志〉发刊辞》中也称灵魂学，"此属于精神之灵魂
学，所以较属于躯壳之生理卫生等学，其发达为迟也"。[7] 1935
年，《汉译科学大纲》本已将"Psychical Research"译为灵学，
但艾思奇在介绍时并未沿用，而代之为灵魂学，似别有深意。[8]

---

①　《心灵》1916 年第 1 卷第 4 册。

②　居中州：《关于生理学上之大脑即精神说的指摘》，《心灵》1924 年秋号。

③　蔡元培：《美育代宗教》（1932 年），《蔡元培全集》（第 7 卷），第 373 页。

④　蔡元培：《真善美》（1927 年），《蔡元培全集》（第 6 卷），第 138 页。

⑤　《男女之种种迷信》，徐珂：《清稗类钞》（迷信类）第 10 册，中华书局
1984 年版。

⑥　步陶：《灵魂学》，《申报》1917 年 6 月 14 日。

⑦　华享平：《〈灵学丛志〉发刊辞》，《丛志》第 1 卷第 1 期。

⑧　《怎样研究自然科学》，《艾思奇全书》1 卷（1933—1936 年），人民出
版社 2006 年版，第 317 页。原载《读书生活》第 2 卷第 6 期，1935 年 7 月 25
日。

1942 年出版的《鬼话》一书，仍将灵学称为"灵魂学"，内称"近世欧风东渐，乃有一种灵魂学出现焉，能解此学者，非博士即大哲学家，方可言其梗概，然其所格之理，又非吾中土所习闻，故一般人士未敢坚信，亦未必不信"。① 知识界一部分人对灵学疑信参半的这种态度，显示出在西学强势下他们对科学边界的模糊与游移。陈独秀批判国内有鬼论，认为时人以援引欧美灵魂说为据，同样以灵魂说代灵学。②

从根本而言，西方灵学思潮是对物质主义过盛的反动，是对物质与精神关系的一种再思考。钱穆即深刻地提出，西方文艺复兴在表面上由基督教返回希腊，实际是由灵魂返转肉体，从精神现象转到自然现象。进而，他看到这种转变的实质走入了另一个宗教的极端，即物质的宗教，"近代西方的物质论者，对于力的迷信，成为十九世纪哲学思想之特征。其实物质论者与宗教哲学并无二致，仅以本质观念代替神的观念，以力的主宰代替上帝的主宰，所谓不同，如此而已"。③ 同样，中国灵学思潮的泛起亦发生在第一次世界大战后，是知识界对近代以来学习西方过程中专注于"富强"说的反思。因此，谈论灵学离不开精神。陈大齐曾一言蔽之，"心灵现象也是我们人的精神现象"。④ 在解释精神时，或做科学上的探讨，如心理学上的解释，或做神秘如鬼神实有的解释等。就本书而言，中国心灵研究会以催眠术为主，而灵学会则以鬼神话题较多，实质都是谈论"精神"。

可见，民初，相当一部分人的观念中，灵学、精神论（唯灵论）、精神学等基本一致。

---

① 方慢琴：《鬼话》，上海广益书局 1942 年版，第 55 页。

② 陈独秀：《有鬼论质疑》，《独秀文存》，第 157 页。

③ 钱穆：《灵魂与心》，第 2—4 页。

④ 陈大齐：《心灵现象论》，《迷信与心理》，北京大学出版部 1922 年第 2 版，第 67 页。

（四）灵学与超心理学、特异功能

灵学概念是不断发展的。或许是为了摆脱科学一方的批判，20世纪30年代，"超心理学"在西方（parapsychology，简称psi）逐渐取代了"灵学"一词。该词在很大程度上是因美国杜克大学莱因的使用而普遍流行的，后者于1934年开始从事超心理学的定量试验研究。

国内对超心理学一词较为陌生，于光远对此有清晰的梳理，他认为"parapsychology就是主要研究ESP和PK这两种psi现象的一门伪科学。Parapsychology的另一个译名是'心灵学'"。其中，ESP（超感官知觉）意为不通过感觉的媒介而获得信息，因其作用对象"靶子"不同而分为传心术、天眼通和预知，若"靶子"为某个人称传心术，若"靶子"为某客观事物称天眼通，若"靶子"不存在则称预知。PK（心灵致动或意念致动）指精神直接作用于外界使之运动，直接作用于人也被称为"心灵强制"。针对国内20世纪70年代兴起的"特异功能"热潮，于光远研究后认为其与psi是一回事，或者具体说是psi的一个变种，即中国化的灵学。[①]为彻底批判灵学和启蒙后学，于光远建议在中国百科全书的编辑中加写有关灵学的内容，并试写了若干条目。试写稿对人体特异功能做了透彻的分析和批判，认为其等同于国外早期灵学研究者的水平，仅

---

① 于光远：《psi和它的变种——人体特异功能》，《中国社会科学》1982年第2期。有研究者直接将特异功能等同于灵学，把灵学的历史追溯为特异功能的历史，名异实同，见何宏《国外特异功能研究的历史和现状》，《中国气功》1997年第5、第6期。另有研究者从"心灵"与"心理"互用立场出发，反对把特异功能等同于灵学，提出"我们也看到西方学者出言用词太'随便'的习惯：'随便'把与特异功能有关的'心灵研究'命名为'超心理学'或'心灵学'。若认真地从术语学（terminology）角度看此等'心灵研究'，在学林中至多只能给它以'灵异论'或者'灵异术'的排位，而使之与心理学等学科相并列，实在是过于'抬爱'它了"。见王秉翰《灵魂与心灵辨析》，《柳州职业技术学院学报》2003年第1期。

"复述一些中国古代的巫术和占卜以及其他迷信活动"。①

　　综上，灵学分别可译为"Psychical Research""Hypnotism""Spiritualism"，是一个含义较广的概念，可笼而统之为以科学的名义和方法，相信灵异存在，研究鬼神灵魂等神秘现象的社会意识。"灵学""心灵学""精神学""灵魂学"等各类概念，名异实同，本书以灵学②总称之。

　　"灵学"不仅是一个总称，也是一个俗称。无论赞成或反对，大家一般都以灵学呼之。1929 年，徐彬在《时报》追忆梁启超，念及康梁关系时不胜唏嘘，"距其师之逝甫阅一周，使灵学有据，则相逢地下，更当欣慨交萦焉"。③灵学虽荒谬，但此处近人情，表达了一种真实的思想与情感。

二　灵学传播：以《东方杂志》为例

　　众所周知，近代杂志在传播新知、沟通互动、启蒙大众的过程

---

　　①　于光远：《唯灵论·心灵研究·超心理学·人体特异功能研究》，《百科知识》1982 年第 1 期。

　　②　以灵学为统称应该符合杨践形之意。杨氏要求严格以"灵学"为名，认为"灵字上加不得一字，加之则有若心灵学、神灵学诸名矣。灵字下亦加不得一字，加之则有若灵理学、灵魂学诸名矣"。之所以如此强调正名的重要性，是因为杨氏看到"窃某学说之美名，以自文其惑世衒俗之邪说，今沪上恶少之惯技也"，况且"发明以来，仅垂八稔，学说尚未遍传，而市上道贩，已戥射贸利，学说之价值，虽未必即因减损，然淆乱真相，实于文化有关"。杨氏对正名的强调正反映了民初上海灵学界的芜杂与潜在的争夺。因为在一种学说的背后还隐藏着对会员的争夺、会费的收入、杂志的流通，乃至学会的运转等。当时，上海各种催眠学会之间存在着激烈的争夺，乃至相互对骂，这势必影响了杨氏，力求自保其中。这种相互不认可反映了其时灵学组织的无序竞争。实际上，华襄治在《灵学丛志发刊辞》即称灵魂学，"此属于精神之灵魂学所以较属于躯壳之生理卫生等学，其发达为迟也"。而杨氏在这个杂志的作用非同一般，也就是说，杨氏对概念的运用并不是像他自己论说的那般严格。见《灵学浅讲》，《哲报》1925 年第 3 卷第 18 期。

　　③　夏晓虹：《追忆梁启超》，中国广播电视出版社 1997 年版，第 18 页。

中发挥了不可替代的作用，是中国社会趋于近代化的重要特征之一。① 民初，各类杂志报纸对西方灵学等神秘之术研究的最新进展以及从事灵学的主要人物，随时翻译发表，由此造就了灵学传播与研究的浓郁氛围。在新青年派与灵学派的论战中，后者对西方灵学的重要事件和主要人物皆能顺手拈来。能够翻译并参与其中的，多为位列思潮前沿的知识分子，如胡愈之、钱智修；或留学国外见闻灵学而心向往之，如卢可封、梁宗鼎；或本土的新学之士，如王昭三。所译内容以心灵交通和催眠术为主，涉及传心术、唯灵论、千里眼等。在翻译过程中，译者以中学比附西学，因西学而抬升并转换中学之神秘因素。这种中西学混杂的格局，恰如鲁迅总结中国历史进化的两个特点，即反复和羼杂。"许多历史家说，人类的历史是进化的，那么，中国当然不会在例外。但看中国进化的情形，却有两种很特别的现象：一种是新的来了好久之后而旧的又回复过来，即是反复；一种是新的来了好久之后而旧的并不废去，即是羼

---

① 　1902 年，梁启超将"学术日多，书局日多，报馆日多"概括为晚清三大文化现象（章开沅，罗福惠：《比较中的审视：中国早期现代化研究》，浙江人民出版社 1993 年版，第 564 页。）。陆费逵曾言"一国学术之盛衰，国民程度之高下，论者恒于其国杂志发达与否觇之。盖杂志多，则学术进步，国民程度亦高"，并认为近代杂志肇始于梁启超《时务报》（陆费逵：《宣言书》，《大中华》第 1 卷第 1 期，1915年）。陆氏所言体现了时人对杂志的热情和感受。罗家伦从新潮的角度，似有更高的期许，感叹"中国近来杂志太多，不能全看"，仅北大图书馆就有几百种（罗家伦：《今日中国之杂志界》，《新潮》第 1 卷第 4 期，1919 年）。无论如何，以近代众多杂志为蓝本进行分析，每一种杂志无疑都代表一个自主的"场域"（所谓场域，布迪厄认为，"在高度分化的社会里，社会世界是由大量具有相对自主性的社会小世界构成的，这些社会小世界就是具有自身逻辑和必然性的客观关系的空间"。见布迪厄、华康德《〈实践与反思〉：反思社会学导引》，李猛、李康译，中央编译出版社 1998 年版，第 134 页），共同构成了一副近代学术与社会变迁的真实画卷。因此研究杂志的重要性是显而易见的。以杂志为依托，近年来研究公共领域和公共空间的学者多从同人刊物、公共媒体的角度入手，重视杂志这一联络媒介（参见许纪霖《都市空间视野中的知识分子研究》，《天津社会科学》2004 年第 3 期）。考察灵学的传播，同样离不开对其时杂志的研究，而杂志对灵学的态度无疑影响着受众。

杂"。① 在西学的强势影响下，此类文章亦足以淆乱人心，而以
《东方杂志》登载尤多（见附录表二）。鉴于该杂志的影响，笔者
拟以该杂志为中心进行介绍，以期表现民初前后灵学传播的概貌、
传入的方式与灵学"研究"的氛围。

（一）对"心灵交通"的介绍

在诸多译文中，甘永龙所译的《欧美之关亡术》在介绍内容上
较为全面，涉及较多欧美著名灵学人物。译者以中国"关亡术"对
译西方"心灵交通"，削减了灵学的时代性和地域性。以中国固有
的迷信来对应西方灵学是民初灵学传播的一个重要特点，也是知识
界较易接受的一个重要原因。这种简单对应给予知识界一个暗示，
即中国固有的迷信亦潜伏着以往未曾发现的科学事实，可以用科学
的方法重新梳理。其影响正如有研究者所提出的一样，"中国民间
信仰中的迷信因素本来受科学思想的批判而名誉扫地，却突然发现
还可以得到以科学骄人的西方文明的认同，于是又气势大涨"。②

在该文的按语中，译者将"鬼神""科学""关亡术"等分属
三个递进层次，即鬼神在科学范围以内，能被揭示和解释，而"关
亡术"为科学以外不可思议的现象，属于"新颖之科学"，认为近
代是"科学范围以内之迷信去，而科学境界以外之不可思议现"。
在科学以外尚有"新颖之科学"，这并非译者思路混沌，而是其时
灵学者"弥补"科学的一种企图。③ 但令译者不解的是，这些"新
颖之学"多涉及中国旧有迷信的种类，"予曩读西洋手相书论手相

---

① 鲁迅：《中国小说的历史的变迁》，《鲁迅全集》第 8 卷，第 313 页。

② 钟国发：《20 世纪中国关于汉族民间宗教与民俗信仰的研究综述》，《当代宗教研究》2004 年第 2 期。

③ 前文提及的近代第一部心理学著作《心灵学》，内有"格致学"和"格致后学"，指出"先者论物质，后者论一切物质外之事"，将科学与心理学并列。笔者推测，民初灵学者似套用了此类科学的划分。转引自栾伟平《近代科学小说与灵魂——由〈新法螺先生〉说开去》，《中国现代文学研究丛刊》2006 年第 3 期。但栾文显然将心理学中的"心灵"与灵学中的"心灵"相混淆。

之术，发明于中国，传于印度，而盛行于欧美。又读天文心理学，而知此新颖之科学，即我国之所谓八字五行也。去岁日本以千里眼一事，哄动全国，知名之博士，群起而考究之。凡我辈平日所斥为愚夫愚妇之所为者，今几为学术界中新辟之殖民地。如心理家新发明之潜在意识论及催眠术，其尤著者也"。①

　　显然，部分人士由于对科学的认知模糊，而将"愚夫愚妇之所为者"视作学理研究的领域，这无疑是挪用了科学而行迷信之事。日本灵学者福来友吉对科学与迷信以及灵学三者关系的解释即体现了这一特点。他认为，所谓迷信是以科学为标准划分定义的，而偏于物质的科学对于灵学则没有言说的权利，"科学之能力惟可说明空间规定之下所有物理现象之相互关系，而对于超于空间之心灵全无由说明之。于是世间之思想低下者对于此等精神现象，下想象的解释而播迷信之种子，亦当然之结果"。换言之，他把科学的边界仅限定在物理之境，而认为灵学为超科学，从而得出视灵学为迷信仅是科学家的一面之词的结论。进而他提出，如果科学家能够改变偏颇的态度，"热心研究心灵现象，创立适当之新学说，普及于世间，以征服思想低下者荒诞无稽之想象"，由此人类才能辨析并预防真正的迷信。② 余萍客亦有类似的主张。他把迷信分为形体的和幽玄的，"宇宙间形体的迷信，可由物质科学去解释，而幽玄的迷信，以后须得添加心灵学去解释"。同时，他否认科学发达迷信破除的说法，认为"科学愈发达，宇宙间的一切，不可理解的事物便愈增愈多，因此，迷信一途便愈益扩大。这种现象虽说可怪，但也有道理可根据的，因为现代科学之研究，只以物质为对象而去追求一切"。所以破除迷信要从两方面着手，即一方面普及科学的知识，另一方面又要使人添加灵学的修养。③ 这种对科学、灵学及迷信三

　　① 甘永龙译：《欧美之关亡术》，《东方杂志》1911年第8卷第5号。
　　② ［日］福来友吉：《心灵研究之价值》，天民译，《学生杂志》1918年第5卷第11号。
　　③ 余萍客：《科学与迷信》，《心灵文化》1931年。

者关系的阐释，在根本上淆乱了科学的边界，并进一步走向对鬼神迷信的研究。正由于此，灵学会敢于将过去多在私域内谈论的鬼神问题公之于社会。

《欧美之关亡术》介绍了美国心灵研究会书记员礼查（Richard）死后改名霍极，与美国心理学家干姆斯（William James，今译作詹姆斯）交谈，以及后者去世后与友人交谈等内容。文章包含的信息极多，对国外灵学研究较为有力的人物多有提及，如英国心灵研究会会长洛奇爵士（Oliver Lodge）和威廉·克鲁克斯爵士（William Crookes）①，美国心灵研究会重要人物、哥伦比亚大学哲学教授詹姆士·赫维·希斯洛普（James H. Hyslop）等。其中，詹姆士·赫维·希斯洛普②将一度败落的美国灵学会重新成立，文章引述其鬼学将盛的观点，曰"吾侪今日已得有种种证据，足以示人鬼相交通之说之非谬矣。鬼学者今日已与别种科学居于同等之地位，科学由研究时代而臻于发达时代，鬼学之在今日，固尚在研究时代，昔者达尔文于千八百五十七年时，始刊其物种由来论'The Origin of Species '，时则天演之理，世莫不嗤其谬妄，然至今日，则莫有以为非是者矣，鬼学之在今日，犹天演之理之在当日也"。这里提及了科学史上一个重要的问题，即科学的边界。众多灵学者相信科学的线性发展，力图突破科学的边界，将灵学纳入科学之中。

上文提到的干姆斯（William James），即美国著名心理学家威廉·詹姆斯，重要灵媒派巴夫人③的发现者，曾写信赞誉英国心灵

---

① 在英国灵学会早期，该人曾以巫师 D. D. 霍姆为实验对象，测量了心灵的力量。见［英］I. G. 吉尼斯《心灵学》，张燕云译，第 13 页。

② ［英］I. G. 吉尼斯：《心灵学》，张燕云译，第 61 页。

③ 国内的灵学研究曾叙及此人，"派巴夫人于被凭之失神状态中（一）不仅限于在座者所知之事，发挥感通之现象（二）即对于在座者不知远方发起之事件，亦能发现千里眼之能力（三）死者之灵于在座者所不知过去之事件，亦能发出而确证之"。见胡秋风《派巴夫人之交灵现象》，《心灵》1923 年春号。

研究会的科学研究精神，"假如要我指出一份科学杂志，从中能充分看到对错误来源的固执而无止息的怀疑，我想我一定会重提心灵研究会的《会议录》"。① 詹姆斯的研究着眼于科学时代的宗教问题，期望改变过去宗教的内容与形式，认为"真正的宗教应该……并不排斥科学，从经验上看，它始终与科学保持接触"。② 这种试图改造宗教的努力似为其研究灵学的原因。詹姆斯参与了许多英美灵学会的活动，自称见过亡母与亡弟的"鬼神摄影"。③

　　与甘永龙一致，胡愈之亦将英国阿塞儿希尔（J. Arthur Hill）关于心灵交通的文章顺手译为关亡术。阿氏叙述了灵学研究方面的困难，"精神之学能加以抽象之研究，而不能加以具体之印证，故其说杳渺无际，终不能使听者满意而去"。作者认为借助实验能弥补这一缺陷，增加说服力，如"就有通神力之术士屡加以实验，冀得其真相"。作者自称与友人研究"关亡术"达 10 年之久，"初颇怀疑，渐乃知若辈必有一种超越常人之知觉力，故能神验如此"。为增加可信度，作者在文中详细分析了数则"关亡"记录，而且还征引并分析了洛奇的《生与死》为佐证。在解释这种现象时，作者并未涉及真伪的辨别，而直接认为这不是心理学所能解释的，故提出"灵魂交通"说，"人体虽死，灵魂不灭，未始不可与生人相交通也"。④

―――――――――

　　① ［英］I. G. 吉尼斯：《心灵学》，张燕云译，第 20 页。梁启超对詹氏亦有介绍，在《欧游心影录》中将其译为"占晤士"，称"人格的唯心论有美国的占晤士首倡，近来英美学者愈加发挥。从前唯心派哲学家，将'心灵'认作绝对的一个实体，和他对象的'世界'相对待，分为两橛。占晤士一派用科学研究法证明人类心的性能实适应于外界而渐次发达，意力和环境互相提携，便成进化"。见《欧游心影录》，王德峰《国性与民德——梁启超文选》，第 204 页。

　　② 尚新建：《美国世俗化的宗教与威廉·詹姆斯的彻底经验主义》，上海人民出版社 2002 年版，第 303—304 页。

　　③ 《欧美之关亡术》，甘永龙译，《东方杂志》第 8 卷第 5 号，1911 年。

　　④ ［英］阿塞儿希尔：《关亡术》，愈之译，《东方杂志》1917 年第 14 卷第 5号。

此外，胡愈之翻译的《灵学研究之进境》，他是英国心灵研究会成立 36 周年来的一个总结。著者为英国物理学家威廉·巴雷特，他是英国心灵研究会和美国心灵研究会成立的主要推动者，被评价为"缔造一个心灵研究会（指美国心灵研究会——引者注）的实际动力则来自心灵研究会的英国创始人之———物理学家威廉·巴雷特"。① 该文对西方灵学的介绍较全面，包括心灵研究的内容、方法、困难以及已经取得的进展。事实上，所谓的进展仅是一时之见，英国心灵研究会待百年回顾时，不得不承认"它所研究的学科还没有过并且从未曾有过共同意见"。② 译者在文前有识语，认为灵学会"宗旨在用科学方法，研究心灵之神秘现象，近代欧美心灵学，得渐放一线之曙光"。以《东方杂志》的影响力和地位公开宣传，灵学是以科学研究神秘且有进展，这带给读者的误解与蛊惑是难以估计的。文章透露灵学研究内容包括传心术、催眠现象、千里眼、降神术等，研究中坚持"公平正确之科学方法，摒除一切成见，以考查上列之各问题，务求其无模棱或武断之弊"。灵学对象的飘忽不定带来了研究上的困难，导致世人"甚且疑其同于巫觋妖魔邪术左道之流"。同时，作者又认为随着科学的发展，如借用无线电、照相机、X 光线等，研究心灵现象的能力必随之提高，可信度亦能相应增加，"在今日尚幼稚时代，他日学术进步之后，则心灵现象之实验考察，当不至如今日之困难耳"。该文还介绍到巴雷特坦诚欢迎反对者，但同时又附加条件，如"当观察心灵现象时，

---

① ［英］I. G. 吉尼斯：《心灵学》，张燕云译，第 60 页。巴氏曾为《科学的人灵交通记》作序，认为"终将存在若干颠扑不破之事实，足以压迫科学容忍一个灵魂及精神的世界之存在。此精神的世界中，居有已抛弃躯壳之灵物，其中若干能时时，但多少不完善地与吾人相交接"。该书作者英国人约瑟芬特莱（J. Arthur Find-lay）为辆拉斯哥灵学会的创办者，所著内容主要为降神会上的记录。见［英］约瑟芬特莱《科学的人灵交通记》，上海世界新闻社译，上海世界新闻社 1933 年版。

② ［英］I. G. 吉尼斯：《心灵学》，张燕云译，第 9 页。另，严复曾阅过该文，给侯疑始并登于《灵学丛志》的信函多重复该文，见《侯疑始先生书》，《丛志》第 1 卷第 1 期。

苟有一卤莽灭裂之不信仰者在座，则于心灵现象之研究，必生阻碍，故当吾人考究心灵学时必平心下气，以诚恳之意出之"。他还认为反对者多有唯物主义倾向，"无如反对之徒，皆沾染德国唯物主义之思想，于心灵学初未尝稍稍问津，惟执皮相之说，挟偏私之见，以相问难，譬如乡愚，向科学家力辨地之非动，哓哓不已，此固无丝毫讨论之价值也"。① 的确，从哲学上分析，灵学无疑是唯心论的表现，当然会遭到唯物论的迎头痛击。

物理学家奥利弗·洛奇（Oliver Lodge）深信灵学，被罗家伦称为"带鬼气的物理学家"。② 其灵学著作《生与死》（*Life and Death*）叙述了与阵亡于第一次世界大战的儿子雷蒙德的"灵魂对话"。书中，洛奇以科学的历史来比附灵学的未来，"世讥宗教家之言论，每涉武断，不知科学家之武断，不亚于宗教家也。实检科学进化之历史，科学家曾嘲汽车汽船之为理想矣，曾称电话为玩具，电灯为装饰品矣，曾讥无线通电空中飞行为妄念矣。此数者，科学家始尝决其无成，而今皆已高成功焉"。译文《生死界之沟通》专门介绍了该书的主要内容，不无煽动地提出"爵士素以心灵哲学名家，今用科学的眼光，讨论灵魂不灭之理，崇论宏议，足以启发吾人者至大"。当然，文章也提出灵学界时有鱼目混珠者，"当世有欺诈之徒，自称能为幽灵之媒介，欺人敛财，而无达识以烛其奸，未

---

①　罗罗：《灵学研究之进境》，《东方杂志》1918 年第 15 卷第 9 号。

②　罗家伦：《科学与玄学》，商务印书馆 2000 年版，第 22 页。另，商务印书馆出版的《汉译科学大纲》第十六篇为灵学，作者即为洛奇，译者为东南大学心理学系主任、哲学博士陈志韦。洛奇在文章最后总结为"灵学所证明之事最大者为身心之可以分立，脱离寻常工具之后，心犹能存在，且犹能有某种活动。灵魂不灭之可能与否，实与此时有深切之关系。因此可见脑部或其他寻常表现官体之破坏，心也，人格也，品行也，记忆也，未必随而澌灭"，见［英］汤姆生《汉译科学大纲》第 3 卷，商务印书馆 1923 年版。可以说，洛奇并非因其物理学成就而引起民初国人关注。《丛志》曾详细介绍了其在灵学方面的成就，"陆杰博士为英国学界泰斗，哲学家、科学家，又宗教家也。任英国灵学会会长有年，所著有《无线电报》《近世物质观》《生命与物质》等书，而《死后之生存》一书，于灵学尤多发明，全书十余万言，容当译之以介绍于中国"。见《有鬼论之证明》，《丛志》第 1 卷第 5 期。

有不受迷惑者"。①

　　同为胡愈之翻译的《梦中心灵之交通》一文亦提及洛奇，以之为近年来心灵交通成功的证据之一，"不少科学家如英国之洛奇氏（Oliver Lodge）等已承认遇此种特殊梦象时，梦者心灵确能与醒者相互交通，且无空间之限制，此种交通现象，名之曰'灵通'（telepathy）。灵通之现象在今虽未得完满之解释，而其真实则已为少数学者所公认矣"。② 另一篇译文对洛奇著作的介绍尤为充分。译文提出，"以一崇实验尚物质之物理学家，而昌言灵魂论，则灵魂论之足风靡一时，亦可知矣"。③

　　我们发现，中西灵学者多具有一定的科学知识，甚至为其时著名的知识分子，他们有意或无意地具有一种沟通新旧之学的企图，如洛奇试图以实验证明古老的灵魂问题，俞复等则企图以不证自明的扶乩来论证鬼神的存在，从而自认为能"弥补"科学的不足并达到"神道设教"的目的。杨锦森所译文章出自括根鲍斯（John D. Quackenbos）。作者是在"心理学"的范围内介绍当下灵学研究的进展，并预测未来前景，"向惟宗教家及幻想者所论及，今则明达之士，大都以为足供科学上之研究，实则此亦不惟足供科学上之研究而已。近日世人之注意于此种事物者日益多，则以科学的方法，研究此深有趣味之精灵，自为今日当务之急"。该译文引经据典，先称耶稣曾有"灵魂交通"之说，又引詹姆斯教授（即威廉·詹姆斯）之言，称人在睡眠中或催眠中能与鬼神交通。作者自称已从事催眠术实验万余次，效果堪奇，甚至想象若用此心灵占入的方法进入行为不端者内心进行改良，促进社会道德以及治疗疾病

---

① ［美］立孟阿勃脱：《生死界之沟通》，《东方杂志》1918 年第 15 卷第 1 号。该文选自《青年进步》（期数不明）。

② ［美］H. Addington Bruce：《梦中心灵之交通》，愈之译，《东方杂志》1918年第 15 卷第 1 号。

③ ［英］阿塞儿希尔（J. Arthur Hill）：《关亡术》（续二），愈之译，《东方杂志》1917 年第 14 卷第 6 号。

等，"吾人每言世人道德之堕落，然苟有数千人如乙夫人者，运用其特异之能力，以从事于社会改良，则世间大多数之人民，或将尽成善人，用以祛除世人之疾病，则疾病将悉除而无遗。其外如吾人久已承认之真理，亦将因以变更。如作者每见有人能藉心理之作用以移动几案或风琴"。这种对催眠术社会应用性的强调，在道德失范的民初中国无疑具有较大的诱惑性和吸引力，如中国心灵研究会即专设输入文明增进人伦道德部。[①] 同时，作者承认此种交通的原理至今未明，声称由此治病者"犹不过大言欺人"，但将来未可限量，"将来所能发见之新理，则正无可限量也"。文章最后似为译者的识语，认为此文"非欲为自言能藉心理作用疗治疾病之徒辩护，此辈所用之方法，既不合于学理，殊难见效，作者甚不愿读者以此文作此辈之广告读也"。[②]

《世界神秘之研究》认为，当今神秘之事多为某些术士作伪，但并不排除真有此种能力的人存在，并以爱迪生为例介绍之。发明家爱迪生对灵学也有浓厚的兴趣，国内报刊对此做了详尽的报道。[③]据称，有挪威术士利思自称善于隔物见物，有透视功能。通过交往，爱迪生颇以利思为神奇，称"人类之脑，将来必有大活动，而能今之所万不可能者"。为此，爱迪生曾组织4人，每人佩戴电力

---

① 《本会之事业》，《心灵》1916 年 4 号。

② ［美］括根鲍斯（John D. Quackenbos）：《论心理交通》，杨锦森译，《东方杂志》1913 年第 9 卷第 8 号。

③ 爱氏相信灵学，但对当今灵学上所谓的中间物如灵媒等以及研究中所用的器械不甚相信，"近来各方面关于灵学底言论和文字非常的众多，但是他们平日用的方法和器械，恰是表明不合科学的'荒谬'。我不要说这些'中间物'——亦名'媒介'就是沟通人灵两方面的，或是人，或是器具——是骗人的，是存心要愚弄众人，装满自己的衣袋。在他们当中，或者有几个很诚实的，他或者入了一种意境，想象自己同'幽灵'交通，因此他要发明一种新器具"能与非现世界的人交通"，并称"我已经费了许多时间，要造成一新的器具，试验可否同非现世界的人交通，这种器具要是没有造成，将来必要造成。但是能够造得成，决不靠什么玄奥妖异的工具，如所说的'中间物'，乃是靠科学的方法"。见远涛译《大发明家爱狄逊氏将有灵学的新发明——与福伯斯君（B. F. Forbes）的谈话》，《青年进步》1921 年第 39 期。

诱导圈，实验"心理交通"，但没有成功。由此推测"是则必有一
种精神的势力，为吾人所未明，而利思者，乃偶获之耳"。此外，
爱迪生还将利思介绍给汤姆生，后者同样拜倒于其术，认为"如利
思者，真神怪而不可测者矣"。文章认为爱迪生言之有理，并介绍
说："欧美各国，均有精神学会，为专门之调查，而尤以伦敦所设
者为最力，凡有经历异事者，莫不罗而致之，请其详述，汇合而解
释之，以今日之所知，大概人与幽灵，自有关系，其显现也"。该
文还提道，人与幽灵之间以"意浪传递"为沟通方式，物理学家约
翰摩尔（John Muir）曾详述其沟通经历，而北美学会和伦敦学会
（此处似指其时英国心灵研究会和美国心灵研究会）对此已实验多
次，"成功者亦十有一二"。① 前文已提及，蔡元培乃以幽灵学称灵
学，与该译文有相合之处。值得一提的是，有署名为莫等的读者似
深受该文的影响，在与《新青年》的通信和辩论中引用此文，论证
鬼神真有，称"此外科学家报告，我以为可靠的实例，还有许多如
爱迭生和汤姆生实验脑威人利思一事，也是他心通"。② 可见《东
方杂志》在宣传灵学方面影响之深远。

（二）对催眠术的介绍

催眠术在清季即已传入。③ 民初，灵学派对催眠术的介绍大多
一知半解，或以传统文化随意解释，或用固有的迷信形式任意牵强
附会，证明催眠术古已有之，实质是"西学中源说"再次上演。译
介者以附会于传统资源的方式传播催眠术，在消除中西隔阂、有利

---

① 佩我：《世界神秘之研究》，《东方杂志》1916 年第 13 卷第 8 号。转自《进
步杂志》1916 年第 10 卷第 3 号。

② 《鬼相与他心通》，《新青年》1919 年第 6 卷第 4 号。

③ 据称，直督端方曾于某中秋日召法国男女二人入署，"术士用催眠术催眠，
其女者用布蔽其两目，令其以物投入，随我心之所欲，与术士言明。术士用手指天画
地，其女者不闻不见，即应手而动，寻物投入，百无一爽约，演两句钟而罢"。见 ht-
tp：//www.ycwb.com/misc/2006 - 08/20/content_ 1188925.htm，《羊城晚报》2006 年
8 月 20 日。

于知识界接受的同时，也造成了传播过程中的曲解与附会，引起了受众的畸形理解。同时，这种方式改变并提升了相关传统资源的面目与地位。归而言之，这种传播模式潜藏着一种西学与中学博弈的格局。

《东方杂志》自创办伊始，即陆续登载关于催眠术的文章，前期以介绍性为主，后期则多羼杂着知识界自我理解的著述。这一变化反映了知识界逐渐接受催眠术的过程。杂志创刊当年第 6 期即刊文称催眠术治病疗癖有奇效，"此术以医人之不健康者，及人之有癖性者，效者甚多"，美国将建设专门医院推广之。① 在《动物与催眠术》一文中，认为"动物非必不能施行催眠术矣。虽然动物之全身硬直，为最有趣味问题，大有补于人类催眠术之研究"。② 这一时期，时人对催眠术的新奇胜过研究，如称意大利某处有一老妪，精通催眠术，年 90 余岁，"不食粮肉，惟日饮清水少许，平常绝少出门，亦不阅报，然远近新闻，罔不周知，人咸谓其灵魂有出游之术"。③

灵学在近代日本较为发达。随留日学生的传播以及专门学会的成立，《东方杂志》登载的文章逐渐表露出时人自己的理解。卢可封为中国心灵研究会会员，《心灵》杂志（1916 年第 1 卷第 4 期）称其在 1916 年夏季毕业。《中国催眠术》是卢氏应日本催眠术协会④考试而作。作者囿于自身所见来诠释催眠术，认为中国自古亦有之，"中国之有催眠，其来甚古，素问所称祝由，孔子所谓巫医，皆上古药物治疗与催眠治疗并行不悖之明证。后世趋重理论，而精神治疗之学理，未能根据确凿，遂流于神怪"。心理学最新进展如

---

① 《催眠术之医院》，《东方杂志》1904 年第 1 卷第 6 期。

② 王我藏：《动物与催眠术》（译自日本《时事新报》）1911 年第 8 卷第 7 号。

③ 《催眠术之功用》，《东方杂志》1909 年第 6 卷第 11 期。

④ 据载，"大日本催眠协会之设，斯会也，为日本催眠学界之大机关，其权力有上海总商会之称誉……（中国心灵研究会）四五月始得就功（指加入此会），以后有相当之学位授我会友，此优异之奖励，本会实为嚆矢"。（见《心灵》1916 年第 1 卷第 4 册）卢可封的考试似即由此协会而实施。

潜精神、暗示等，也被认为在中国古代皆曾有阐发。人心与道心之别即显在精神与潜在精神之分，"人心即显在精神，最易为物欲所蔽而窒其灵明，故曰危。道心则潜在精神，必须静中养出端倪，故曰微……道心乃可以常存，即自己催眠之极致。余尝执是理，以催眠实较他说为正当"。[①] 这里对传统的理解本身不正确，前提有误，比附当然不当。此外，该文还将"君子之德，风，小人之德，草。草上之风必偃""一日克己复礼，天下归仁""知己，其神乎"等传统话语称为"暗示说之至论也，而更为精微焉"。

卢可封批驳了西方催眠术英文单词"hypnotism"[②]，提出催眠术不是睡眠，"误认催眠术为疲倦而眠睡，实大背乎学理也"。他认为西方的催眠术过于烦琐，不如中国的简单直接，"起精诚专一之心而已，其所用言语亦惟单简直截，曰静曰诚曰勿起妄念专心一志而已"。其中，他对"诚"尤为强调，将某些传统话语理解为催眠术之理，如"至诚之道，可以前知"，认为这是修养之至，可以随意催眠万物，以至"动天地而岁无水旱，民无夭札，化及异类，而百兽率舞，凤凰来仪"。此外，他还强调"几"的重要性，引《易》"知几，其神乎"，主张学习催眠术的法门在掌握万物之"几"。[③] 当时，科学的催眠术解释一般有心理说和生理说两类。相

---

① 卢可封：《中国催眠术》，《东方杂志》1917年第14卷第2号。

② 此单词系希腊语转变而来，有睡眠之意，日本人翻译为催眠术。与卢可封一样，陶成章认为此翻译不准确，应译为"化人"，"今嫌其意未核，窃欲改作化人二字，取列子化人之意，读者以为然否"，见会稽山人《催眠术讲义》，商务印书馆1906年版，第1页。梁宗鼎亦取列子化人说，认为催眠术"我国列子中既已述及"，见《催眠说》，《东方杂志》第13卷第7号，1916年。另有文章称，"最近中国学者精神科博士刘钰墀氏，嫌其义未核，拟改作心教学，或催眠学，且免生国人术字之误解云"，见仲衡《催眠术概说》，《东方杂志》1918年第15卷第11号。刘钰墀曾担任中国心灵研究会会长。

③ 据研究，"几"是中国文化中很重要的概念，是"从《易经》出来，从占卜出来，这个观念是超科学的观念，科学以上的，因为科学里面没有几"，见牟宗三《周易哲学演讲录》，华东师范大学出版社2004年版，第84页。叶落知秋，即为知"几"，卢可封似借用了此意。

比之下，他认为心理说行术繁杂，其成功亦是瞎撞，生理学更是肤浅，不足论，"今世之催眠术弄出如许设备，如许方法，又费如许时间，乃能致人于眠，不过瞎撞此'几'"，呼吁众人改进方法，"今之催眠术犹未得为至道，有志者于'几'焉更求之则近矣"。

他认为催眠术一直流行于民间，如传统的巫觋之流，"道何在，在伛巫跛觋之间，盖惟伛巫跛觋尚有利用人之精神作用者，士大夫终日谈经义，说性理，何曾见及此闻及此"。据此，他认为，包括"降仙童""讨亡术""圆光术""祝由科""竹篮神""八仙转桌""箸乩术"等都有催眠术作用于其间。因此，作者认定上述诸多巫术不能以神怪视之，而是有"学理"解释的催眠术，对于学问、教育、治病、家庭、改癖等事项都有帮助。① 这种将传统迷信形式置入催眠术范畴的做法，在民初灵学界是有分歧的。上海大精神医学会高吾未承认这些形式包含有精神科学的成分，但否认同调，"虽然离不了术者的自信力，病者的预期心，相联合而成一种精神的变态，然而终久不能说他是催眠术，更不能因为他有精神学理的价值"。②

与卢可封相比，梁宗鼎对催眠术的解释过于荒唐。梁文缘起于与友人观看催眠术表演之后的谈话，"民国四年十一月廿四夜，与数友观陈维新演催眠术于广州，同人奇之，趣余言其理，此稿即当时之一夕话也"。由此可见，催眠术在民初较为盛行。梁氏似留学日本，较早接触催眠术，8 年前曾有一留日友人为其施术，但未成功，自解为"余之期望心太切，杂念庞至，并存有反信之心"。但他对催眠术的了解未有超于同人之处，而同样将之嫁接于传统，认为有列子化人之义。他对催眠学理的解释则极为荒唐，认为大脑中

---

① 卢可封：《中国催眠术》，《东方杂志》1917 年第 14 卷第 2 号。直到 20 世纪 70 年代人体特异功能热潮中，国内还有人再次认为"请青蛙神""请竹篮神"等是有道理的。见于光远《psi 和它的变种——人体特异功能》，《中国社会科学》1982 年第 2 期。

② 高吾未：《甚么是催眠术》，《大精神杂志》1922 年夏号。

有两筋，即"天君筋"和"善恶筋"，对应天理与人欲。其中，人世间一切恶皆出于后者，"我国性理学家常言克欲，即指克制此筋"。他认为研究催眠术能控制"善恶筋"的活动，因此要极力推广之，"催眠家即专研究此筋，克制此筋，诱起天君，利用天君，抛如许之光阴，费几多之脑力，苦心造诣，以构成此不可思议之学科，增廿世纪之荣光，促学问界之进步，不亦盛欤"。① 梁氏认为催眠术能"控制"善恶，在误解中又透露出其练习催眠术的功利性取向。这与当时众多灵学组织鼓吹的所谓灵学有助于道德修养的宣传是一致的。

　　"千里眼"属于催眠术，在日本特别发达。清末民初，中国对此术的介绍亦不为少。② 1913 年，《东方杂志》第 10 卷第 4、第 7 期分别登载了章锡琛两篇介绍日本"千里眼"研究的文章。前文提到日本发现两位姐妹具有"千里眼"的能力，故掀起了新一轮追捧的热潮。据称，其姊名光子"术尤奇妙"，在其父亲催眠术的作用下，能隔物见字，"毫无欺饰，诚为至可研究之问题"。③ 后文则区

---

　　① 梁宗鼎：《催眠说》，《东方杂志》第 13 卷第 7 号，1916 年。梁氏的具体情况今无从查知，其发表的著作大多集中于矿业机械，且多发表于《东方杂志》，有《离轨车之研究》《飞艇雏形制造法》《中国锑业现状》《地球年龄说》《山东地质实习记》《物理学之由来》等 50 余篇，并著有《钢铁之研究》（作新印刷局 1922 年版），内容为研究钢铁与国家的关系、钢铁生产史及其在亚洲的发展，介绍世界铁矿藏量、钢铁厂组织、钢铁界权威人士等。可见，此人在具体科学研究方面具有相当的知识。民初较多具有一定专门知识的学者信从灵学，此人可为一显例。

　　② 千里眼是否属于催眠术，尚有不同意见。鲍芳洲认为千里眼不属于催眠术，"千里眼虽多现于催眠状态，然千里眼与催眠状态不得不区别考究之"，见鲍氏《千里眼研究法》，商务印书馆 1919 年版，第 23 页。余萍客则在摇摆之间，认为千里眼和催眠术原来虽是各有区别，如今两者已成牵联关系，在研究催眠术学者成功之后，正好深上一层去练习千里眼了，见余氏《千里眼》中国心灵研究会 1929 年版，第 67 页。在其主编的《心灵》杂志中则多持属于催眠术说。陶成章将千里眼翻译为"灵交神游"，列入其《催眠术讲义》一书，无疑主张属于催眠术，见陶氏《催眠术讲义》，商务印书馆 1928 年版，第 156 页。

　　③ 章锡琛：《日本新千里眼出现》，《东方杂志》第 10 卷第 4 号，1913 年。

分了"透视"和"千里眼"的不同,"透视者,能确知被隐蔽而在目前之事实,若能感知远隔他处之事实者,则谓之千里眼"。"透视"和"千里眼"何以可能?作者依据最近的发明,如紫外线、X射线等"皆能透过一种物质之障碍而自由进行",认为人在催眠状态下当然可以借助于某一物质为媒介,具备"透视"和"千里眼"的能力。[1]

安徽绩溪王昭三[2]读过章锡琛的文章后,获悉"日本之千里眼已有几分之成绩,并分为透视与千里眼之二种,透视者,视察近处之事实,千里眼者视察远处之事实也",并随后连著两文发表自己的研究。

王氏开篇自谦并未研究"千里眼","只承认其将来必成一普通学科而已"。事实上,王氏早已涉足此道,"著者念兹在兹,殚心研究,已有六年之久,因特书之以为向导。未曾研究者,慎毋轻意评陟也"。文中,作者介绍了研究"千里眼"的心得,提出了研究"千里眼"要有国粹、科学方面的预备,认为孟子"大而化之之谓圣,圣而不知之谓神,千里眼之神,即孟子之所谓神也"。可见,王氏乃以传统对应"千里眼",认为"至诚能前知,至诚则如神"。"千里眼"有很大的功用,能"普及慧眼"和"发现真理",有益于国家和学术进步,如前者能"解释世界之竞争,维持世界之和平,未有善于此者也";后者能使人具有发现真理之方法和能力,

---

① 章锡琛:《千里眼之科学解释》,《东方杂志》1913 年第 10 卷第 7 号。

② 王昭三,号抱吟馆主人。据称,王氏九岁入泮为附生,后入上海广方言馆学习,以治经学著称,又精于数理。曾游幕于浙苏。后回徽州办学。先后创办婺源崇报学堂、歙县新安中学堂、紫阳师范、黟县碧阳学堂。1909 年任绩溪劝学第二学务所总董兼视学员。次年辞职回乡,协助父亲王维馥兴办植基两等小学堂。编著有《地学》《矿学》《电学》《重学》《力学》《气学》《溥通学》《溥通学前编》《前知学》等(见《安徽人物大辞典》)。其著作《前知学》,由熊希龄等作序。该书主要内容为预测宇宙、地球、自然界、生物和人类社会未来可能变化发展的趋势。见 http://chengxialin. blshe. com/post/1871/133473。

"示人以真理，不若示人以研究真理之法"。① 王昭三是将"千里眼"作为修养之术而练习的，这也是他不遗余力推广宣传千里眼的原因。他认为出世有身出和心出，而以后者为高，"千里眼"即属于后者。相对于宗教，"千里眼"能够贯穿宗教与科学，并集中两者之精粹，弥补宗教的不足，"特佛老之观念，以理想得之，吾人之观念，以科学智识得之，佛老之智慧，较吾人有优，吾人之理解，较佛老为确耳。见解未真时，宗教自宗教，科学自科学，见理至极时，宗教科学必不分歧。此不分歧处，即佛氏所谓不二法门，孔子之所谓一贯也"。② 由此看来，民初一部分人所理解的"千里眼"不是普通之术，而是具有"科学"基础的，是能调科学与宗教的修身之道。在民初新旧混杂、信仰失范的时代，王昭三所描绘的修养之术，以科学为指导，糅合新旧，的确具有诱惑力，颇能吸引一部分人的加入。

以上文章中的催眠术既被一部分人妄为理解，不可能起到释疑的作用，反而导致更多谬误。《新青年》即认为催眠术为魔术，显然是对科学的不同认识。③ 即使灵学者或对灵学有兴趣的人，对催眠术也有不同的理解。王昭三则以"千里眼"发明前知学，陶成章以"千里眼"近于巫能知未来。④这些皆是对催眠术的误用。

综上，时人对灵学等神秘之术的迻译有三个特点。第一，译文对西方灵学研究的主要进展以及著名灵学者如洛奇、爱迪生、詹姆斯等，介绍较为全面；第二，译文多以现有科学的发展来预测科学的未来，或试图拓展科学边界，或直接以科学称呼灵学。这在崇拜科学的近代中国具有一定的迷惑性，在很大程度上影响了国内知识界部分人士的选择；第三，译文多以中国传统迷信或话语接榫灵学，如以"关亡术"对应"传心术"，以"道心"与"人心"比

---

① 王昭三：《千里眼之科学解释》，《东方杂志》1914 年第 11 卷第 4 号。
② 王昭三：《千里眼之入手方法》，《东方杂志》1915 年第 12 卷第 5 号。
③ 程师葛：《通信栏》，《新青年》第 2 卷第 1 号。
④ 陶成章：《催眠术讲义》，商务印书馆 1928 年版，第 156 页。

喻"潜精神"与"显精神"，提升了旧有巫术迷信的地位，并顺势激起了传统唯心论信仰的复苏。

三　灵学组织建立

清末民初，较早的灵学组织多由留日学生成立于日本，采取设立分会和发展会员的方式，侧重于传习催眠术。随后，这些组织或在国内开设分会，或直接迁回国内，带动了民初国内灵学组织的纷纷涌现。

中国心灵研究会即经历了这一过程。1909 年，余萍客等留日学生在横滨成立中国心灵俱乐部，至 1912 年迁址于东京，改组为东京留日中国心灵研究会（Chinese Hypnotism School）。该会于 1918 年设分会——中国心灵研究会事务所于上海，3 年后完全迁至上海，改称中国心灵研究会（Chinese Institute of Mentalism）。[①] 据称，该会的成立起因于同人"见得催眠术确有伟大的功用，成为一种特殊的科学，更加以得实验的成绩，就认定催眠术有提倡的必要，中国人尤应获得这种科学的作用，为治病疗癖和德育智育上的助力"。[②] 这一成立缘起传达了当时知识界一部分人对科学的认知模糊和他们追捧灵学的意图。

中国精神研究会由鲍芳洲在 1911 年成立于日本神户，最初命

① 余萍客：《催眠术史》，《催眠术函授讲义》，中国心灵研究会 1930 年版，第 48—49 页。关于该会成立前期沿革在《中国心灵研究会小史》与余著多有牴牾。后者认为该会成立于 1912 年，"民国元年今月今日，本会名誉会长郑鹤眠君，独且只眼由美传道来日，以催眠之盛行，而我国独雌伏，冀有以提倡，爰组织心灵俱乐部"。其改名为心灵学是在 1913 年春，至迁址东京为 1916 年 4 月。1914 年秋，刘钰墀继郑鹤眠任会长。见《心灵》1916 年第 4 期。学术界囿于材料所限，多引余著，笔者于此暂存疑，暂从余著。

② 古道：《本会成立二十年的回顾》，《心灵文化》1931 年。

名为"华侨催眠术研究社"。① 至 1917 年，其广告联系地址表明其仍在日本。② 钱穆在无锡县立第四高小任教时，曾与其友朱怀天喜读鲍芳洲的催眠术书，"见报载鲍芳洲在上海面授，只一周即可毕业，以惜费不往，后乃以积钱买一部《资治通鉴》。怀天一人往，谓归来仍可两人同习"。颇有讽刺意味的是，催眠术虽宣传治病有奇效，但并未救治朱怀天之病。后来，朱怀天因背部生疽缓于救治而亡，"初谓不严重，只自我催眠即可疗治，缓于求医，竟不治而卒"。③

另外，陈旭麓著的《近代中国社会的新陈代谢》一书，曾提到1916 年留日学生在日本神户成立"中国精神学会"一事。④ 本书涉及的主要人物之一杨践形曾学习催眠术，并自 1917 年起担任中国精神学会无锡分部主事。

民初，上海聚集了一批类似的催眠术组织。1918 年 8 月 22 日，当日《申报》计有 4 个催眠术广告，分别为东亚精神学院的《精神术速成教授》、寰球催眠术大学的《免费函授催眠术》、东方催眠术的《接续纪念续招会员特别优待广告》、中国精神研究会的《劝学催眠术 在远方者通信教授》。中国心灵研究会自称，其兴起"惹起了许多同性质的组织，如在上海有催眠协会、变态心理学会、精神、大精神、神州神秘、灵理、灵子术会、哲学会、催眠养成所"。该会认为，这些同类组织能真正从事研究的很少，"大多数却靠着几页半译不全，学理相抵触，充满'个人文学'无从索解的讲义和不负责任卖书式的教授，目的只知图利，不顾到学术，失去信仰，

———————————

① 黄克武：《民国初年上海的灵学研究——以上海灵学会为例》，《中央研究院近代史研究所集刊》2007 年第 55 期。

② 《通信教授催眠术》，《申报》1917 年 1 月 3—12 日。

③ 钱穆：《师友杂记》，生活·读书·新知三联书店 2005 年版，第 96、100 页。

④ 陈旭麓：《近代中国社会的新陈代谢》，上海人民出版社 1992 年版，第 371页。

发生进行上的妨碍"，以致催眠学界陷入混乱境界。① 这一陈述既有中国心灵研究会的自夸，也有对民初催眠术学界相互排挤、竞争激烈状况的写照。可以想象，各学会通过吸引会员赚取会费来维持生存，其竞争激烈亦是自然。如中国心灵研究会改定 1923 年的收费标准为"心灵学院实习部学费原定三十元增至五十元，速成部原定二十元增至三十元，函授部学费照旧仍收十二元，以期普及"②。上海大精神医学研究会在 1922 年的收费标准是"函授会员学费上海大洋二十元（讲义费邮资费在内）、通学会员学费上海大洋五十元（外无他种杂费）、正会员学费上海大洋一百元（外无他种杂费）"③。中国精神研究会规定通学会员学费 15 元，地方会员即函授学员学费 14 元。④ 1925 年，中国心灵研究会与中国精神研究会之间就因争夺会员发生了冲突。其大体过程是 1924 年 11 月，据中国心灵研究会南洋分部长李定忠报告，"两年以来，中国精神研究会，有无数传单寄到南洋群岛，其中措词，不外标榜自己，甚至颠倒事实……实属故意损害本会名誉，要求严与交涉，嗣后接到各地学友同样报告，亦不下数十起"。为此，中国心灵研究会准备诉诸法律解决，后来因"彼急来手书而道歉……似亦可释吾党之疑，息同仁之忿"而结束。⑤

因民初译介者多以巫术迷信比附灵学，不少新兴民间教派试图以之标新立异，声称"研究"灵学。如悟善社即称灵学是"有研究的，而非迷信的；是有条理的，而非颠顸的；是超乎感觉界以外的，而非以见闻觉知范围以内的"。⑥ 该组织虽在活动方面因偏重于慈善事业而区别于灵学会，但从立社宣传和借助扶乩来

---

① 余萍客：《催眠术函授讲义》，第 49—50 页。

② 《增加会费》，《心灵》1922 年秋号。

③ 《大精神杂志》1922 年夏号。

④ 《中国精神研究会会则》，《精神杂志》1917 年第 1 期。

⑤ 《与中国精神研究会交涉之经过覆诸学友》，《心灵》1925 年。

⑥ 《灵学要志再序》，《灵学要志》1921 年第 1 卷第 12 期。

看，两者又有趋同之处。悟善社自称"以神仙之妙用，补人事之不足，书沙验事，觉世牗民"①，认为"盖灵学丛志考验鬼神之真理，阐究造化之玄妙，而灵学要志则以救世道人心为要义；灵学丛志所以瀹人之性灵，而灵学要志所以规人之言行，二者相辅不相悖也"。② 此外，以慈善立名的济南道院亦为其时标榜"研究"灵学的组织之一。其杂志《哲报》明确征集关于灵学的文章，"凡关于宗教、哲学、灵学、道德、慈善、格言等性质之文字均可刊布"，杨践形等人的灵学文章即多发表于此。据时人回忆，"周悟坦在道德社开办了一个专门研究灵学和哲学的讲习班，招收学生百余人"。③ 另据资料称，道院曾成立灵学研究会，且于该会内"附设纂识学社，专门训练扶乩人员"。④ 上述资料所指似为同一件事，可见其所谓的"研究"灵学似专就扶乩而言。由此，笔者推测，此类组织之所以标榜"研究"灵学，似与其多以扶乩开展活动有关。在他们看来，扶乩与灵学是等同的。目前学界对此类民间教派的研究较为薄弱，多停留在组织架构等方面的探赜索隐，而就其灵学方面的阐述仍尚付阙如。

综上所述，灵学组织以上海为中心逐渐向外辐射，由南而北逐渐蔓延恣肆。陈旭麓形象地描述这一格局为"中国灵学南北呼应，风靡一时，成为五四时期中国思想界的一股浊流"。⑤

西方 19 世纪末神秘主义思潮的历史，是与对主流思潮的质疑相起伏的，"到了世纪末，耶稣的神性与《新约福音书》故事的真实性受到了广泛的质疑，这为其他的宗教：新异教徒、神秘主义

---

① 《灵学要志缘起》，《灵学要志》1921 年第 1 卷第 9 期。

② 《灵学要志叙》，《灵学要志》1920 年第 1 卷第 1 期。

③ 初中池口述：《我所知道的济南道院》，《山东文史资料选辑》第 19 辑，第 190 页。另，文中所言周氏似为时任济南道德总社社长。

④ 朱式伦：《世界红十字会在济南的兴衰》，《济南文史资料选辑》第 4 辑。

⑤ 陈旭麓：《近代中国社会的新陈代谢》，第 370 页。

者、无神论者的生活方式开辟了社会实践的道路"。① 民初，中国也是在主流沉没与崩溃之际涌起了新宗教运动。在"中学不能为体"② 的情况下，知识界一部分人士丧失了对西学辨别与批判的自觉，而误将西来的灵学作为科学，以研究的结果为研究的过程。类似《东方杂志》不加批判地迻译，时人自然容易与国内曾被批判的各种巫术迷信联系起来，从而使之复燃并获得证明翻身的机会。虽然某些文章能够较为客观地提出灵学"研究"尚在进行中，但对于急欲追赶西方以及迷信根深的中国，这种乏力的交代似不足以提醒阅读者，反而给知识界一部分人士带来思想上的迷惑和诱导，而误以为这种"研究"也是追求新知。特别是某些人士与传统迷信如扶乩关系密切，更易忽略尚在"研究"的善意提醒，为复活其历史记忆提供了"学理"的依据。陈大齐的文章便描述了这一现象，"迷信的人听见了这种事情，一发高兴，便想融合古今中外，造成一种东西合璧的鬼学。全国里边充满了迷信的空气，几乎要把新近从西洋输入的科学萌芽闷死了"。③

---

① ［美］理查德·诺尔：《荣格崇拜——一种有超凡魅力的运动的起源》，曾林等译，上海译文出版社 2006 年版，第 29 页。

② 罗志田研究提出，"西潮冲击之下的近代中国士人，由于对文化竞争的认识不足，沿着西学为用的方向走上了中学不能为体的不归路。自身文化立足点的失落造成中国士人心态的剧变，从自认居世界文化的中心到承认中国文化野蛮，退居世界文化的边缘。结果，从思想界到整个社会都形成一股尊西崇新的大潮，可称作新的崇拜。到第一次世界大战'西方'形象在中国'分裂'而不再是一个整体的'美好新世界'之后，新的崇拜仍未衰减，后五四时期中国思想争论各方之主要思想武器仍基本是西来的"。见《见之于行事：中国近代史研究的可能走向——兼及史料、理论与表述》，《历史研究》2002 年第 1 期。

③ 陈大齐：《序》，《迷信与心理》，第 1 页。

第 二 章

上海灵学会的组织架构
及其运作

　　灵学会标榜学术研究，以盛德坛为组织中心，辅以灵学会和《灵学丛志》，坛主会辅。继而，该会以扶乩沟通"人神之隔"，"证验"鬼神灵魂，传播灵学；以现代形式的学会吸收会员，拓展空间，以杂志输出"学理"。这些区别于当时其他乩坛，体现了传统乩坛在近代社会的转变。

一　盛德坛与灵学会成立

（一）成立缘起

　　盛德坛的成立起于因缘巧合，发起者无锡梁溪杨光熙扮演了重要的角色。据称，杨氏自1902年始，"邀集同志数人，每日下午三时，任人叩事，施济方药，同人亦谨慎将事，乐兹不倦，因以医活垂危者不少。余旅温三载，抄录乩文论说三册，其文章之妙，非笔所能罄述也"。① 此后，他始终未断扶乩之事。据其子杨

① 杨光熙：《盛德坛缘起》，《丛志》第1卷第1期。

践形①回忆，杨家曾设有乩坛，"当有清光绪季年，家伯与家君，奉先祖命，设立乩坛，名迓仙社，就吾族义庄内花厅后轩为坛址"。②显然，杨氏本人及家族对扶乩的一贯信奉为盛德坛的成立提供了某种技术上的支持。

考诸历史，扶乩自唐宋以来在历朝均盛。容肇祖认为扶乩起于唐，"紫仙姑之名，古所未有。至唐乃稍见之。世但以箕插笔，使两人扶之，或书之于沙中"。③至于扶乩蔓延到知识界，许地山认为，"文人扶箕大概起于宋朝，而最流行的时期是在明清科举时代，几乎每府每县的城市都有箕坛。尤其是在文风流畅的省如江浙等

---

①　据笔者考证，杨践形即《灵学丛志》中杨光熙之子杨璇，名瑞麟，亦即盛德坛坛正。这在《学铎社丛书序言》中有清晰的透露："学铎丛书者，易学研究会长中一子杨君践形所手撰也。杨子梁溪产……首辰夜半，家人咸闻钧天广乐，音韵悠扬，忽聆空际神语云，群圣拥护送一玉麒麟来矣，其母侯梦感瑞云环身……遂生扬子……学业辄冠群曹，研究科学，尤擅中外哲理，编译实用新书甚夥，遍访各地图书馆，搜罗图书甚富，独于易学说文性理佛典道藏诸籍，最称详备……政体新革，被选议员，不以为荣，曾叹曰人存政举，人亡政息，吾宁为学者以著作贡献社会，无志闻政，不愿以私己功利误国……先后迭长三校，任景云教育会会长，大有孟子乐育天下英才之意。甲寅春（1914 年），督率教职学员娴习健身术，翻译名著，参易筋按摩铜人催眠术诸说，积年心得经验，著《自然康寿法》。丁巳秋（1917 年），杨子董长精神学会来申江，承其尊翁宇青先生命，偕俞君仲还、费君伯鸿创设灵学会。"该序言不但交代了"瑞麟"的来历，而且叙述了其学术历程。杨氏另一身份是近代易学研究者，曾成立易学研究会，著有《指道真全寿世保元》（台湾自由出版社 1980 年版）、《易学演讲录》（1925 年铅印本）等。原中国周易研究会副会长潘雨廷在《周易表解》（上海社会科学院出版社 2004 年版）中自述曾师从之，但另一处谈话中，称"认识杨践形，受二十多年连累"（http：//blog. eduol. cn/user1/han0104/archives/2006/117382. html），至于原因则未见交代。此外，杨氏对"盛德"二字情有独钟，还成立有"盛德艺术社"，涉及诗文、国画、演说、西画、西戏、诗歌、语剧等，其编演戏剧曾在上海公演，见杨氏《战地鸳鸯》，盛德艺术社 1928 年春再版。可见，杨氏新旧之学兼通。参见徐玑衡《学铎社丛书序言》，《学铎余编》，著易堂印刷所 1926 年版。鉴于杨氏在别处一般以"杨践形"署名，故本书以杨践形之名统之。

②　杨践形：《扶乩学说》，《丛志》第 1 卷第 1 期。

③　容肇祖：《占卜的源流》，《容肇祖集》，齐鲁书社 1989 年版，第 61 页。

省，简直有不信箕仙不能考中的心理"。① 本书研究的人物几乎都来自江浙，该区域扶乩的历史基因源远流长，至清末民初依然如此。包笑天曾做过乩坛的记录，据其回忆，"我幼年时代，扶乩之风，很为盛行，尤其是在江南一带。即以苏州而言，城厢内外，就有十余处。有的是公开的，有的是私设的。公开的人人皆知，大都是设立在善堂里，很有许多人去问病，求事，甚而有去烧香的。私设的带点秘密性质，不为人家所知，即使亲戚朋友知道了，要去问病求方，也只能托他们主人，代为叩问的"。②

就本书主要涉及的地域无锡来看，近代以来，无锡文人辈出，乩风亦盛。由扶乩而述于书，文坛常见。据周作人回忆，"《望杏楼志痛编补》一卷，光绪己亥年刊，无锡钱鹤岑著，盖为其子杏宝纪念者，正编惜不可得。补编中有《乩谈日记》，记与其子女笔谈，其三子鼎宝生于己卯四旬而殇，四子杏宝生于辛巳十二岁而殇，三女萼贞生于丁亥五日而殇，皆来下坛"。③ 该书中所述事实和高燮著的《吹万楼日记节钞》以及前文提及的英国洛奇所著的《生与死》极为相似。1937 年，江南大儒、上海金山高燮在爱女去世后，以扶乩招亡灵，记为该日记。④ 该日记还透露，无锡人士华慎甫以乩录成《鬼谈》一书。高燮是通过丁福保辗转借来该书的，并将心得不同之处一一标记批注，表现极为虔诚。巧合的是，《灵学丛志》曾载，"时有无锡某君，在家宅请亡魂临乩，写出鬼谈多则，所述

---

　　① 许地山：《扶箕迷信底研究》，商务印书馆 1999 年版，第 34 页。

　　② 包天笑：《扶乩之术》，《钏影楼回忆录》，（香港）大华出版社 1971 年版，第 68 页。

　　③ 陈平原：《神神鬼鬼》，复旦大学出版社 2005 年版，第 68 页。

　　④ 高燮：《吹万楼日记节钞》，（出版地不详）1940 年版。据称，"名宿金鹤望评'江南三大儒'，为钱名山、胡石予、高吹万……（高）为《江苏》《醒狮》《复报》等革命刊物撰稿，寓有兴汉思想"。参见《我所知道的高吹万》，郑逸梅《清末民初文坛轶事》，中华书局 2005 年版，第 70 页。另外，上海师范大学周育民教授对该日记有研究，著有《民国时期一个文坛巨子乩笔下的灵界》，中国台湾《民间宗教》1995 年第 1 期。感谢北京社会科学院郑永华博士提供该资料。

冥界事实，多半为闻所未闻，且殊多不近情理之处。丁福保……以呈坛请质，碧眼鬼仙逐条辨正。又按土神张公武云，所呈《鬼谈》往请王曾二仙及碧眼鬼仙来，逐段辨明"。① 笔者推测该书即华慎甫所作的《鬼谈》。此外，无锡秦毓鋆在给俞复的信中，亦透露同乡刘石香同样著有此类乩书，"曩刘石香先生素治此学，辑有乩录一书，分门别类，搜罗极富，可向素训一借观之"。② 以上乩书仅为其时的冰山一角而已。1927 年，《东方杂志》各地农村调查征文显示无锡扶乩依旧，"近者，邑中号称士大夫辈，提倡神权，不遗余力。如组织同善社、道教会、红卍字会等，日以扶乩为事。乡村愚氓，更有所借口矣"。③

当时，上海即有济生坛等扶乩组织。据时人记载，上海商界巨子王一亭、黄楚九、朱葆三、俞仲还等捐资在"道宁波路中旺弄济生会楼上设有扶乩一所，往扶乩者均免纳费"，以致"巨商富贾、大家妇女之往虔叩者络绎不绝，且有富室姬妾在内充当笔墨及司招待女宾之职者"。④ 据前引包天笑回忆，"最近几年前，上海有一处有一个乩坛，主坛者叫做木道人，我的许多朋友都相信它，而这些朋友，也还都是研究新学的开明人物呢"。⑤ 同样，参与盛德坛的主要人员不乏表现出对扶乩等神秘之学的爱好，亦不乏"研究新学的开明人物"。上述俞仲还即俞复，上海文明书局的创办人之一，亦即后来盛德坛成立者之一。1915 年，文明书局归并到中华书局，因此供职于后者的杨光熙⑥，与俞复有交游，曾一起"谈及伍博士鬼影片各事，并及扶乩之理"。⑦

---

①　《碧眼鬼仙鬼谈十六则》，《丛志》第 1 卷第 10 期。

②　《秦效鲁先生书》，《丛志》第 1 卷第 2 期。

③　容盦：《无锡》，《东方杂志》1927 年第 24 卷第 16 号。

④　《济生会之乩坛》，陈伯熙《上海轶事大观》，上海书店出版社 2000 年版，第 371 页。

⑤　包天笑：《扶乩之术》，《钏影楼回忆录》，第 71—72 页。

⑥　杨践形：《扶乩学说》，《丛志》第 1 卷第 1 期。

⑦　杨光熙：《盛德坛缘起》，《丛志》第 1 卷第 1 期。

除扶乩之外，关心神秘之学如催眠术者亦多。后来成为盛德坛坛正的杨践形，系杨光熙之长子，"独于易学说文性理佛典道藏诸籍，最称详备"，于 1914 年即开始学习催眠术，1917 年始"董长精神学会"，被喻为"中国有灵学之发明实自杨子始也"。① 盛德坛成立前夕，杨践形因中国精神学会无锡分部之事来沪。由此，追求并研习神秘之学的社会氛围和一个相互交流神秘之学的社会网络逐渐清晰地浮现出来。这个社会网络具有明显而紧密的地缘与业缘以及共同趣向即学缘，是盛德坛成立及运转的主体能动因素。关于此社会网络的梳理将在下一章展开，此处不赘。

上述可为盛德坛成立之近因，下述则为其缘。1917 年秋，杨光熙陪同陈协恭，即中华书局的创办者之一，同往济生坛叩问，"值该坛停乩，执事者不听入，陈君不悦，因语余曰，君固乐此，胡勿创设一乩，以继前志。余可之，遂商之于俞君暨陆费君伯鸿主成其事，即于上海交通路之通裕里屋内，组织坛务，置备乩具，正虑乩手乏人，适大儿瑞麟二儿真如，因中国精神学会组织无锡分部事，自无锡来沪。爰令二人持乩，每日下午六时开沙，至八时止"。② 盛德坛由此而成立。

（二）成立与结束时间

从时间上看，盛德坛先于灵学会成立。1917 年 10 月 3 日晚 7 时许，盛德坛由杨光熙发起，成立于上海交通路通裕里一百一十四号③，坛名"盛德"取自《中庸》"鬼神之为德，其盛矣乎"④，后

---

① 徐玑衡：《学铎社丛书序言》，《学铎余编》，著易堂印刷所 1926 年版。

② 杨光熙：《盛德坛缘起》，《丛志》第 1 卷第 1 期。

③ 《记载栏》八月十八日，《丛志》第 1 卷第 1 期。涂建华误把灵学成立时间记为 1918 年 10 月，参见涂氏《中国伪科学史》，第 131 页。

④ 《记载栏》八月二十五日，《丛志》第 1 卷第 1 期。

于 12 月 13 日迁至望平街书业商会三楼。① 同年 11 月 28 日，盛德坛以乩示的形式，推定"主坛者归孟圣矣乎。庄生长于道术，可为仙教之代表，墨卿善承天心，慈悲救世，可为佛耶二教之代表。以后各仙佛来降，须谨从主坛暨二代表之谕示"。② 3 天后，该坛以同样的形式任命陆费逵为坛督，俞复为坛长，杨践形为坛正。③

关于灵学会成立的时间，各方没有明确记载。陆费逵在《〈灵学丛志〉缘起》中透露出会晚于坛，"吾坛两月以来，圣神仙佛谕示盈帙"，故众坛员深受感化，但惜"受其化者，不过坛员十余，友朋三五而已。同人冀圣泽之广被，尽先知之职责，爰集同志，设立学会，遵照坛谕，刊行杂志"。④ 在他看来，灵学会的成立正是试图借助学会这一近代新的组织形式，弥补乩坛传播空间狭小的限制，谋划盛德坛公共空间的扩大，以广影响。另外，《灵学会简章》规定，"本会会员满百人后，开正式成立会，选举董事三人至十三人，主持会务，第二年年会再举会长"。⑤ 看来，俞复等人最初对灵学会未来的发展规模曾有不低的预期，但其会员人数至 1918 年 9 月前后始满百人，故灵学会是否曾有正式成立大会，目前不得而知。但从乩示"坛长坛督无异乎会长"及因陆俞二人推辞而虚位来看，灵学会似于 1917 年 12 月左右已先期成立。⑥ 此坛会的成立形式与先后顺序，与先于其成立的济南道院极为相似。道院所设乩坛是由 1916 年刘福缘成立于当时山东滨县的，1917 年冬随刘氏调职

---

① 《记载栏》十月二十日，《丛志》第 1 卷第 2 期。另，1905 年，书业商会由俞复等 10 余人发起组织。初借文明书局之文明小学堂为会所，每星期开会一次。12 月正式成立，设会所于三马路望平街。会员 40 余家，以出版新书和教科书的书局（店）为限。最初入会者有文明书局、开明书局、商务印书馆、新智社等 22 家。该会主办的《图书月报》由陆费逵主编。

② 《盛德坛成立记上》，《丛志》第 1 卷第 1 期。

③ 《记载栏》十月十三日，《丛志》第 1 卷第 2 期。

④ 陆费逵：《〈丛志〉缘起》，《丛志》第 1 卷第 1 期。

⑤ 《灵学会简章》，《丛志》第 1 卷第 1 期。

⑥ 《记载栏》十一月二十七日，《丛志》第 1 卷第 3 期。

而迁入济南，随着扶乩人数的增多而于1921年有道院之设。①

　　目前，学界关于灵学会的研究，多以会代坛，而对坛主会辅的事实未能察知。该会简章明确规定，"本会以盛德坛为主体，逐日扶鸾，以资师承"。② 设坛扶乩历来较盛，但因设坛而立会"研究"鬼神，显然是近代社会的产物。从某种意义上说，灵学会能鹊起于近代，得益于其乩坛与学会亦即新旧相结合的畸形怪胎。后世学者多以灵学会代盛德坛，而坛主会辅的事实则湮没于后人的视野，其立会宣传的目的于此确已达到。为叙述方便起见，除特别标明外，行文沿袭学界习惯，以"灵学会"命名之。

　　限于资料，迄今学术界关于灵学会与盛德坛结束的时间多无从查证。从一则广告看，丛志似应出至第2卷第20期，"近因会员减少，丛志销数不广，印资积欠不少，无力永久支持，拟将丛志出至二十期（即二卷完全），即行收东"。③ 但遍搜各图书馆，仅能见到18期，吴光猜测"有可能计划未实现即已停刊"。④《上海出版志大事记》称丛志停刊于1920年9月，即以第2卷第8期的出版时间为停刊时间。⑤ 至于乩坛的结束时间亦无确切时间，仅在1920年暑假前后有广告称，"本会乩坛，拟至暑假（1920年——引者注）截止，如会员及非会员诸君有愿办下者，请向本会接洽可也"，似预告即将结束。⑥ 但是，笔者查阅的数则《申报》资料显示，灵学会与盛德坛在此后并未结束，似已有接洽者，或一直延续。1923年，有记载称，灵学会的盛德坛为宗坛，另有盛德东坛、盛德西坛、盛

---

①　郭大松：《缘起于齐鲁的道院组织及其时代特征》，《山东师范大学学报》1994年第3期。

②　《灵学会简章》，《丛志》第1卷第1期。

③　《灵学会特别广告》，《丛志》第2卷第5、6期。

④　吴光：《论〈新青年〉反对鬼神迷信的斗争》，《近代史研究》1981年第2期。

⑤　参见 http://www.shtong.gov.cn/node2/node2245/node4521/node29047/user-object1ai54449.html。

⑥　《灵学会特别广告》，《丛志》第2卷第5、6期。

德南坛、盛德第二南坛相继成立。其中，东坛在新北门外民国路，西坛在霞飞路，南坛在大南门内，第二南坛在南张家衖王蓉生家。另外，该记载还称将在西坛"订期摄取鬼影"。① 下文将要提到灵学会曾明确记载在爱俪园设立西坛，而非在霞飞路，原本坛又称东坛，亦非上文提及之东坛。此处多出数坛，似接洽之后重新开设的。1924 年，又有记载称，灵学会"定于夏正六月初一日崇祀孟母，上午九时由男界开祭一次，下午四时由女界开祭一次，有愿来会，同申庆忱者，无任欢迎"。② 1925 年，杨践形仍在"研究"灵学，在道院《哲报》连载发表《灵学浅讲》。③ 另外，从杨践形成立"盛德艺术社"一事看，其似钟情于"盛德"二字。杨践形之弟杨真如也一直在"研究"灵学。知省庐在一次与陈樱宁的问答中，称"民廿秋，与上海灵学会杨真如先生通信（杨先生著有《精神祈祷》及《革命的周易》）"，但"近年以来，无暇与杨先生通讯，不知其尚在灵学会否"。④ 杨真如即杨践形之弟。此外，有资料证明，至 1926 年，灵学会尚在印刷杨真如之《精神祈祷》，"日前本埠灵学会，接有鬼信索书之奇事，缘该会近在出版《精神祈祷》一书"。⑤ 也就是说，到 1926 年，杨真如仍在灵学会，或至少与灵学会有关。联系到杨践形一贯扶乩，笔者猜测坛会并未戛然而止。但是囿于资料以及研究所在，本书所研究的灵学会的时间段大致确定在 1920 年之前，即以第 18 期丛志为限。

---

① 《灵学西坛将摄鬼影》，《申报》1923 年 6 月 8 日。
② 《灵学会创祀孟母通告》，《申报》1924 年 7 月 2 日。
③ 杨践形：《灵学浅讲》，《哲报》第 3 卷第 16、17、18 号，1925 年。
④ 《答复江苏如皋知省庐》，胡海牙、武国忠《中华仙学养生全书》，第 1220—1221 页。
⑤ 《志异》，《申报》1926 年 4 月 3 日。

二　具体运作

　　灵学会无疑是家族式扶乩与上海商业流动社会畸形结合的产物。整体上，灵学会以学术相标榜，而将设坛扶乩作为研究的具体实践；以学会吸收会员，对外联络，扩大影响；以丛志作为向社会推介灵学的具体媒介。乩坛、学会和杂志三者的新旧结合，共同构成了灵学会，服务于社会空间扩大的目的。这种近代的组织模式与戴维·赫斯所总结的西方灵学发展的历史极为类似，即"通过专业协会使理论和实践与其更为劣迹昭彰的支持者拉开距离，更多地采用精致的科学方法，更多地带上科学性的迹象"，并认为这个过程是社会学家沃利斯（Roy Wallis）称之为"净化政策"的一个例子。[①]

（一）盛德坛：沟通"人神之隔"

1. 基本组织

　　乩坛通常有主坛者。据包笑天回忆，"江南的这些乩坛，必定有一位主坛的祖师，那时最吃香而为人所崇奉的，就有两位，一位是济颠僧，一位是吕洞宾。大概信奉佛教的是济颠僧，信奉道教的是吕洞宾。不过济颠主坛的，洞宾亦可降坛；洞宾主坛，济颠亦可降坛，他们是释道合一，是友不是敌"。[②] 本书研究发现，盛德坛诸人多崇奉佛学，对佛教有较高的评价，似应以佛教人物为主坛。但该坛认为"佛非东产，不敢主坛，仙外尘俗，不愿主坛"，故推定孟子为主坛，同时，又迎合多教融合的趋势，推举庄子、墨子各为仙教和佛教耶教代表。在乩坛正式成立当天，降坛仙佛极为庞杂，儒佛道及传说人物等皆有，"会三十六天圣贤仙佛神祇，同莅

---

①　[美] 戴维·赫斯：《新时代科学》，乐于道译，第45页。
②　包笑天：《扶乩之术》，《钏影楼回忆录》，第69—70页。

本坛。题名者百八十人"。① 刘半农的《斥〈灵学杂志〉》即从这种驳杂信仰出发，批判灵学会作伪，"所请圣贤仙佛，杂入无数小说中人。小说中人，本为小说家杜撰；藉曰世间真有鬼，此等人决无做鬼之资格。而乃拖泥带水，一一填入；则作伪者之全无常识可知"。② 事实上，这种芜杂的多神信仰除了体现国人一种实用性的宗教观外，还表达了一种对秩序的建构和认同。钱穆即提出，"中国人之崇祀多神，不知者谓其漫无统纪，然中国人实由此凝合人生于自然界，又凝合现社会于过去历史界。又自于人事中为种种凝合。凡中国人所以能建造此凝结此历史地理为一广深立方体之大群，而绵延其博厚悠久之文化生命于不息者，胥可以于此种丰泛而有秩序之崇拜信仰中象征之"。③

盛德坛为标榜"研究学理"，每月轮派一人任主讲席，派两人值坛务，督促指导。主讲席简称主席，先后有"济祖师""吕祖师""北极祖师""观音世尊""达摩祖师"等，主要负责"学理研究"等事务，未蒙主席允准则不得进行，如"今年摄影一事未蒙代摄二主席允许，故尚未举行也"。④ 从主席的任命及到任情况，亦可看出盛德坛由盛而衰的趋势。前期主席一般都能及时到任降坛宣讲，及至后期多或空缺或不至。如第八期主席卸任后，"第九期主席以他故不至，爰且从阙"。⑤ 又如"十三期主席庄生，迟迟已久，迄五月初旬终，只十余日，恐未及尽任内职务"。⑥ 其降临的方式不一，或焚符，或由值坛提前报告。前者如该坛第一次扶乩时，先是默念不应，后经焚符始有降者，"先由杨君宇青焚香默祷，

① 杨践形：《丛志出版颂词并序》，《丛志》第 1 卷第 1 期。

② 刘半农：《斥〈灵学杂志〉》，《新青年》1918 年 5 月第 4 卷第 5 号。

③ 钱穆：《灵魂与心》，第 31 页。

④ 《记载栏》二月初十日，《丛志》第 2 卷第 1 期。

⑤ 《记载栏》五月二十七日，《丛志》第 1 卷第 8 期。

⑥ 《记载栏》四月二十八日，《丛志》第 2 卷第 2 期。

久之不应。乃由杨君长嗣瑞麟书符焚之，约十分钟时，乩忽大动"。① 后者如"吾土地，此数日后，当有三十三天诸圣仙佛到此，预布一切威仪"。②

杨践形是盛德坛不可或缺的扶乩手。从记载看，盛德坛前期扶乩不能成文及后期几次停乩多因杨氏的缺席。盛德坛成立不久，"瑞麟兄弟回无锡，晚仍开乩，留坛诸人均系生手，扶之，仅能成字，句不连续。神命土地留坛教练。每日午后二时起练，练习三日"。③ 在杨践形返乡期间，盛德坛大有关坛之势，要求杨氏速回的"乩示"频出，"今日实无妙手，真真难扶，望速速飞请瑞麟到此，即日即可出文句"。④ 杨践形亦记有此事，自述不惜辞去无锡市立学校校长之职，来沪扶乩，"坛中屡促来沪，十月朔二日，余辞教职，复至盛德坛任乩务"。⑤ 盛德坛正式成立大会即在杨践形返沪之后举行。直至灵学会后期，杨践形还是一日不可或缺，"正月二十九日起至二月初五日止，因正扶手杨瑞麟患恙，停坛六天"。⑥ 这期间，俞复、陆费逵等人虽曾练习扶乩，但因不熟练等缘故，或不能成字，或不能成文。"玉英真人"降坛云："余何时成佳诗，问同坛弟子何时扶熟，练熟之后，余可日日作诗。"⑦ 可以说，盛德坛主要乩手自始至终都围绕着杨践形一人。有"熟练"的乩手方能有神仙的"佳诗"。刘半农抓住此点，认为"正是自打反手巴掌"。⑧

盛德坛坛址最初为租借他人房屋，后很快迁址于望平街。在其

---

① 《记载栏》八月十七日，《丛志》第 1 卷第 1 期。
② 《记载栏》十月初六日，《丛志》第 1 卷第 1 期。
③ 《记载栏》八月二十六日，《丛志》第 1 卷第 1 期。
④ 《记载栏》八月二十九日，《丛志》第 1 卷第 1 期。
⑤ 杨践形：《扶乩学说》，《丛志》第 1 卷第 1 期。
⑥ 《记载栏》二月初六日，《丛志》第 2 卷第 1 期。
⑦ 《记载栏》九月二十八日，《丛志》第 1 卷第 1 期。
⑧ 刘半农：《斥〈灵学丛志〉》（随感录之九），《新青年》1918 年第 4 卷第 5号。

后期，无论是在会员和参观者减少还是杂志出版滞后等方面，都预示着该会步入衰败。据载，会员的兴趣大减，"今年开沙已匝一月，而所问无几，兴趣无从发生，宣述甚为苦悴，因此诸仙应缘来此者，尚无几"。可见，灵学会已走过因新奇而景从的阶段。灵学会没有反思其荒唐，反而认为是坛址过于偏僻所致，"此地地偏，入巷内，参观者均难寻觅，故此来者日少，恐未能十分普及"。为了招揽众人、扩大影响，盛德坛谋划迁址，以乩示形式明示"哈同氏之爱俪园，其云某楼面水临池即涵虚楼"可为坛址，认为"余意欲使坛发达，学会扩充，丛志流通，最好机会无过于此"。① 爱俪园为近代上海最繁华的私家花园，具有无形的广告效应，较易吸引受众参与。此后，盛德坛以本坛为东坛，园中为西坛，"爱俪园为暂设机关，逢有上古列真降临时，预先示知，到园开沙，而旧址不迁移，以便外来参观之人"。②

2. 研究"学理"：从宽松到严格

盛德坛的坛规有一个从宽松到严格的规范过程，即从"学理研究"与药方休咎并存到取消药方休咎，以区别于其他乩坛，与"更为劣迹昭彰的支持者拉开距离"，彰显其开展灵学"研究"的意图。

初期，盛德坛坛规虽明确规定研究"学理"，但允许"每逢星期六，任人请求医方，或叩问休咎疑难，并不取费"。后来因叩疑者过多，陆费逵意欲专辟新乩盘，"本坛现仅一坛，既需研究学理，编辑丛志，其势不能供多数人之问休咎，求医方，更无以练习乩手。拟借外间设第二坛"。其中，第一坛务求尊严，专事研究"学

_____

① 《记载栏》二月二十六日，《丛志》第2卷第1期。

② 《记载栏》二月二十七日，《丛志》第2卷第1期。之所以选择爱俪园除因其繁华外，似与该园由宗仰和尚主持有关。据资料显示，宗仰曾与太虚、廉泉等有交往，而这也是灵学会俞复等人的社会网络之一。由此，笔者猜测，选择爱俪园似因与宗仰和尚引为同道的缘故，参见李恩绩《爱俪园梦影录》，生活·读书·新知三联书店1984年版，第43—53页。

理"，编辑丛志；第二坛除练习乩手外，兼问休咎求医方之用。①此举专为迎合一部分人对扶乩的实用心理，扩大其影响，显然与该坛研究"学理"的规定不符。

最终，陆费逵的请求未获通过。笔者猜测灵学会内部对此似存有争执。学术界在以往的研究中对此未予重视，相对忽略了灵学会内部的分歧，以及因此分歧而传达出的"学理"与非学理取向的差异。有"乩示"曾责问，"各处之坛，均以判方药问休咎为主，此地宜如何，是否与别处乩坛同一性质，专以方药休咎为主"，对目前"学理"与休咎混杂的状况颇有不满，提出"如专以方药休咎为主，则专以方药休咎为主。如欲以研究灵学为主，则不得与通常乩坛等视"。②此后，重新更定的坛规明确规定，"取消方药休咎两项""凡叩问学理者，以关于灵魂、鬼神、哲理、道德、处身诸法为限，五者之外，属于世间业识者不应"。③

盛德坛虽对坛规做了修改，取缔问药方休咎，但其负面的社会影响并未消除。据记载，一年后，"关圣帝君"和"孚佑帝君"为此召开"会议"，认为"盛德坛一唱于前，众乩坛同和于后，每借口以灵学会为符，而究其旨则大刺谬，长此以往，不特有败盛德坛名誉，抑且失乩坛之信用，扩充之几致毁坏之矣。执尸其咎，则盛德坛当不免于为魁"，并发出准备取消盛德坛的"警示"。这里，是否各乩坛"同和于后"是需要客观分析的，不应排除灵学会自尊其位的意图。

此"警示"应该是对一年来社会反响的一个回应，也是灵学会诸人面对社会压力而心存退意的流露，当然也不排除该会借此自显清高。该坛同人多为新式知识分子，经历了民初前后乩坛的兴衰，"昔人之乩坛亦非不多，经学人不信之后，已稍杀，目为迷信，即

---

① 《记载栏》十一月三十日，《丛志》第1卷第3期。
② 《记载栏》四月二十六日，《丛志》第1卷第7期。
③ 《正镇坛明月仙子修正坛规三则》，《丛志》第1卷第4期。

有亦隐"；对后果有所认识，"斤斤以乩术为能事，不驱世风于黑暗不止，谓之鬼魅世间矣"。这种局面显然不是其所希望的，为此灵学会提醒世人"乩坛竞起，大非华人之福，盖鬼神当敬而远之，不当狎而亵也，至魅妖无论矣。愿各地士子闻而反悟，庶不为魅妖邪魔所弄，而心身实学不致荒芜于无用"。

上述盛德坛的反思发生在被《新青年》批判5个月后，是否因社会上特别是《新青年》等痛加批判所推动，当可推测。俞复等人虽有所收敛，但还是不认为扶乩有害无益，仅对参与人员的年龄做了限制，"须知灵魂之学，乃高年修证之径，非少壮治己治人之时所遑及。年未几半百之半，而醉心于归人之趣，其去死也不远矣。年幼而暮气颓然，不可解也"。同时，盛德坛重申坛规，规定"不问休咎，免流于卜相术数；一不判方药，免流于巫觋，且医院大夫林立可延；一不答游技，以杜绝作伪之端"。① 此后，关于休咎、药方及游技等内容绝迹于该坛，如就"灵魂照相"事规定"以后灵魂照相事，永远谢绝不得妄渎"。② 这应该视作盛德坛前、后期一个草略转变。

常理而言，扶乩与破除迷信是对立的。但在盛德坛看来，允许扶乩乃是"神道设教"之举，虽采用迷信的形式，但最终是为了破除迷信，"神仙不怒其狂，反赏其明，以遏巫觋之祸，神仙所不得不以神道设教者，劝善惩恶之旨也，非使人佞媚而流入迷信也"。③ 而俞复亦有此意，甚至把民初以来的社会动乱归于破除迷信而致世人无忌惮，"弟子亦向以破除迷信为帜志者，无如数年以来，略收破迷信之效，乃已开无忌惮之门"。他反思后辩解道："两害相衡，觉后之为祸更烈于前。况事实上确有鬼神。"④ 这种有鬼论使灵学者的"学理"与当时的科学传播乃至常人的社会认知越来越远。

---

① 《记载栏》九月二十一日，《丛志》第1卷第10期。
② 《记载栏》九月二十六日，《丛志》第1卷第10期。
③ 《记载栏》九月二十一日，《丛志》第1卷第10期。
④ 《记载栏》九月二十二日，《丛志》第1卷第10期。

3. "鬼神摄影": 乩坛新功能

西方灵学借助照相术"证明"灵魂的存在,摄有"鬼神照片",其术在清末民初很快传入中国。灵学会在学习西方的同时,其"鬼神摄影"是以传统扶乩请神的形式实现的。在灵学会看来,"鬼神摄影"是经"研究"后而发展出的乩坛新功能。

弗雷泽将物体通过某种神秘的交感可以远距离地相互作用施以影响,称之为"交感巫术"。江绍原的《发须爪——关于它们的迷信》细致叙述了发须爪在传统中国的施术类型,其中,多属于交感巫术。发须爪尚且如此,人的画像也常被借用,如历史上"巫蛊之祸"之类。近代照相术传入后,相信巫术的人益加谨慎,将之视为妖术,"照相似乎是妖术。咸丰年间,或一省里,还有因为能照相而家产被乡下人捣毁的事情……中国人的精神一名威光即元气,是照得去,洗得下的"。①

照相在中国被灵学会等运用于"鬼神摄影"后,由误为妖术转为真妖术了。此转变深受西方灵学的影响。"鬼神摄影"在西方属于心灵现象之一,如"思维照相""柯莱恩照相术"等。② 伍廷芳是近代中国灵学的较早传入者,关于其"鬼影"的记载常被灵学界提及。此外,清末民初,"鬼神照片"频见于报端。1920 年,《申报》曾记载申大面粉厂王某一日摄影,"忽有伟大身躯之无头鬼在旁,头在脚边,见之大骇,顿时寒热交作迄今未愈"。③ 1926 年,《申报》又登载了一条类似的消息,不过据分析那张被认为有"鬼影"的照片"不过是因着先摄好了礼堂,然后再感上那个人影的,

---

① 鲁迅:《论照相之类》,《鲁迅全集》第 1 卷,第 182—183 页。再,"英国伦敦传教士德贞在国内即研究照相和幻灯技术,于 1860 年来华后,在北京开办医院用照相技术为人治疗,并到宣武门大街当众表演,引得许多人好奇围观,一时之下京城内外广为传播。守旧人士斥其为异端邪术,认为照相是取'目睛之水''人心之血'"。见韩建民《晚清科学传播的几种模式》,《上海交通大学学报》2003 年第 5 期。

② [英] I. G. 吉尼斯:《心灵学》,张燕云译,第 239—256 页。

③ 《无头鬼忽摄入照片》,《申报》1920 年 5 月 23 日。

因这偶然的复摄，才弄出这种互传的鬼影了"。① 中国心灵研究会曾批评某些媒体借用其名从事"灵魂摄影"。"上海大世界前所陈列在神厅的数十副灵魂摄影及有用中国灵学会名字在市上卖的灵魂照相五十幅，一望而知完全出于涂改及画摄"②，暗示当时此事颇为新潮。

"鬼神摄影"的神秘性以及借用西方摄影技术的"先进性"，在当时具有很大的迷惑性，以至有一个苦闷的青年给陈独秀写信称自己虽然"从根本上可以断定无鬼"，但又认为"摄鬼相念写等事实，则积极是认之"。③ 著名传教士卫礼贤就曾为一张"鬼照"的真伪做过鉴定，"我们所得到的仅是死者的生前的旧照片被涂上某种特殊墨水后重新翻拍的照片。因此，这轰动一时的曾在一段时间内占据报界主要版面的事件证明是一场骗局"。据说，卫礼贤在调查时，仅得到了一张照片的复印件，但被告知"若能支付更高数目的报酬的话，将可能获得一张无可反驳的、直接的照片"。④ 由此可以推知其时"鬼神摄影"的真伪以及某些人假造此类照片的用意所在。

灵学会是国内以扶乩摄影引起反响较大者，但并非最早者。丛志所载摄徐班侯"鬼影"事即早于灵学会。据称，该照片是由徐班侯后人陈纪方在家中设坛扶乩而得，其过程全由"乩示"指导，"此次照法，亦皆先舅父乩示照办，其照法将堂前白布悬好，用最大之电灯光，使照相者对白布拍照，涤洗后，而先舅父之形容宛在，谈者皆叹奇事，然刚不知然也"。⑤ 此后数日，陈纪方等称又摄得徐氏夫妇的"鬼影照"。"女影可辨发髻，男影可辨冠服，虽

---

① 朱翼：《鬼影》，《申报》1926 年 5 月 8 日。

② 余萍客：《灵魂摄影谈》，《心灵文化》1931 年。

③ 《鬼相之研究》，《新青年》1918 年第 5 卷第 6 号。

④ ［德］卫礼贤：《中国心灵》，王宇洁、罗敏译，国际文化出版公司 1998 年版，第 228—229 页。

⑤ 《徐班侯先生令甥陈纪方先生刚来函》，《丛志》第 1 卷第 2 期。

面目不清，而徐公之影，气象俨然，此盖不问而知其为鬼影"。①

　　徐班侯的"鬼影照"一经登出，引起了轩然大波。鲁迅以"其状乃如鼻烟壶"来形容，显然对之嗤之以鼻。② 严复则引英国心灵研究会"鬼神摄影"事做比较，在欧美是无意为之，而在中国则授意为之，颇感神奇，"今丛志中所载，以徐班侯死后灵魂摄影最为惊人之事。此事欧、美已为数见，然皆于无意中为生人照像，片中忽然呈现异影，莫测由来。此事不独为灵学家所研论，而治光学与业摄影者亦方聚讼纷然。至于已死灵魂托物示意，指授摄取已影之法，从无出有，则真见所未见、闻所未闻者也"。③ 事实上，此事在英国并非无意为之，英国心灵研究会会长洛奇即称，"物质的现象今亦为灵学所应研究，现在最通用之方法则为精神摄影。据谓媒介中有能影响摄影之作用者，使凡不知名之鳏夫来摄一影，则于本身之外，又隐约见其亡妻之形。父若母丧子者则兼摄其子。此所谓'分外之像'"。④

　　最初，灵学会诸人谈论较多的是伍廷芳⑤的"鬼神摄影"。如杨光熙与俞复曾谈论此事。⑥ 陈纪方第一次寄来其摄"鬼影照"后，俞复等颇以为奇，专门询问摄影技术并猜测其原理，"以人坐其位，对正光限（线），至启镜时，人离而鬼就其位耳"。并且，俞复还透露出王宠佑为英国心灵研究会会员，后者曾亲见该会"摄

---

①　《徐班侯先生暨夫人灵魂摄影》，《丛志》第 1 卷第 3 期。

②　《1918 年 3 月 10 日致许寿裳》，《鲁迅全集》第 11 卷，第 348 页。据称，徐班侯曾为鲁迅的同事。见《徐定超：让鲁迅不感冒的老同事》，http：//thedoors. blogbus. com/logs/3940450. html。

③　《严几道先生致侯疑始书》，《丛志》第 1 卷第 3 期。

④　[英] 汤姆生：《汉译科学大纲》第 3 卷，第 25 页。

⑤　在民初喧嚣的"鬼神摄影"闹剧中，伍氏是较为知名的。在一次演讲中，他出示此类照片 50 多幅，"今西人著有一书，系用摄影法照人之气，各图详列，请诸君一览（先生将书展开，逐页指与在座者同阅，共有五十余图），凡人慈善险恶，图中均有色彩为分别，内有一图，系向赌博场中所照，中心现圆形，盖赌者一心为利己也"。见《论灵魂与身体之关系》，《尚贤堂纪事》1916 年第 7 期第 4 册。

⑥　杨光熙：《盛德坛缘起》，《丛志》第 1 卷第 1 期。

鬼影"。① 通过陈纪方第二次"鬼神摄影"的照片，俞复认为"据此次之查验，得两种确证，一、灵魂不着地，二、灵魂大小视生人等"。俞复等热衷于灵学，往来者多以灵异之事相告。在收到陈纪方"鬼神摄影"照片的同一天，俞复也收到了丁宝书借来的由扬州一乩坛所摄的"鬼影照"。俞复仔细察看该照，认为与王宠佑在英国所见相符，"其命人对镜，似不仅为借为对光之用，或灵有相感性，假为凭讬，而鬼魂又能障隔人形，故摄出之影，绝非对境人之形，此理微妙，极可研究者也"。②

众多"鬼影"之事引灵学会跃跃欲试。众弟子叩问"明月仙子"能否摄影及自照其影。"仙子"对此非常谨慎，认为"此理玄妙，非常事，非有根性，难以成就，如欲其迹象著明，当另有一番研究。猝然之间，求其灵通，亦不可一语判其究竟"，且照相是一种技能，"必兼灵学知识与照相技艺，方可从事"。当然，该"仙子"并未完全拒绝，表示研究之后可以试照。③ 此后，"常胜子"和"慈佑真人"都有所"研究"。如"常胜子"将干片用黑纸包好后，放于额头或脐上，"心中笃信观音菩萨在我光中，强固思维约二时（此时须在暗室中，腹透光为要），然后洗之显影，因人之思维强毅各异，而其负像遂呈各种不可思议之奇怪异状"。④ 联系到陆费逵和侯疑始等都对日本灵学有所了解，此处"常胜子"所用的

① 《徐班侯先生令甥陈纪方先生刚来函》，《丛志》第1卷第2期。王宠佑（1878—1958），矿冶工程学家，是中国现代炼锑技术的开拓者，为中国近代钢铁及有色金属工业的发展做出过重要贡献，著有《锑》和《钨》等专著，驰名世界。王氏似确为英国灵学会会员。据称，在翁文灏因汽车失事而昏迷，曾有奇怪之事发生，王氏即将此著文发表于美国灵学杂志（见丁骕《丁文江·李四光·翁文灏》，《中外杂志》总第257号，1988年）。其弟王宠惠似受伍廷芳影响，喜谈灵学，"尤喜阅读'灵学'（美国称之为'超心理学'），凡谈及灵学问题，娓娓不倦"，见盛巽昌、朱宁芬《学林散叶》，上海人民出版社1997年版，第1704条。
② 《徐班侯先生暨夫人灵魂摄影》，《丛志》第1卷第3期。
③ 《明月仙子仙灵摄影即弹琴判词》，《丛志》第1卷第4期。
④ 《常胜子试照仙灵法》，《丛志》第1卷第5期。

方法恰是当时风行日本的"念写术"，在灵学史上又被称为"思维照相"。这种方法在中国心灵研究会中有介绍，"念写则为透视之空间的，亦与千里眼现象相似，其意即以心为念写象之谓，可借影相机表出之，即用影相机之片用黑色纸几重包裹，置于能力者面前，能力者心中所出之形象或文字，念写于片上，经过定影药液洗漂，便能现出其所默念之文字或物形也"。① 陈大齐的留日老师福来友吉为此术的高手。与新青年派辩论的莫等之所以相信"鬼影"为真，是因其读福来友吉的《透视与念写》一书而深受影响。② 由此，这里"常胜子"等所谓的"研究"完全是谎言。

经过多次"实验"，灵学会终于摄得"常胜子"的照片，刊登于丛志第六期《临时增刊》上，称"常胜子"即为元代的司马潜。俞复为此专撰《盛德坛试照仙灵记》一文，记述拍照的过程，吹捧摄像成功是"盛德坛之盛迹，灵学会之灵光""两界沟通之先导，科学革命之未来"。据称其过程如下：1918 年 9 月 11 日，在俞复和丁福保的怂恿下，上海庐真照相馆吴朴臣到坛试照。经"常胜子"同意并"乩示"照法"不外一诚耳，则或效"，俞复亲自对光试照。第二天，吴朴臣送来照片，称"不佳，但略有影耳"。但虔诚如俞复则如获至宝，称之"须发伟然，道貌岸然"。前后数日，俞复先后主持照有 6 张"鬼影照片"，且最后 3 张以"神仙自能发光"而照于暗室。俞复总结认为，后 5 张照片均于无物处照出物，"大违乎科学之常例矣，自第四张片起，熄灯试照无光而有影，尤背乎光学之原理矣"。虽然俞复有所怀疑，但认为事实俱在，并信誓旦旦以人格担保，希望学者勿故步自封，以共同研究新"学理"。"俞凤知宝爱人格，不敢以诳言弄人，且又深知此等事实关于未来学理，影响极大，尤不敢轻信以受人欺者，转以欺人。凡以上所述者，皆经细心察验，足为确凿，可信之保证书者也。世有好学深思

---

① 古道：《千里眼　念写　念动》，《心灵》1925 年。

② 莫等：《鬼相之研究》，《新青年》1918 年第 5 卷第 6 号。

之士，不欲仅对于科学发明已发明之故步者，盖共兴起而研究之"。① 从其信誓旦旦的承诺来看，俞复是彻底陷入"扶乩"这一幻象之中了。

此后，灵学会还陆续为凡人的"灵魂"拍照。其中，杨廷栋②临坛叩请为其逝去的先父照相最早，记述最详。先是，杨廷栋叩请"乩示"同意。复次，请先父亡灵回家，"照像师亦拜祝如礼，同返家中"，计照两次。最后，在颇费周折地摄取照片之后，杨廷栋"取片端视，疑非甚似"，而"闭目凝视，又恍若酷肖，亲长悉不在沪，无从质证"。在两可之间，他最终推测此照片为真，"面长颊削无须，大体已毫无疑贰。眉额之肖亡弟，眼角之似廷栋，见者皆能立辨"。通过此次照相，杨氏确信灵魂不灭，"至灵魂之何以不灭，不灭之灵魂何以能照像，廷栋夙未研求，无以述也"。进而，杨廷栋认为"鬼神摄影"具有神道作用，对社会人心颇有益处，"世人苟亲见灵魂照像之事实，而确认灵魂不灭之理论，则祭祀祖先必敬必虔，奉亲抚幼必孝必慈，言动意想必衷于理。否则神鉴于上，鬼瞰其旁，归束之日，必伏其辜"。同时，杨氏又不无顾虑，表现出踌躇的矛盾心态，与俞复相比，犹保持了一定的清醒。他提出，"将亡之国，遒藉神鬼之说，警惕人心世运若此，复何言哉"，同时担心"熏染日深，终堕鬼趣，舍康庄大道，而自入歧途，亦岂

---

① 俞复：《盛德坛试照仙灵记》，《灵学丛志》第 1 卷第 6 期。

② 杨廷栋（翼之），江苏吴县人，毕业于东京专门学校，著有《原政》（作新社 1902 年 11 月）、《法律学》（中国图书公司 1908 年版）、《城镇乡地方自治章程通释》（商务印书馆 1909 年版）。其译著《路索民约论》是卢梭《社会契约论》的第一个完整的汉译本。曾做过中华民国临时政府的参议员（1912 年）。据称逊帝《退位诏书》出自其手。此次"鬼神照相"事在《时事新报》（1918 年 10 月 27 日）有记载。另，据后人回忆，杨氏"既是前清举人，又是早期留日学生，故而他既有孔孟之道旧的一面，又具有维新及洋务思想这当时新的一面。这种思想，在当年的上层知识分子阶层中，是比较普遍的，他与张謇过从甚密，是张氏的上宾，张的文函，十有八九是他执笔的，这篇诏书的中介者就是张謇"，参见九玉淇《〈辞位诏〉》，《三生花草梦苏州》，江苏古籍出版社 2000 年版，第 22 页。

善处其灵魂者之所为乎"。①

　　杨廷栋的担心很快就变成了事实。灵学会承认"灵魂摄影"在
社会上已造成负面影响，"现在各地已有灵魂摄影，假托灵学会名，
从中取利，已出多张，竟有八仙之像，荒谬可笑，大都如绘图，并
非影形"。② 这种状况促使灵学会反思并严格坛规，不答游技一项
即包含禁止为凡人的"灵魂照相"，故此类摄影由此结束。而俞复
则颇有收获地总结为"是役也，以杨君叩请始，以杨父摄影终，大
好一结束矣"。③ 此类拍照虽止，但俞复的兴趣并未稍减，数日后，
再次叩问无锡某处乩坛照相是否为真，"乩示"则以"灵影事不止
一处，所见闻甚有，亦未细堪详访"作答。④

　　为凡人的"灵魂摄影"虽被禁止，但为"鬼神照相"则不属
于游技之类，照旧进行。灵学会还将此类照片做成珂罗版出售，发
布促销广告。据丛志广告看，灵学会前后照有"仙灵照片"约 39
张，连同他处征集的照片，共计 50 余幅，"装成一厚册，定价三
元，会员减收半价"。⑤ 从收支情况看，灵学会在此广告之前通过
出售"仙灵照片"收入 162.5 元，按每张 0.2 元计算，共售出 821
张（见附录表三）。

（二）灵学会：以会员谋求空间

　　清季，梁启超曾著《论学会》，阐述成立学会的必要性，各种
学会纷纷成立。设坛扶乩毕竟是旧时遗物，而学会成立则天然地具
有研究学理的外表，有利于谋求空间扩大及乩坛在"学会"名义下
的运转。同时，灵学会以近代学会的形式，亦便于宣传。目前，学
界常引用的灵学会在《时报》的两则广告，最后落款皆署

---

①　杨廷栋：《灵魂照像记》，《丛志》第 1 卷第 7 期。

②　《记载栏》九月二十一日，《丛志》第 1 卷第 10 期。

③　杨廷栋：《灵魂照像记》，《丛志》第 1 卷第 7 期。

④　《记载栏》九月二十八日，《丛志》第 1 卷第 10 期。

⑤　《珂罗版印仙灵照片》，《丛志》第 2 卷第 5 期。

"灵学会"。

　　灵学会实行会员制,内部分会员、正会员、特别会员三级,其会费和权利相应递增。会员年纳会费 10 元,除获赠会中出版物外,可以到会"研究",练习扶乩。正会员年纳会费 25 元,除享有会员的权利外,可以在开会时参与会务,在大会时有选举议决之权。特别会员则需年纳会费 50 元,除享有正会员的权利,并有被选举为会长即董事之权。在会员之外,该会设有会友,会友年纳会费 3 元,除获寄《灵学丛志》外,还可以与会员切磋交流甚至亲临乩坛扶乩。① 此外,灵学会还鼓励捐助,共有 16 人先后捐助 225 元。

　　会员所缴会费在当时出于何等消费水平? 据当时普通平民李恩绩回忆,1916 年,上海爱俪园成立广仓学会,会员需纳会费 1 元,而"当时在上海一块钱还是看得相当重"。② 相比之下,最低 10 元的会费在当时更是不菲,于此可见参加之人生活之优越,居于社会中层以上。实际也是如此。据当时官方统计,20 世纪 20 年代,全国 29 个城市中,上海脑力劳动者平均收入水平,中小学教师月薪 41.9 元,办公室秘书 100 元左右,报社编辑 40—100 元不等。而当时男工平均月薪是 16.4 元,女工是 12.7 元,一个四五口之家的月开销需 27.2 元。自然,这仅是生活底线。③ 可见,能够上交会费、加入灵学会的人多为一时的生活优越之士。

　　据统计,在两年多的时间内,灵学会仅发展了两届会员,第一届为 160 人,第二届为 68 人。两届间有重合,总计 228 人次,内含 4 个团体,分别为至元善堂、省三坛同人、洪雅县儒教分会、陕西图书馆等（见附录表三）。由于第二届会员较少,影响了学会会费的收入,灵学会特在丛志登载广告,征求入会人员,"盖本会守定学会之宗旨,向不在外滥行捐募。所有收入除会费及自由捐款

---

① 《灵学会简章》,《丛志》第 1 卷第 1 期。

② 李恩绩:《爱俪园梦影录》,生活·读书·新知三联书店 1984 年版,第 55 页。

③ 张仲礼:《近代上海城市研究》,上海人民出版社 1990 年版,第 724 页。

外，只有丛志售款，更无他项收入，为此经费时形支绌，还祈在会诸君原谅，并希转为征求入会，俾会务日形推广，尤所感荷也"。①

关于历届会员的研究，本书将专辟章节进行分析，以揭示灵学会包括地缘、业缘、学缘这一特定的社会网络，此处不赘。需要提及的是，目前，确查的会员中以南方籍为多，北方籍亦间有之。如邵毅甫似为山西人，丛志记载其从山西寄来《空灵妙明圆觉经》，"经由邵毅甫，自山西寄来，其原跋为出自西安某坛乩笔"。② 又如李希明者则为唐山人，丛志记有"前月唐山李希明以《返性图全集》十册见惠本坛，乃五十年前滇中扶乩记录"。③ 显然，此二人所寄皆与乩坛有关，他们以乩会友，引为同道。

灵学会的收入有两类，一是会费及捐助，总数为 1676 元，二是出售杂志及"鬼神照片"等收益。前后两次的统计报告显示，至 1919 年 2 月为 1992.56 元，至 1920 年 3 月为 1117.59 元，总计为 3110.15 元，除去各项开支后结余 54.824 元。无论会员人次还是收支总数，都趋于减少，显示了灵学会后劲乏力，归于解散亦是固然（见附录表四、表五）。

此外，发展会员、设立支会及代理是其时众多灵学组织拓展空间的普遍做法。如中国精神研究会天津支会设在日租界旭街平安胡同八号④，其无锡分部为杨践形所组织。⑤ 在灵学会成立后，无锡分会亦随之成立，"今岁正月间，有同里卫君等有灵学会分会之组织，设坛扶乩，冀藉灵魂之妙用，一抉奥秘之学术"。⑥ 此外，像灵学会会员余冰臣、刘冕尘等分别有在南通和吉赣二州设立分会的

① 《灵学会之紧要广告》，《丛志》第 2 卷第 2 期。

② 《空灵妙明圆觉经》，《丛志》第 2 卷第 1 期。

③ 《十殿阎罗诗》，《丛志》第 1 卷第 4 期。

④ 《催眠术广告》，《大公报》1918 年 8 月 1 日。

⑤ 杨光熙：《盛德坛缘起》，《丛志》第 1 卷第 1 期。

⑥ 《曹母宿业记》，《丛志》第 2 卷第 1 期。

请求。①

（三）《灵学丛志》：以杂志输出"学理"

盛德坛研究所得的"学理"，通过杂志输出，以期扩大影响，赢得社会空间，"爰就乩坛所录，月刊一册，以争海内同志之应求"。② 这一点在陆费逵的《〈灵学丛志〉缘起》中有很清晰的表述。他认为过去的乩坛"叩问学理，研究人生问题，殊不多观"，且因印刷困难等因素，无法"公诸社会，普及全国"。为此，该会出版丛志，"冀圣泽之广被，尽先知之职责"，并对丛志寄予了很高的期望，"以圣神仙佛发我聋瞶者，转以发世人之聋瞶，瀹我性灵者，转以瀹世人之性灵。吾知自此以往，必能于人生问题有所解决"。③

此外，不可忽略丛志还有赚取经费以支持坛务的职责，"俾令丛志之广销，能得印资源源挹注，不以费艰而中辍，则岂惟敝会之幸，当亦同志诸君所愿闻者也"。④ 因此，灵学会非常重视杂志的发行，曾在《时报》两次登载广告以作推销。第一次广告登于1918年2月26日，即第一期杂志已印行和第二期即将发行之际，内有对第一期杂志内容的介绍。整个广告围绕杂志发行，不无煽动地提出了"官绅士商，名媛闺秀，洵宜人手一编，庶于生死之理，鬼神之道，可以了然，而研求学理，玩习美术，又其余绪也"。⑤第二次广告的主要内容是第二期的主要篇目，特别突出了严复的书信、黎元洪⑥的题词以及徐班侯的"鬼影照"，同时对将出第三期

---

① 分见《余冰臣先生书》、《常胜子吉赣请设分坛判词》，《丛志》第1卷第3、10期。

② 《灵学会特别广告》，《丛志》第1卷第2期。

③ 陆费逵：《〈灵学丛志〉缘起》，《丛志》第1卷第1期。

④ 《灵学会特别广告》，《丛志》第1卷第2期。

⑤ 《时报》1918年2月26日。

⑥ 黎氏为中国科学社赞助会员，见范铁权《中国科学社与中国的科学文化》，博士学位论文，南开大学，2003年。

的主要内容也有预告。①

　　鉴于丛志所肩负的重要"使命",灵学会重视杂志编辑,提出"丛志编辑,宜预绸缪,如未能遂,恐难持久"。② 在督促出版、栏目编排、内容主次、登载广告等方面,盛德坛常有"乩示",如规定登载在丛志的广告应"以关于哲学一方面之学校、会社及书籍,或慈善事业、公益义举"。③ 该会对第一期丛志的编辑格外细致,多次开坛讨论样稿,并提出改进。对登载内容,要求"当以关于鬼神或灵魂或精神哲学或玄义妙谛,或修养道术或易学或经字学说";对编排方法,提出"音乐可为学理,亦可为艺术";对于记载栏,认为"尚未完全详细,且每日宜加缀语,以醒阅者";对于页码,要求"每册页数,至少六十外七十间,为中数,过少太薄,过多费巨"。④ 为了引起读者的兴趣,乩示还特别要求杨践形仿科学样式,专撰《扶乩学说》,"第一期当于著述门加入扶乩说一篇,或称扶乩学亦可,其作法当仿照各种科学编式,分门别类为要,坛长作之亦可,但须详其由来,及原理方法应用,共分五章"。⑤ 可能是涉及经费或内部意见分歧,第一期丛志在有些方面并没有完全按照"乩示",如要求"附会员会友及前期之参观人名,以起信仰"⑥等。经过一个多月的准备,第一期丛志于 1918 年 2 月 2 日,呈坛请览。⑦ 现在我们看到的第一期版权页时间标示为 1918 年 1 月。也就是说从第一期开始,丛志就存在拖期问题。到后期,丛志拖期愈益严重,如第四期虽标于 4 月出版,但实际是 6 月 20 日出版。⑧

　　今天,丛志拖期的具体原因已无从确知,首要原因当为出版经

---

①　《时报》1918 年 4 月 10 日。

②　《记载栏》十月十八日,《丛志》第 1 卷第 2 期。

③　《记载栏》十月二十二日,《丛志》第 1 卷第 2 期。

④　《记载栏》十一月十八日,《丛志》第 1 卷第 2 期。

⑤　《记载栏》十一月十九日,《丛志》第 1 卷第 2 期。

⑥　《记载栏》十一月二十八日,《丛志》第 1 卷第 2 期。

⑦　《记载栏》十二月二十一日,《丛志》第 1 卷第 3 期。

⑧　《记载栏》五月十六日,《丛志》第 1 卷第 7 期。

费问题。其时，出版该杂志的中华书局并未走出"民六危机"的困境，仍挣扎于破产的边缘。拖期引起"仙佛"不满，也引起爱好此道者的非议。"明月仙子"曰："前日在北部，闻得有数人说丛志出版太觉不接，其下一语，似乎有迟则失却购者信用之意，恐于前途有阻碍处。又有数人前曾来过会中，云此时约可以在第七期了，何以第五期还没见，难道停了吗。"① 甚至有"仙佛"拒绝降坛，"墨子本拟于是期躬莅坛，改校墨子一书，嗣以第八期尚未编就，第七期尚未印行，未能来降矣"。② 偏手于扶乩者发言的"仙佛"或"仙子"，居然介入印刷出版、推销公关等"俗务"，乃至宣言不出刊即"罢工"，可谓大背于"圣泽广被、先知职责"的初衷了。

丛志拖期如此，其发行亦不理想。有"乩示"承认，"本坛设立已久，丛志刊行，流通各地，所在有之，现因为时不远，尚未十分普及，徐俟后效，当不负素行之愿也"。③ 其发行的具体数量没有留下记录，但从两次收支报告似可推算其大体数字。第一次收支报告中售书得款为882.02元，按定价每本0.3元推算，前9期杂志约售出2940本。第二次收支报告售书金额为407.38元，前14期杂志约售出1358本。两相对比，大为减少。

① 《记载栏》五月初三日，《丛志》第1卷第7期。
② 《记载栏》五月二十七日，《丛志》第1卷第8期。
③ 《记载栏》四月十五日，《丛志》第1卷第7期。

第 三 章

社会网络与灵学的发生[*]

从表面看，灵学会的组织与运作具有近代学会的特征。但这一组织是如何与古老落后的乩坛互动起来的，该学会如何能出现于学术文化发达的近代上海，这是许多学者思考的问题。以往学界多围绕新青年派对灵学会的批判，似难得深入的解释。笔者试图放宽视野，追溯灵学会的前史，梳理该会主要人物的知识与思想、交往与职业，把握主要人物的思想来源和精神世界的变动，以期探悉灵学发生的根源。资料显示，灵学会主要人物在清末即已形成共同的社会网络，聚茗议论，有"春来党"之誉；民初之后多移居上海，居于书业，中西学兼备，喜谈佛学。新旧鼎革之际，他们在世事与思潮的激烈变动中，感时伤怀，企图中西结合，捕捉并引导社会时尚。灵学会与盛德坛由此而起。

---

[*] 社会网络（Social Network）是当下中国社会学界对社会结构和社会关系的研究中的一个较为热门的概念，可简单理解为一组行动者及联结他们的各种关系（如友谊、沟通、建议、利益、成员资格以及信任等关系）的集合。有研究者提出，"社会网分析强调了人际关系、关系内涵以及社会网结构对社会现象的解释"。参见罗家德《社会网分析讲义》，社会科学文献出版社2005年版，第5页。本书相关人员显然是"一组行动者"，以早年交往维持持续不断的联系，形成小群体，以共同的地缘、业缘、学缘得以不断巩固。故本书拟从地缘、业缘并兼顾学缘来梳理灵学会的社会网络。

一 地缘与灵学会:以无锡"春来党"为中心

近代上海是一座典型的移民城市。据统计,1885 年,移民占到该城市人口的 85%,1930 年,占到 78%。①

移民城市的特点使上海具有边缘文化的特征。通过与上海周围文化的对比,姜义华认为,上海"所积累的实际上是一种边缘文化"。其具体内涵为,"上海自身的边缘文化基础,众多地域边缘文化经由商帮杂凑于上海而彼此互相争雄,这一局面,使上海在文化上没有核心文化地区那样的凝固性、稳定性和排他性。开埠以后,上海能够很自然地接纳蜂拥而来的中外各种边缘文化,并具有足够的文化基础和开放心态来消化和融合这些边缘文化,使上海迅速成为中外各种边缘文化的积聚地"。② 边缘文化之共生的文化生态环境,兼容并包,有利于灵学的引入而少排斥势力。同时,各地移民又以籍贯分成不同的团体,具有浓郁的地域观念。章清曾撰文提出近代集团力量崛起面临如何突破国人的省界观念亦即地域观念的困境,如《新青年》是以陈独秀为首的皖籍知识分子创办的同人杂志,《新潮》核心成员多来自山东。③ 显而易见,地域至今仍发生着重要的影响。

本书涉及的人物多为无锡籍。无锡旅沪同乡会创建于 1923 年,首批入会的同乡达 6372 人之多,裘廷梁、丁福保、丁宝书等皆与

---

① 邹依仁:《旧上海人口变迁的研究》,上海人民出版社 1980 年版,第 112—113 页。

② 姜义华:《上海:近代中国新文化中心地位的形成及其变迁——兼论边缘文化的积聚及其效应》,苏智良《上海:近代新文明的形态》,上海辞书出版社 2004 年版,第 3—4 页。

③ 章清:《省界—业界与阶级——近代中国集团力量的兴起及其难局》,《中国社会科学》2003 年第 2 期。

有力。此前，无锡人在上海已有类似组织。上海锡金公所①是专门存放已故锡金旅沪同乡灵柩的场所，这在丛志的记载栏中有所提及。这说明在近代形式的同乡会成立之前，无锡在上海已有旧式的同乡组织。② 上述较大的无锡籍同乡组织可视为灵学会的外围，灵学会的成立直接得力于更小的核心组织。有资料显示，在灵学会成立之前，俞复等在无锡当地，或以同学关系，或以聚著议论，或以成立组织等各种方式，相得益彰，业已形成一个固定的志同道合的交往圈。后来，他们中的大部分人移居上海，继续保持思想学术上的交流与共鸣。相比而言，灵学会仅是这个交往圈的一个附加组织而已。

（一）灵学会前史："春来党" 来由

据无锡文史资料记载，清末民初，丁福保等人在无锡当地曾组织茶社聚会，"吴稚晖、裘葆良、廉南泉、丁宝书、陈仲芙、俞仲晚、秦鼎臣、丁福保、侯葆三等人常在无锡崇安寺附近的春源茶室吃茶聚会，评议时政，谈论学术。后在他们当中的许多人移居上海，改在南京路上的'一乐天'茶室聚会。以后又移居丁福保家中"。除无锡同乡外，还有纽永建、蒋维乔等人。后来，人们把他

---

①　无锡由原无锡和金匮两县合成，辛亥革命后成立锡金军政分府，故有锡金之称。1918 年 11 月，灵学会成立的第二年，上海佛教居士林成立于锡金公所，为著名的居士修学场所之一，被称为 "这是中国也是全世界居士林的滥觞"，参见方华《谈谈佛教居士林建设》，《法音》1996 年第 1 期。后来，灵学会多次议论迁址，曾考虑该公所，但因 "张公武" 提出 "凡殡舍之处，邪灵太多，或有妨碍" 而否之。见《记载栏》闰七月二十日，《丛志》第 2 卷第 4 期。

②　蒋宪基：《无锡旅沪同乡会创建前后》，《无锡文史资料》第 21 辑，第 117—121 页。按美国学者顾德曼研究，前后出现的无锡同乡组织体现了现代化的历程，"民国初期，出现了摒弃旧会馆精英主义者外观的新型同乡团体（同乡会）"。参见〔美〕顾德曼《家乡、城市和国家——上海的地缘网络与认同，1853—1937》，宋钻友译，上海古籍出版社 2004 年版，第 163 页。

们的这个聚会称为"粥会"。① 此处有笔误,俞仲晚应为俞仲还即俞复。另外,笔者猜测陈仲芙应为陈仲英。关于此事的回忆,另有记述可互补,容兹再引。据称,俞复与裘廷梁为同辈好友,中过举人,"曾和吴稚晖等人列名于康有为的公车上书。戊戌政变前,他和吴稚晖、曹铨、裘廷梁等人常在无锡崇安寺的一家'春来'茶馆聚茗,好议论时政,被当时人称为'春来党'。他们还在一起创办了三等学堂"。② 不论是"粥会"还是"春来党",都透露出灵学会有其特定的社会网络。此两则记述所涉人物后来多有与灵学会相关者,如俞复为盛德坛坛长,裘廷梁两次修书于灵学会,丁宝书、吴稚晖、丁福保在盛德坛发起当天或其后曾莅临参观、叩问,廉南泉有诗题丛志,曹铨之妻则有"灵异"事迹载于丛志。据此,后来组织或参与灵学会的无锡人士已基本出现。无锡籍会员构成了灵学会的骨干,今天可以查对的会员有 20 余人来源于此。

在传统的"君子不党"观念的禁锢下,这批人能在清季年间被以"党"相称,俞复等指点江山、激扬文字的气概亦可见一斑。在时代思潮的激荡下,其共同的趋向与爱好在交往中逐渐形成,并付诸实践。1898 年 8 月,俞复等假崇安寺,"会同友人丁宝书、曹衡之(铨)、吴稚晖等创办三等学堂,学堂经费全由俞复自筹。俞复兼任堂长,教师有秦瑞介(晋华)、马程千、丁宝书、陈仲嘉、顾介生、赵鸿雪等,有学生 22 人"。③ 1901 年,俞复等发起成立励志学社,俞复担任副会长,裘廷梁为会长。该会有会员 40 余人,以

---

①　吴余庆:《丁福保与粥会》,《无锡文史资料》第 26 辑,第 136 页。关于"丁福保与粥会",另有资料称丁氏于 1924 年发起于上海,"每逢星期一的晚上与友人同餐白粥,共叙情谊",且称今天无锡籍海外同胞仍有此传统。参见《丁福保与粥会》,《无锡文史资料》第 21 辑,第 159 页。

②　钱钟汉:《〈无锡光复志〉拾遗》,《无锡文史资料》第 3 辑,第 18 页。

③　赵利栋:《新政、教育与地方社会的变迁——以 1904 年无锡毁学案为中心》,《中国社会科学院近代史研究所青年学术论坛 2005 年卷》,社会科学文献出版社 2006 年版,第 201—219 页。

座谈的形式，鼓吹种族主义，号召推翻清政府。① 后来，他们大多以不同的方式参加了辛亥革命或地方光复。

（二）以"春来党"为主的社会网络

无锡地缘与灵学的发生和传播有较为密切的关系。俞复、杨光熙父子②等直接参与创办盛德坛和灵学会。另有部分人员或撰写文章，或以传统函札③的形式切磋交流。其中，以后者人员较多，丛志为此专辟一栏登载主要包括"春来党"等人士的通信或题诗，"本丛志出版以来，承海内通人硕学，时有对本丛志表示意见，惠以书函，本会以其无论赞成反对，苟持之有故，言之成理，均有研究之价值"。④ 这部分人士主要有裘廷梁、华纯甫、秦毓鎏、孙揆均、侯疑始、蔡元培、严复、姚作霖、余冰臣等（见附录表六）。私人信札所言无所拘束，较能展现其真实的精神世界。这里，笔者拟主要从社会网络出发，以与灵学会通信的部分人员为主，并兼顾其他相关人员，梳理地缘关系，揭示灵学的发生。

1. "春来党"中支持灵学研究者

俞复既是创办灵学会的积极参与者，也是早年"春来党"人。俞复早年先后以启迪民智和暴力革命相提倡，创办新式学堂，宣讲新学理，参与开办文明书局，无疑是破除迷信的有识之士，"自幼

---

① 李康复：《"励志学社"在无锡》，《无锡文史资料》第 3 辑，第 36 页。

② 杨氏父子虽属于无锡地缘，但与"春来党"人相比，他们显然是因杨光熙供职于中华书局的原因而进入这一社会网络的。因此，相对而言，他们属于后来者，故这里不做梳理。

③ 梁启超在总结清儒论学特点时提到函札最受欢迎，"清儒既不喜效宋明人聚徒讲学，又非如今之欧美有种种学会学校为聚集讲习之所，则其交换知识之机会，自不免缺乏。其赖以补之者，则函札也……每得一义，辄驰书其共学之友相商榷，答者未尝不尽其词。凡着一书成，必经挚友数辈严勘得失，乃以问世，而其堪也皆以函札。此类函札，皆精心结撰，其时即著述也。此种风气，他时代亦间有之，而清为独盛"。参见梁启超《清代学术概论》，上海古籍出版社 2005 年版，第 54 页。

④ 《丛志》第 1 卷第 2 期。

小至去年八月，向来不迷信鬼神，向来亦从未看过扶乩"。① 其文明书局曾为南北议和谈判地点，而俞复则以大元帅府秘书之身份附签作证。② 但是，他试图挽救民初政局的努力与一次偶然扶乩的经历，使他改变了鬼神观念，"自八月以后，日见沙书之确凿，始知前所执无鬼神之说不足恃"。看到民国以来破除迷信的宣传已有成效，俞复对传播灵学又有所顾虑，"已开无忌惮之门。两害相衡，觉后之为祸更烈于前"。进退两难之际，他认为"今之败坏国家者，皆未尝知果有鬼神伺察之者也。若早令此辈略有闲居慎独自扪良心之习，则万不至无忌惮如此也"，由此坚信提倡鬼神之说。③ 可见，面对民初政局，俞复希图以"神道设教"来挽救之。

俞复的这种转向在当时很有代表性。曹聚仁因新闻记者职业的缘故，见多识广，看到的是一片滑稽现象，"近来许多我所熟知的革命分子，都在那里抄《金刚经》《心经》，替和尚化缘塑佛了；即不然，也在那里提倡尊孔读经了。他们在五四运动、五卅运动中所做的工作，都成为他们忏悔的资料，甚而想把推动社会前进的革命工作一笔勾销，这是一个多面可怕的'忏悔'！想起孙总理最后还高喊'和平''奋斗''救中国'，绝无半点忏悔意味的口号，他的信徒乃从革命的阵线逃向念佛的路子，两相对比，显然可知现在是怎样一个暮气沉沉的时代！难道中国竟要亡国了吗"。④ 这里提及的忏悔在灵学会中很有代表性，俞复、陆费逵等都有此类文字传世。

---

　　① 《记载栏》九月二十二日，《丛志》第 1 卷第 10 期。

　　② 俞敬端：《先祖父仲还公》，《无锡文史资料》第 30 辑，第 96 页。钱钟汉回忆称，俞复是同盟会会员，"俞复后来也参加同盟会，但何时参加，是否因吴稚晖的关系参加的，我不够清楚"。见钱钟汉《〈无锡光复志〉拾遗》，《无锡文史资料》第 3 辑，第 14 页。钱基博在《辛亥革命南北议和别记》称南北议和"签订之地，为上海甘肃路之文明书局"，其时俞复为民军大元帅秘书。见《辛亥革命》第 8 册，上海人民出版社 2000 年版，第 103 页。

　　③ 《记载栏》九月二十二日，《丛志》第 1 卷第 10 期。

　　④ 曹聚仁：《曹聚仁杂文集》，生活·读书·新知三联书店 1994 年版，第 662—663 页。

梁漱溟则把此类人专门归为一派，认为民初除了新、旧两派外，尚有佛化派。所谓佛化派，是指包括佛教徒以及信从佛教的人士，如"奉行吃斋、念佛、唪经、参禅、打坐等生活的人和扶乩、拜神、炼丹、修仙等样人"。梁氏看到 10 年来此派人物越来越多，以至有"滔滔皆是"的局面。追溯原因，他认为"大约连年变乱和生计太促，人不能乐其生，是最有力的外缘，而数百年来固有人生思想久已空乏，何堪近年复为西洋潮流之所残破，旧基骤失，新基不立，惶惑烦闷，实为其主因。至于真正是发大心的佛教徒，确乎也很有其人，但百不得一"。① 事实上，这也是对灵学会出现的最好注脚。

丁福保是灵学会的一个活跃分子，是当年"春来党"之一。丁福保能够参与到这个交往圈中，得力于其兄丁宝书。丁氏自幼由其兄为其开蒙，借此与其兄之友有交往，"余兄长余八岁，故其友若裘葆良、吴稚晖、陈仲英、孙寒崖、廉南泉、俞仲还先生等皆年长于余有至十岁以上者，余追诸先生后，饱闻雅言宏论，得益良多"。② 其兄丁宝书，字云轩，别署芸轩，"春来党"人，曾与俞复等同创三等学堂和文明书局。盛德坛发起当日即莅临参观，后被聘为周舜卿的家庭教师。周氏为无锡实业家，曾为灵学会捐银 6 圆。他晚年转向佛学，写出了 100 余万字的《大乘起信论解》和《北溪字义心解》8 卷，同时，又对老庄和道学有所研究。

丁福保有百科全书式学者之誉，学贯中西，于医学、佛学、道教、古泉学、小学等皆有成就。在鬼神观上，他同俞复等人一样，对鬼神有一个从信无到信有的过程，"余二十年前，颇以强项自负，不信鬼神，每以汉王仲任之说为我佐证"。民初之后，他开始转变信仰，相信鬼神确有，"迩来阅历渐多，知无鬼之说，大谬不然"。他认为每年正月十五请门臼姑娘，"可为有鬼之铁证"，但是所请之鬼，"程度颇低，不通文理，不能作字，大抵佣妇之类也"。相比之

---

① 梁漱溟：《东西文化及其哲学》，商务印书馆 1999 年版，第 209—211 页。
② 《丁福保自述》，《无锡文史资料》第 27 辑，第 11 页。

下，扶乩则为较高级的请鬼之术，更有兴味，"吾乡俞仲还先生信之颇笃，余约裘葆良先生、吴稚晖先生同往观之，为种种之证明，裘吴二公近亦笃信其有鬼神矣"。① 此处所提当为灵学会成立之后的事情。丁福保认为吴稚晖相信鬼神显然是误解，但其交往圈受无锡地缘的影响是显而易见的。丁福保所言20年之间的思想变化，与金观涛对近代思想史的划分不谋而合。按金观涛的研究，这一时段正是中国从全面学习西方转到对民主、权利、社会等观念反思与重构的阶段，"形成了中国当代思想"。② 这是从积极一面做出的研究，但还有如本书所涉及的消极一面亦复如此。

丁福保多种著述都涉及鬼神问题。在其学术自述中，他把灵魂学列为研究方向之一，认为"世人不知灵魂之理，以为人死无鬼，一切皆已断灭，故生时所作一切之事，苟一时有利于己，虽有害于人，不顾也"。他相信轮回报应之说并以之规劝世人，"生前所得之便宜，所做之黑暗事，皆须一一偿还，或入地狱，或入饿鬼畜生道"。他认为扶乩即圣贤仙佛规劝世人而来，"上帝悯之，命列真降坛演教，以挽救之，此圣贤仙佛飞鸾开化之所由来也，皆劝世渡人不得已之苦衷也"。③ 1940年，丁福保自称在上海宝隆医院遇鬼并念佛退之，益证其认鬼神为真有的观点，"余住医院之第七日夜间三时，室中电灯甚明，忽见门外跃入二物，一黑一白……时黑白二无常已近余身，夜叉小鬼，牛头马面，大头鬼小头鬼接踵而来，皆类庙中所塑，狰狞可怖"，最后以念佛退之。④

在灵学会内部，丁福保对鬼神之说颇有"研究"，撰有《我理想中之鬼说》，提出"人死为鬼，鬼有形有质，虽非人目之所能见，

① 丁福保：《鬼神须知六则》，《少年进德汇编》1918年第4卷。
② 参见金观涛、刘青峰《中国近现代观念起源研究和数据库方法》，《史学月刊》2005年第5期。
③ 丁福保：《畴隐居士学术史》，诂林精舍出版部1949年版，第149—150页。
④ 同上书，第142—145页。

而禽兽等则能见之也"。① 丁福保以其学识，引西哲柏拉图、谢林、士来厄马赫、叔本华、斯宾诺莎、费希奈尔、康德等分别认为灵魂实有为例，批评国人不知真有灵魂，"普通人以为人死则灭，安得有所谓灵魂，而不知灵魂不灭者，谓人类肉体虽枯死，而灵魂则永远存在"。他对西方灵学的脉络较为熟悉，认为"精神学，亦名灵学，主张灵魂不灭说"，对当时从事灵学的英国洛奇、柯南道尔及美国爱迪生等皆有介绍。如他转述洛奇的灵学观念，提出后者认为"精神物质乃截然两事，人但为物质而已，可被毁坏。而一切'潜能'，一切'真实'悉在以太之中。换言之，生命及心识皆在空间，吾人仅就其显于物质上之动作而觉知之，而此项无形无相之物，为永久的有权威的，物质不过为人类的意志之工具，以供人类之应用"。此外，洛奇还称"坟墓中无死人，人之死但为一种新生活而已，在彼处（即死后之境界）之生活中，吾人之上升或退堕，乃一依吾人在此处之一生中如何利用吾人之机会而决定之"。丁福保进一步引申后者，认为这与佛教因果轮回之理相同。丁福保还著有《用科学改造中年后之命运法》一书，其中包括灵学，涉及灵魂修养。他警示世人要注意灵魂修养，"前半世虽已过去，后半世尚大有可为"，因此要改造灵魂，不致退堕。至于具体的改造之法，他特别推崇曾国藩的克己省身及静坐。② 这些说教引得印光法师的认可，"近世士大夫，多守拘墟之见。有以因果报应、生死轮回之事理相告者，则曰：'此稗官野史小说家凭空造者，何足信乎？'其人亦曾读经阅史，虽见此种事，亦不体察其所以然，其拘墟也仍复如是。居士将历史之因果报应、生死轮回等事，集之于一编之中。上而《麟经》，下及《明史》，其事迹的的可考。彼拘墟者读之，当必哑口不敢谓其无稽妄造矣"。③

---

① 丁福保：《我理想中之鬼说》，《丛志》第 1 卷第 1 期。
② 丁福保：《用科学改造中年后之命运法》，医学书局 1947 年版，第 198 页。
③ 《与丁福保居士书》，释印光著述，张育英校注《印光法师文钞》（上），宗教文化出版社 2000 年版，第 177 页。

廉泉是"春来党"人之一，号南湖，在清末风云一时，曾参与"公车上书"，与孙中山等交游，其夫人为民国女杰、吴汝纶的侄女吴芝瑛。戊戌变法后，他主张开民智为当务之急，资助同乡杨模、俞复、侯鸿鉴创办翊实学堂、三等学堂和竞志女学，并将无锡私宅让给女学做校舍。① 1902 年，他与俞复、丁宝书等创办文明书局。在开民智的同时，他对鬼神之事不能释怀，为灵学会题诗 6 首，受到颇多赞誉。如在读杨光熙的《盛德坛缘起》后，廉氏诗曰："碧云何处夜分题，先数武昌次会稽，祸福无门谁管得，此中自有上天梯。"其中"碧云"为乩坛名，武昌、会稽等皆为盛德坛发起者杨光熙曾任职处。廉泉以亡友杜孟兼曾上盛德坛，"称其父将不起"②，由此联想《隋书·韩擒传》一语成谶的典故，认为冥冥中确有主宰，"休疑灵境难闻见，死作阎罗不用呵"。阅读前贤"降坛宣解"音韵学，廉泉颇为心动，欲为一试，"苦心渐觉著书难，十地声音律未殚，欲起吕周参一解，也斟明水醮仙官"。③ 从早年满腔热血到面对民初政局衰败，廉氏内心颇有感触，无奈以赋诗鬼神的形式抒发情怀，"夜雨寒灯旅怀无奈，读三十三天以上诸圣仙佛诗，用集古体赋呈济祖师并诸圣仙佛凌云一笑"。④

同样，在丛志中题诗者还有"春来党"人之一孙揆均。孙氏曾留学日本，在阅读丛志后，思想大起变化，借诗表达其鬼神观念，曰："从知世界都非想，始信文章本有神，叹我盲聋更颠倒，愿因宝筏问前身。欲藉扶乩探问其前身"。⑤

2. "春来党"中反对灵学研究者

在灵学问题上，"春来党"并非意见一致，其相互间有所商榷、论

① 见 http：//www.wst.net.cn/wuxifq/renwu/mingren/xiandai_ index.htm。
② 《记载栏》九月十七日，《丛志》第 1 卷第 1 期。
③ 廉泉：《题丛志六首》，《丛志》第 1 卷第 3 期。
④ 廉泉：《文苑》，《丛志》第 1 卷第 3 期。
⑤ 孙揆均：《奉题〈丛志〉并上陈俞二仲丁氏昆季汪兰公》，《丛志》第 1 卷第 5 期。

争。吴稚晖和裘廷梁都对灵学会的所为由疑信参半而走向反对。

吴稚晖早年曾与俞复是同学，据记载，吴稚晖早期同学中，
"俞仲还、丁宝书、曹衡之等都是高材生"。24 岁时，吴稚晖入选
著名的南菁书院①，同学者有丁宝书（芸轩）、丁福保（梅轩）、孙
叔方（揆均）、俞复（仲还）等，同住在"诂"字舍内。② 可见，
他们之间彼此较为熟悉。吴氏曾为丁福保著的《八大人觉经笺注》
作序，序中赞成其佛学救世的主张，认可佛教"能澈悟人之迷妄，
斯云大慧"，称"今之同胞众生，颠倒于四魔五欲，搅乱世常，即
自身亦同陷苦恼。药之者，其惟佛说欤"。③ 可见，他们的社会认
识和思想倾向多有趋同的方面。吴稚晖先后 4 次莅临盛德坛，第一
次以"在旁匿笑"登于记载栏④，似乎对此不屑一顾。但吴氏难免
对乩坛的神秘有所关注，疑信之间而有尝试，"问关于音韵之学，
其问题托陈君仲英交来"⑤，并于 1917 年 10 月 15 日、16 日、21 日
三次亲临盛德坛叩问。这种半信半疑的态度以及数次参加盛德坛，
给丁福保在前引资料中认为其与裘廷梁皆相信鬼神的印象。事实上，
吴稚晖并不认可其友以此行救世之事，"先生欲以挽世道人心，于鄙
意所属，适得其反"，且以"鬼神之势大张，国家之运告终"明确反
对之。俞复则反以"鬼神之说不张，国家之命遂促"针锋相应。

"春来党"中另一个反对灵学者为裘廷梁。裘氏曾两次修书丛

---

　　①　据称，该书院原址在江苏省江阴县城内。光绪九年（1883 年）江苏学政黄
体芳创立，以经史词章教授学生。王先谦曾讲学于此并辑成《皇清经解续编》1430
卷，又刊《南菁丛书》及《南菁札记》。废科举后，该书院改为南菁学校。有研究者
总结该书院的特色为，"宽松自由的学风，严格的学术训练，'经世致用'的指导思
想，与时俱进、富于创新的精神等等，使'课生'的个性得到充分的张扬。在书院
转型时期，它的'维新'倾向于改革措施，尤具特色"。参见赵统《试述江阴南菁书
院的治学特点》，《南京晓庄学院学报》2005 年第 3 期。

　　②　侯相遗：《回忆吴稚晖的早期经历》，《无锡文史资料》第 14 辑，第 112—
113 页。

　　③　吴稚晖：《〈八大人觉经笺注〉序》，《丛志》第 1 卷第 1 期。

　　④　《记载栏》九月十七日，《丛志》第 1 卷第 1 期。

　　⑤　《记载栏》十月十五日，《丛志》第 1 卷第 2 期。

志，展示了对灵学会由不了解到了解的过程。第一次，他似乎并未见到丛志，明显是对灵学会不了解，仅试探性地以海宁史文钦①对催眠术及扶乩的解释告之俞复，"史君为书数千言，论催眠之理，以为其事与乩相类，其研究灵学与公同，而为说绝异"。通过此信，我们了解到，史文钦研究催眠术并以之来解释扶乩原理，认为"地球为不可思议之大灵物，而人为大灵之分子，灵与灵相接，而有一切神异之事以生，又以为大灵必有正负二性，凡人世不可索解之奇声异象，皆由正负相磨而涌现于耳目"。② 这种观念正是当时一部分人对催眠术的解释。裘氏似从史文钦处了解了催眠术，把一切巧合认作是灵与灵的相接。

　　第二次修书，裘氏显然已见到丛志，对灵学会有所认识而从学理和现实两个角度批评之。首先，他从格调上提出灵学会研究近似宗教，"同一研究乩理，而史君文钦理想近科学，公持论近宗教"。其次，他认为杨践形的《扶乩学说》多有臆揣，与历史事实有出入。乩始于有文字时代，而不是杨践形所言的周穆王。扶乩是人神交通的工具，为中国多神教之始，最初并不称"乩"，而称"神将"。再次，他认为万事都有因果，只要细心观察，百变不爽。人事变幻是很正常的事情，人不能预知，即使鬼神亦不能，"虢公事事听命于神，卒不保其国，徒为鬼神侮弄"。最后，他提醒俞复，灵学会已经在社会上造成了恶劣的影响，"此事公提倡不过数月，沪锡两地，乩坛竟起，虽平昔钻研科学之士，亦复醉心幽冥，自阻进步，仆诚私心痛之"。当然，裘氏并非未注意到当时社会道德堕落的现实，而是认为别有原因，非神之咎，"数千年来，盛言果报之多神教义，未曾不深入人心也"，现在唯一的方法就是普及科学，"惟当尽驱诸少年于科学之中，其它皆非所急"。③

----

① 史文钦，浙江海宁人，南社会员，列第 47 号，入社较早。见《南社社友姓名录》，郑逸梅《南社丛谈：历史与人物》，中华书局 2006 年版，第 366 页。

② 裘廷梁：《裘廷梁先生书》，《丛志》第 1 卷第 2 期。

③ 裘廷梁：《裘葆良先生书》，《丛志》第 1 卷第 3 期。

3. 非"春来党"中无锡籍支持灵学研究者

在非"春来党"的无锡籍人士当中，秦毓鎏和华纯甫与前述丁氏兄弟皆为崇佛者。灵学会特定的社会网络在具有地缘的同时，亦具有一定的学缘，他们志同道合。

秦毓鎏，号效鲁，无锡人，一生新旧相兼，游于庄佛。早年考入上海南洋公学，为吴稚晖的学生，不久退学研习庄子。后来，在吴稚晖的鼓励下留学日本，思想转变，主张革命，担任华兴会副会长。辛亥革命爆发后，策动无锡光复，成立无锡军政分府，担任总理，裘廷梁任民政部部长，俞复任副部长。二次革命失败后，思想有转向，遁入佛学，发起成立无锡佛学研究会。① 印光法师曾言："无锡秦效鲁三种病，医不好，以大悲水吃，擦，得好，遂归依"②。在同乡俞复寄赠丛志后，秦氏深以为然，认为灵的作用支配万物，科学亦是灵的一种而已，"广宇悠宙，无论幽明，万事万物，无一非灵之作用。即区区科学所发明，何能外灵学而独立。岂惟并行不悖，所谓科学者，直灵学之一端耳"。秦氏研读庄子，晚年著有《读庄子穷年录》二卷，谙熟传统经典。对比灵学，秦氏认为庄孔逊之，"漆园尼山，略窥其倪，未能大发明也"，对俞复等发扬灵学给予了极高的赞誉和认同。但是，秦氏并不满足于灵学会以扶乩之术研习灵学，他认为"扶乩之术亦可藉觇鬼神之状况，以言昌明灵学，似乎尚未通途"。相反，他所推崇的正是其在辛亥革命失败后所转向的佛学，"通其故者，厥为瞿昙，故能一贯幽明，悲知兼大""吾师乎，吾师乎，舍我佛其谁与归"。③

无锡华纯甫亦为无锡佛学研究会发起人之一。本身颇有佛学造诣的丁福保，曾赞其佛学，自述"余于佛教根本大法，无有真知，

---

① 王赓唐：《秦毓鎏》，《民国档案》1989 年第 3 期。

② 《复张觉明女居士书八》，释印光著述，张育英校注《印光法师文钞》（中），第 833 页。

③ 秦毓鎏：《秦效鲁先生书》，《丛志》第 1 卷第 2 期。

见解不如华纯甫君"。① 1903 年，华纯甫与李静涵合译《泰西通史》
（上海文明书局印行）②，1926 年，与丁福保合译日本熊代彦太郎著
的《近世催眠术》。③ 可见，华纯甫具有一定的西学知识，但其思想
如秦毓鎏一样，并没有表现出新旧截然两立的冲突。在给俞复的信
中，华氏自述素来信鬼神之说，"空中有物，弟所夙信"，赞同"执
事答稚晖书及伯鸿灵魂与教育，皆一一如弟所欲言"。身处新旧鼎
革之际，虽其内心相信鬼神，但能顺应潮流，对辛亥革命前后破除
迷信的言论为之赞成，"二十年来，遇人谈神异鬼怪事，辄辟之不
遗余力，以国民迷信，不欲更扬其波，以为科学发达之障碍耳"。
从其自述可窥知，在近代中国破除迷信的运动中，部分人士实际是
迫于形势而从之。华纯甫并不认可一般的民间扶乩，"前此各地扶
鸾者，类皆以休咎祸福，哄动愚氓，故弟宁甘作违心之论，而斥为
无物"。这说明他对灵学抱有一种"研究"的态度和期望，信从俞
复及盛德坛，"今得执事等之提倡，灵学之兴，倘可望乎。弟不敏，
窃愿从诸君子后，而翘首跂足乐观厥成也"。④

　　值得一提的是，无锡侯疑始也是民初"研究"灵学的同道中
人，早年加入同盟会⑤，但未见资料证明其为"春来党"人。侯氏
与俞复早有交往，下面要提及的《洪宪旧闻》即是在俞复的嘱托下
写就的，"俞仲还先生方主海上中华书局，知不佞藏身人海，于项
城秘事轶闻所知甚伙，而皆信而有征，乃怂恿不佞罄所能忆笔之于
书，以存一代故实，资后来考证"。⑥ 侯氏不但对灵学颇有"研

---

①　《丁福保自述》，《无锡文史资料》第 27 辑，第 14 页。华纯甫则言"梅轩近
笺注佛经，致力甚勤，诚甚举也"。见《华纯甫先生书》，《丛志》第 1 卷第 2 期。

②　李孝迁：《清季汉译西洋史教科书初探》，《东南学术》2003 年第 6 期。

③　丁福保、华纯甫译：《近世催眠术》，商务印书馆 1926 年版。

④　华纯甫：《华纯甫先生书》，《丛志》第 1 卷第 2 期。

⑤　钱钟汉在回忆无锡籍同盟会员时，提及有侯成，字疑始。见钱钟汉《〈无锡
光复志〉拾遗》，《无锡文史资料》第 3 辑，第 14 页。

⑥　侯疑始：《洪宪旧闻》，《云在山房丛书三种》，山西古籍出版社 1996 年版，
第 111 页。

究"，曾到盛德坛参观，而且身为严复的门生，其起到了严复与灵学会介绍人的作用。严复一封关于灵学的信即写给侯疑始的。①

对灵学会成立和丛志刊发，侯疑始以其对社会人心的感受，认为适得其机，"时局至此，人人有厌世之心，皆亟亟欲于灵界中觅一安心立命之道，于是不得不先究死后之究竟，有此种学理解释之书，及事实征验之灵学丛志刊布，无异社会对症之良药"。无疑，这对灵学泛起的社会背景做出了较贴切的概括。在此之前，侯疑始对灵学已有关注，注意搜集灵学资料，并积极为书商俞复策划灵学书籍出版事宜，"顷在他处见前月日本《太阳杂志》有出售死后之究竟一书之广告。此书似极有价值，如购来，毅可代为迻译，请侯官加案语作序，将来销路必广"。他本人也有撰写计划，"或可撰二种，一灵力（或作心电）论，若举其全，篇幅甚长，只可先述大意。二神秘杂谭"。② 在另一处资料中，侯氏亦曾提及此事，"不佞近年颇思用科学解释神秘，有《心电论》（亦作《心波论》《心力论》），他日脱稿，当乞教于世人"。③

其灵学著作是否写出，笔者并未查到。但他确实相信灵异，认为运用归纳法演绎法能使谶纬精确至与事实相差无几，"人事吉凶以豫兆为可信者，不特吾士为然，西方列邦亦多有志。萃古今中外已往诸事实而加以观测印证，或不无可信之例法存乎其中。至其所以然之故，方今神秘，且启他日终必有能言之者"。④ 联系到关于袁世凯复辟帝制失败的谶纬多已应验，侯疑始甚至想当然地期望以神秘关怀现实，"使谶纬为始终可信，后此固当更无复辟之祸，国人不必鳃鳃过虑也"。⑤

作为同道中人，1918 年 5 月 26 日，侯疑始拜访杨践形，参观

---

① 参见严复《严几道先生侯疑始书》，《丛志》第 1 卷第 3 期。

② 侯疑始：《侯疑始先生书》，《丛志》第 1 卷第 2 期。

③ 侯疑始：《洪宪旧闻》，《云在山房丛书三种》，第 126 页。

④ 同上书，第 125 页。

⑤ 同上书，第 126 页。

灵学会。在一张素纸之前，"杨先生指盛德坛壁间所张素纸，语予曰，息心静气，凝视其上，可见种种奇景妙象"。侯疑始对视告知经扶乩画符的白纸，眼中果然现出种种幻境，并试图借助心理学、催眠术、心灵学等对此做出解释。他认为，"稍究心理学者之所能道，即就目之所见而言，注视一物，久久不瞬，自恒呈现异象，此其为象是幻是真，尤为常人所知"。幻象不能反复出现，但此时所见能够反复出现，且不同人所见并不一致，故他认为这是"符寓神力"的缘故，"使人于凝视之顷，得假官器感受神力，迥其心向，与灵界通，于是灵界诸象得以神遇，不为形气所障"。普通人因"形气"所障，故不能通于灵，并因素质有差，所见亦异。①

在西方灵学研究的过程中，灵学与催眠术有难以分解的密切关系。灵学传入中国之后，同样与催眠术交织在一起，时人难分彼此。杨践形在灵学会成立之前，曾为中国精神研究会无锡分部主事者，但他很快发现，与中国圣贤经传和仙佛典乘相比，"催眠等术，粪土焉耳，故抛弃之"。② 在另一处乩示中，灵学会亦毫不掩藏其排斥催眠术的立场，认为催眠术是术非道，且其内容多属于邪术，自古"神医未尝言及催眠"，故"非所学也"。③ 吴稚晖在调侃灵学会扶乩时，称"闻仲哥乃郎，又以催眠哄动甘肃路"④，吴氏以催眠术之名扶乩，灵学会显然不会承认，但这透露出两者之间的

---

① 侯疑始：《记神游琼苑事》，《丛志》第 1 卷第 4 期。

② 杨践形：《扶乩学说》，《丛志》第 1 卷第 1 期。

③ 《明月仙子判词六则》，《丛志》第 2 卷第 3 期。

④ 《附录吴君函》，《丛志》第 1 卷第 1 期。此处"乃郎"似指丁福保之子，"十二月初一日，本日撤坛后，俞杨二君与吴君秋坪同见祖师像，甚清楚。面部约高寸许，目梢上轩，道貌俨然，仪表令人敬爱，道服上身，亦可辨。越夕，丁君仲祜之子年十一岁来看，据其所说，时时变换的系花园风景，鸟能飞，门能开，询其与活动影戏相像否，则云不同。盖其变换盖子自下而上者，其他年长诸人，亦云有所见，但不如丁氏幼子之确凿耳，以后数日，时有小儿来看，大都能见所见而去，并云所见为活动者，真奇妙不测"，此处显然是一种催眠现象。见《丛志》第 1 卷第 3 期。灵学会虽排斥催眠术，但其灵学实践多处明显是借用催眠术之理的。

联系。

侯疑始与其时的很多人一样，并不能分辨"通灵"与催眠的区别，认为催眠是遇神，"西方催眠术家有能令人张目入梦者，其实亦使其于常人不及见之象，得以神遇而已，与此正相类也。大抵心之通灵，由于感，感起于专（即令心能迥向耳），专起于诚，而感知深浅，则原于心之素质及蕴蓄如何。此所以人于此纸所见之象有明有昧，有同有异，而其得见有难有易，甚且有一无所见者也"。①考虑到杨践形曾学习过催眠术，其乩坛布置充分酿造出神秘的氛围，自然容易诱发催眠的发生。今天看来，在盛德坛神秘氛围和杨践形的有意引导下，侯疑始对视告知经由"明月仙子"用乩笔蘸写"书符"的白纸，显然具备了被催眠的条件。

此外，无锡陈仲英亦在盛德坛成立当天位于参观者之列，"参观者俞仲还、陈仲英、唐子权、丁芸轩、陆费伯鸿、李耀卿、吴福先等"。②据前引丁福保回忆资料，陈氏乃其前辈，"余兄长余八岁，故其友若裘葆良、吴稚晖、陈仲英、孙寒崖、廉南泉、俞仲还先生等皆年长于余有至十岁以上者，余追诸先生后，饱闻雅言宏论，得益良多"。③另有资料称，陈仲英与俞复是同乡好友，"1918年，在上海，陈仲英与俞复、蔡元培、吴稚晖、李石曾等发起赴法勤工俭学活动"。④

以上，笔者梳理了以"春来党"为主的无锡籍交往圈，围绕灵学会而演示的种种思想变迁和精神世界，进而揭示了地缘在促动和支持灵学会成立中所起的作用，从而窥知灵学会背后人的因素。

---

① 侯疑始：《记神游琼苑事》，《丛志》第 1 卷第 4 期。

② 《记载栏》八月十七日，《丛志》第 1 卷第 1 期。

③ 《丁福保自述》，《无锡文史资料》第 27 辑，第 11 页。

④ 见 http://zuaa.zju.edu.cn/zuaa/wenzhang.php? record_ id = 2368。杨达寿：《湖畔青山埋贞骨——祭扫竺可桢夫人陈汲墓小记》。陈汲即陈仲英之女。另外，陈源（笔名西滢）为陈氏之子。

二 业缘与灵学会:以中华书局为中心

地缘展示了灵学会由共同的社会网络发展而来及其边缘文化的一面,而其业缘性质则试图揭示灵学会相关人物的职业与该会成立之间的互动,并说明其商业性的特点。从无锡走出的这个社会网络,由文明书局而中华书局,以书业的共同利益和人生的志同道合而进一步扩大、延续,其影响足以造成灵学的广泛传播,足以将边缘文化一时推向全国。

(一) 书局与灵学的发生

在近代上海出版业崛起的过程中,1897 年的商务印书馆、1902 年的文明书局、1912 年的中华书局成为一时的翘楚。其中,商务印书馆被认为是近代上海出版业的人才母体,"以商务印书馆为人才的母体,现代几大出版机构的创办人都是从商务印书馆搭离出来的,如中华书局的陆费逵、开明书店的章锡琛、大东书局的吕子泉、世界书局的沈知方"。① 在出版人才的地缘方面,1906 年的调查发现,近代上海出版人才多为江浙人士,"浙江人 38 名,江苏人 46 名,合计 84 名,约占总数的 68.9%"。② 这与灵学会的地缘特征相吻合。

如果说商务印书馆是近代出版业人才的母体,若能进一步追溯,那么由俞复创办的文明书局则更有母体的资格。据当事人朱联保回忆,"中华书局未成立前,陆费逵兼任文明书局襄理,沈知方、

① 王建辉:《近代出版的群体研究》,《出版与近代文明》,河南大学出版社 2006 年版,第 89—90 页。

② 潘建国:《清代后期上海地区印刷文化的输入与输出》,苏智良《上海:近代新文明的形态》,上海辞书出版社 2004 年版,第 147 页。

陈协恭、沈鲁玉、吕子泉等亦曾任文明书局高级职员"。① 后来，陆费逵、陈协恭等于1912年创办了中华书局，吕子泉于1916年创办了大东书局，沈知方于1917年创办了世界书局。其间，他们虽有加入商务印务馆的历史，但最初无疑是在文明书局。也就是说，文明书局走出了后来三大书局的创办人，其中陆、陈、吕都参与了灵学会。此外，积极参与灵学会的丁福保，曾先后创办医学书局和诂林出版社。会员吴秋坪则为清末新智社的创办人，曾秘密代派发行《民报》。据丛志记载，吴氏曾因身体有疾来坛叩问。"纯佑真人"认为，"吴君之疾，其病原实已去矣，惟多出血，于身体有损……每日宜多安养以复其元，多睡多静，弗过事老以动其中至要，每日宜少加滋补之剂"。② 后来，不知是否因此叩方而病愈，吴氏特来坛前"谢神"，敬献酒果茶点。

另外，中华书局有多名重要的职员参与其中。盛德坛发起之前，供职于中华书局的杨光熙曾"商之于俞君暨陆费君伯鸿主成其事"。③ 编辑所部长姚作霖来信认为"时至二十世纪，决为神学昌明之期"，自述"弟与仲涛颇于神学有所向往，而宿慧不深，阶梯莫遂"。④ 所提的仲涛是参与编写由中华书局出版的《中华大字典》，亦即曾为《鬼语》作序的欧阳仲涛。刘传厚亦为中华书局职员，参与编写了多本教科书。他专为丛志写就的《调寄〈渡江云〉》⑤，直白内心苦闷，点明了灵学泛起的社会背景和灵学为西学的事实，期望"灵魂大觉"，

---

① 朱联保：《近现代上海出版社印象记》，学林出版社1993年版，第121页。文明书局与中华书局关系甚好，据称"文明书局初称文明编译印书局，最初将无锡三等学堂所编《蒙学读本》印刷出版，清政府颁布学堂章程后，该局根据章程编印教科书多种。后来因商务中华两家对教科书竞争激烈，相互跌价，使文明书局无法维持，而盘于中华书局"，见该朱联保书第120页。

② 《记载栏》十二月初七日，《丛志》第1卷第3期。

③ 杨光熙：《盛德坛缘起》，《丛志》第1卷第1期。

④ 姚作霖：《姚作霖先生书》，《丛志》第1卷第3期。

⑤ 刘传厚：《丛志》第1卷第3期。

并把对时局的不满和对西方的崇拜以简洁的文字跃然纸上。
特征引如下。

　　　问神仙底事，凭将絮语，苦口告童蒙，道支离破碎，大好
神州，不比往时同，兴亡满眼，绵绵恨，万事皆空，莫忘却，
衣冠晋代，花草葬吴官。

　　　倥偬，荆襄北去，楚岳南来，都是邯郸梦，最堪怜绕枝惊
鹊，待哺哀鸿，问何日灵魂大觉，能悟澈，美雨欧风，述神
话，为伊唤醒朦胧。

　　可以推知，除地缘关系以外，相同的职场经历即业缘，也有
利于把他们联结并推向一起，共同创立盛德坛与灵学会。鉴于栖
身书局的便利性，出版专门的杂志亦顺理成章，近水楼台。至
此，灵学会业缘网络已清晰浮出，本书对此问题的探讨似可停
止。但是，在盛德坛和灵学会成立的过程中，陆费逵及中华书局
其他职员亦有很大的推动作用，丛志由中华书局出版，特别是陆
费逵的思想与灵学会相互影响这一方面，学界鲜有研究，有进一
步深入叙述的必要。

（二）陆费逵与灵学的发生

　　陆费逵，字伯鸿，1904 年在武昌开办新学界书店，出售
《革命军》《警世钟》等革命书籍，开始其栖于书业的生涯。同
时，参加武昌革命团体日知会，任评议员。1906 年至上海，加
入文明书局。两年后，进入当时书业最盛的商务印书馆，次年，
担任商务印书馆八大杂志之一的《教育杂志》主编，在教育界
具有一定的影响力。1912 年，他成立中华书局，因赢得了大部
分获利较厚的教科书市场，迅速成为商务印书馆的最大竞争者。
由于中华书局扩充太快，与同业的竞争过于激烈，加以后来创

办世界书局的沈知方挪用公款，以致资金周转不灵。① 1917 年 6 月至 7 月间，中华书局几至停业，后人将此称为"民六危机"。这在丛志记载栏陆费逵的叩问中亦有体现。经常州资本家吴镜渊等组织的"维华银团"及董事高欣木等组织的"和济公司"给予贷款，中华书局才得以维持。前者吴镜渊后来成为灵学会会员，数次到坛叩问灵魂等问题。

"民六危机"在推动盛德坛成立中发挥了一定的作用，该坛恰好成立于陆费逵事业的低谷时期。事后多年，陆氏依然记忆犹新，"公私均受其累。迨后出租收回，讼事纷扰，情形尤为复杂。当此之时，危机间不容发。最困难之时代，凡三年余，此三年中之含垢忍辱，殆非人之意想所能料"。陆氏在解决危机的过程中，如是否与商务印书馆谈判合作等事宜，均请乩叩问。"乩示"对陆氏的决策到底有多大实质性影响，在今天已无法确知。但在陆氏深陷困境之际，来自神秘乩坛的任何"言语"总能舒缓其心情，为其坚定毅力走出困境获得难以言说的心理支持。② 陆费逵虽早年参加革命，疾呼教育救国，以书业传播新学识，但他同样相信命运，事后把危机归咎于神秘，"中华书局之命运，几为中华民国之雏形；尤奇者民六七月一日，张勋复辟，民国中断，中华书局亦于是月移交于承租者，岂冥冥之中竟有命运存焉乎？何其巧合也！"③

或许是新旧两立的思维定式，这在今人看来似乎不可思议。于此，其员工亦有回忆，"陆费逵是个旧知识分子，早岁几经挫折，乃归诸命运，在他一生的后期，不免有陈腐观点。如谓中华书局逢六不吉"。据称，陆费逵对公司大门及主要人员的办公座位都亲自

---

① 熊尚厚：《陆费逵先生》，中华书局编辑部《回忆中华书局》，中华书局 2001 年版，第 1—3 页。

② 《福德尊神中华书局判词》《生仙中华书局判词》《韩朱文史四公中华书局判词》《玉英真人中华书局判词》，《丛志》第 1 卷第 1 期。

③ 陆费逵：《中华书局二十年之回顾》，《回忆中华书局》（上编），第 225—226 页。

酌定，"上海总公司和总厂设在静安寺路，正门关闭，门前忽然挂出牌子，上写：'迁厂在即，路坏不修，请走哈同路大门'。大家觉得离奇。王祖廉（酌清）任上海发发行所所长时，要改装门面，陆费伯鸿不同意，后王趁他外出视察时，立即将门面改装一新，并改变正门方向，店内轩敞通明，大家认为很好。不料陆回来后，对王大为不满，王因此愤而辞职。重要职员在办公室的座位，他总是亲自看定方向，安排位置"。①

盛德坛的成立对陆费逵的影响到底有多大，似很难精确估计。但在陆氏看来盛德坛的成立至少给了其一个反思鬼神迷信宗教等问题的机会，从"辟佛老，破迷信，主之甚力"到自认为明白了更多有关性灵宗教灵魂等方面的知识。

首先，他通过亲临乩坛，叩问鬼神宗教问题，"始而疑，继而信，且练习扶术，充助手"，对善恶、因果、灵魂等问题有了质变的认识，"方知自古以来，苟其人生时，学问道德彪炳一时，忠孝节义，昭垂千古，修行养性，神灵不昧，立功创业，泽及国民者，均能葆其性灵，永登天国"。鬼神世界没有国籍宗派纷争，故孟圣与杨墨、昌黎与佛老"雍容一堂，殊途同归"，由此反观人世间的"党同伐异，入主出奴，不亦可已乎"。

其次，他认为人生问题的解决是"知死后灵魂之归宿"，企图以来世的归宿高下督促现世的修养，即"神道设教"。根据修养不同，他提出了灵魂归宿有三个层次，第一层次为圣贤仙佛；第二层次为有道德、学问、技术、事业之灵鬼以及普通之鬼；第三层次则是因一念之差而"见屏于鬼神，受罚于地狱"者。世人因不知灵魂

---

① 吴铁声：《我所知道的中华人》，《回忆中华书局》（上编），第 26 页。陆氏迷信思想似有更深的渊源，"八岁之冬，我母大病，祖母及女佣极信佛，辄以信佛诏我。我母病重时，令我往城隍庙求神。我入庙肃然起敬，虔心祈祷。未几，我母得良医，病旋愈。祖母女佣意以为神佑，我亦深信之"。参见《我之童子时代》，《教育文存》，中华书局 1922 年版，第 4 页。虽然陆氏自称在辛亥革命前后参与破除迷信，但一旦遭遇挫折，其内心深处相信鬼神命运的精神需求便又浮起。

修养而无所顾忌，"灵魂之高下，视其人格之高下，无所修养，而欲死有所伸，是缘木而求鱼也"，因此灵魂教育就显得特别重要，故陆氏有《灵魂与教育》之撰。这里，技术不再是"奇技淫巧"，有技术之"灵鬼"位列第二层次。在注重引进新技术开拓书局事业的陆氏看来，技术与道德学问等同样重要。可见，传统鬼神观和价值观在陆氏这里亦有进化。

最后，面对道德沦丧、学问颓废，他主张发挥扶乩的作用，以其叩问学理，研究人生，并出版杂志，拓展影响空间，"以圣神仙佛发我聋瞆者，转以发世人之聋瞆，瀹我性灵者，转以瀹世人之性灵。吾知自此以往，必能于人生问题有所解决"。① 历史上，由扶乩而做乩录者不乏其人，但以此而出版专门的杂志，恐非栖身于书业者难有此便利。如杨光熙此前曾做过不少乩录，"余旅温三载，抄录乩文论说三册，其文章之妙，非笔所能罄述也，但未出而毁于战火"。②

由此，灵学会成立后，陆费逵的人生观获得了"新生"，扶乩犹如实验，使其灵魂之说获得"验证"。此后，他陆续发表了《灵魂与教育》《修养论》《论学》《论我国亟宜振兴佛教》等文章，在反思此前批判迷信的同时，鼓吹灵魂教育，宣扬鬼神学说，"以为欲救今世之末俗，收教育之效果，必从阐明灵魂，启瀹灵魂入手，其下手之方无他，采宗教之学说，为精神之训练，藉星期之余暇，为灵魂之讲演，使人人有无穷之希望，知天理之昭昭，夫然后有治平之望也。世之君子，当不河汉斯言"。其为文复中学之古，参西学之新，较有代表性，兹梳理如下。

在《灵魂与教育》一文中，陆费逵向往谭嗣同舍身成仁的精神，赞赏其所著的《仁学》，并归纳其意志论核心为"灵魂轮回说""天堂地狱说"以及"己身不死说"。进而，陆氏提出

---

① 陆费逵：《〈灵学丛志〉缘起》，《丛志》第 1 卷第 1 期。
② 杨光熙：《盛德坛缘起》，《丛志》第 1 卷第 1 期。

应把此三说视为现今教育的根本，拟"荟萃以上三说，应用于教育，以挽今世颓败之风俗，陵夷之教化"。但是因无信可征，颇有所顾忌，"苦无根据，苦无方法，不敢倡言，亦无从着手，故怀而未宣也"。

盛德坛扶乩给了陆费逵一个"证实"鬼神灵魂存在的机会，"同人有盛德坛之组织，并发起灵学会，圣神仙佛，相继降坛，鬼神之说，既已征实，灵魂之理，亦复讲明，而仙佛对于儒教推崇备至，称述大学中庸礼运诸篇，尤为恳挚……乃知吾所希翼之学说，实我圣贤数千年所已发，于戏盛矣"。由此，同俞复等人一样，他认为此前批判迷信过于浅陋，"吾人向辟迷信，不知灵魂之为物，其浅陋固不足道"。一旦突破了信仰的顾忌，其想象的空间顿时打开了。他认为，"今既确认有灵魂矣，则连带之学说亟当承认者，宇宙之间确有主宰，即吾人所谓之天，欧美所谓之 God。人死之后，视其业力之高下大小，为圣神为仙佛，为善鬼为恶鬼。人以灵魂为本体，躯壳不过灵魂所凭藉耳。人生数十寒暑，自躯壳言之是为一生，自灵魂言之，则一刹那而已。躯壳之苦乐非真苦乐，灵魂之苦乐乃真苦乐，且有躯壳苦，而灵魂乐者，如苏武节常山舌是也。亦有躯壳乐而灵魂苦者，如曹操牛秦桧鸭是也。此理一明，则上帝临汝，毋贰尔心……存心养性，以事天，殀寿不贰，修身俟之，以立命。充此精神，白刃可蹈，爵禄可辞，忠孝节义，视为庸言庸行，视为人之义务，人心安有不善，天下安有不治者哉。精神教育，至此方能利用物质文明而遂人生也"。可见，陆氏所谓的"觉醒"实际是以鬼神连接个人修养与国家社会，有极强的功利性，可视为其对民初社会问题的一种回答。

在承认灵魂实有之后，陆费逵对儒教①提出了反思，认为儒教言性不言轮回，因此不能回答性从何来的问题，"性果何往，不如佛言灵魂之有始终，故吾以灵魂二字代吾意想中所谓躯壳外之人，

---

① 所谓"儒教"是陆氏在其文章中的称呼，笔者沿用之。

而下教育之定义，曰教育者教育人之灵魂也"。他特别强调，与心理学上的"意志"和生理学上的"脑知觉"（即神经）不同的是，这里所提到的"灵魂"为物质，"不限于人之生存，而意志脑知觉，则生前死后，均无其物也……更进一步言之，前者有生有灭，只有现在；后者不生不灭，永久存在"。那么，这种提倡灵魂教育的说教与以宗教为基础的教育是否相同？陆费逵认为二者不同，"吾所主张，系采宗教之精神，非用宗教之仪式，尤非以教育事业授诸宗教者之手"。在陆费逵看来，鬼神世界为天下一家，人们争论以何教为主是无益的，"何必强分界限，以自狭其教"，正确的态度是"采各教教义，以助我化民"。因此，我们看到在降临于盛德坛的鬼神中，儒、道、佛、耶、回乃至西哲皆有。

在上述关于鬼神与灵魂教育的阐释中，陆费逵还引用了日本人中岛氏"人格教育学"和美国灵智学会会长夫塞尔氏的《何谓教育最高之理想》中的相关论述作为例证，他认为东西皆然，愈加自信，"世之先觉，慨世道之衰，而有反古修性之志者，固东西皆然也。吾辈适以扶乩启其机，力半而功倍，岂非幸事耶"。①

陆费逵进一步认为修养比教育更重要，教育仅是修养的开始阶段，"教育者，不过指示途径，以为修养之前导而已"。在陆氏看来，修养是相对于不生不灭的灵魂而言的，是没有休止的，一旦停止则前功尽弃，"不宁惟是今生修养，来生更不可不修养，生时修养，死后更不可不修养。不宁惟是为人为鬼修养，为神更不可不修养"。修养包括志学、立戒、施济、觉悟四步，只要坚持此四步者是可以达到圣贤仙佛的境界的，"为圣为仙为佛，亦视人之肯为与否耳，未有不能者也"。②

---

①　陆费逵：《灵魂与教育》，《丛志》第 1 卷第 1 期。该文后发表于《中华教育界》1918 年第 7 卷第 1 期，陆氏《教育文存》亦收录。

②　陆费逵：《修养论》，《丛志》第 1 卷第 2 期。

为论证修养的重要性，陆氏从"学"的古义训起，指陈当下教育及社会的本末倒置。他认为，"学"的完整理解应包括形而上和形而下，"学也者，始于效，即始于求知，终于觉，即终于已知"；但是近代的教育多重知轻觉，即重术轻道，因此有失偏颇，"若仅事夫文字之末，略习科学皮毛，则艺育而已，安得谓之智育哉。吾甚悲夫今世教育之徒，重艺育也，吾更惧夫艺愈进而道愈晦也"。所以，陆氏认为应全面理解"学"的意义，"一面习艺以资生，一面当求学以复性。否则物质文明愈发达，生活之欲愈甚，济恶之方愈多，其不相率而为禽兽者几希。如不能学艺并修，毋宁取学而舍艺，盖有学无艺，尚不失为有人格之人，本吾天赋之力，未必无资生之道也"。按照这个标准来理解，陆氏认为近代以来追求富强的道路即是有学无艺，"吾恐物质未进，精神先亡，躯体虽存，性灵已失，在人则行尸走肉，在国则名存实亡矣"。陆氏提出真正的学习之道有三步，即读书、习艺、研索，"读书以明理，习艺以乐学，资生养性，怡情研索"。①

在前文关于地缘的叙述中，灵学会相关人员从事佛学者居多。陆氏亦崇佛学。他认为儒教陈义太高，不谈轮回，而基督教本身不及佛教，且"言语隔阂，民教未孚，普通人民，多不欲道"，唯有"佛之说因果谈轮回生（升）极乐堕地狱之浅显明切，老妪胥解，不可得也"。从陆氏品评宗教的标准来看，显然他是以能否最直接地具有"神道设教"这一功能为出发点的，具有强烈的现实焦虑感和功利性取向。在他看来，各种宗教在慈悲平等苦行持戒等方面各有一定的认识，但唯有佛教对因果阐释最为清晰，"其说因果之圆满，则任何宗教未见其比也"，因此佛教最适合中国国情，也适合全人类。② 由此看来，在灵学会周围，不但存在地缘、业缘，同时，其主要人物之间还有共同的佛学（教）倾向，即学缘。此种学缘不

---

① 陆费逵：《论学》，《丛志》第 1 卷第 5 期。
② 陆费逵：《论我国亟宜振兴佛教》，《教育文存》，第 44—45 页。

仅体现了灵学会同人共同的趣向，亦扎根于当时的学术空气，反映了其时的社会文化氛围，与梁启超对未来中国将出现的学术潮流的预言相吻合。梁氏在《清代学术概论》中曾提及清代佛学为学术思想之"伏流"。同时，在对未来中国学术发展的预测中，他认为将来必有"佛教上之宗教改革"，意即佛教的兴盛，"物质文明烂熟，而'精神上之饥饿'益不胜其苦痛。佛教哲学，盖应于此时代要求之一良药也。我国民性，对于此种学问，本有特长，前此所以能发达者在此，今后此特性必将复活"。① 看来，民初颇有一部分人对佛教有共同的期许。

通过以上对灵学会地缘、业缘并略及学缘的梳理，我们发现与灵学会相关的人物多为新派②，具有一定的西学知识。民初社会过渡时代的特点使生活于其中的知识界人士具有新旧杂陈的文化品格和重构反思的自我意向。鲁迅对此有鲜明的洞察："既说是应该革新，却又主张复古：四面八方几乎都是二三重以至多重的事物，每重又各各自相矛盾。一切人便都在这矛盾中间，互相抱怨着过活，谁也没有好处。要想进步，要想太平，总得连根的拔去了'二重思想'。"③ 陈方竞则进而提出"历史中间物"的概念，与边缘文化说有异曲同工之妙，他认为"中国近现代之交的思想先驱者属'历史中间物'，思想及知识结构新旧参半，在他们向西方寻求变革性思想文化资源过程中，中学的'潜在参照'起到了相当大的作用；由于中西思想文化的巨大差异，当他们难以真正进入西学体系获取对于中国包括自身具有变革意义的思想文化资源时，他们的中学背景

① 梁启超：《清代学术概论》，第89页。
② 对于此处新派的理解，需先从新学谈起。王先明研究提出，"近代新学始终处于形成过程中，一直没能以成熟和成型态完全取代旧学的地位。它的出现的确导致了旧学的消亡，但由于新学的不成熟，社会文化处于一种旧与新文化转型的空断期，社会人心处于一种无所适从的'文化失范'状态。见《近代新学——中国传统学术文化的嬗变与重构》，商务印书馆2000年版，第308页。因此，所谓新派颇有下文的"历史中间物"之意。
③ 唐俟：《随感录五十四》，《新青年》1919年第6卷第3号。

的参照因素往往会由潜在变为显在，而失去借鉴西学的意义。蔡元培即如此，他在北大的学术化举措，是以道德化相辅助的，用以抑制逾出学术化规范的趋向"。①

　　相比之下，与灵学会相关的社会网络大多为"历史中间物"，生活在这类社会网络中的某些知识人士，都有一个从以新学批判鬼神转向以新学解释以至信仰鬼神的过程。他们的社会心理与社会意识的转变，为灵学会的发生提供了社会的和精神的温床。

---

① 陈方竞：《多重对话——中国新文学的产生》，第 151 页。

第 四 章

扶乩:民初灵学实践的一个标本

扶乩是灵学会的主要活动之一,是它打通了"人鬼之隔"的主要媒介和解释科学的主要途径,因此我们可以把扶乩看成民初灵学实践的一个标本。通过批判"作伪说""灵鬼说"和"潜意识说",灵学会确立了自己对扶乩的解释,并进而以扶乩为具,描绘出一个荒诞的充满鬼神灵魂的"灵学世界"。灵学会以"世道人心"贯穿灵学"研究",倡扬"鬼神救世",试图导引当下。这种建立在鬼神基础上的"研究",以灵学来比附和"弥补"科学,结果是对科学的歪曲,彰显了该会作为"历史中间物"的一个精神特征。

一 灵学会对扶乩的理解

清代"乩坛盈城"[①],民初乃风犹炽。当时,新兴民间教派如道院、同善社、悟善社等都借助扶乩来进行组织和传播。[②] 传教士卫礼贤认为,扶乩是当时民间教派的重要实践形式之一,"用乩板,中国所说的飞舞的精神之笔,他们也做了一些实验"。[③] 民间乩坛

---

① 梁启超:《清代学术概论》,上海古籍出版社 2005 年版,第 84 页。
② 据李世瑜研究,"最初的秘密宗教大多不用这种通神的媒介,这是从清末民初才流行在一般教门里的"。见《现代华北秘密宗教》,上海文艺出版社 1990 年影印本,第 6 页。
③ [德]卫礼贤,[瑞]荣格:《金华养生秘旨与分析心理学》,通山译,东方出版社 1993 年版,第 1 页。

所在多有，如《灵学丛志》记载中所出现的乩坛，仅无锡一地就有溥仁坛、玄机坛、润德坛 3 处，另有不知名称者多处。

盛德坛仅是当时社会上众多的乩坛之一，但它明确自称有别于一般乩坛，"乩坛之兴久矣，而影响于人生者至微，过何故耶？盖以向来乩坛，不过叩休咎，问疾病，上焉者亦仅诗文酬唱而已。如吾坛之叩问学理，研究人生问题，殊不多观"。① 灵学会这一声明显然是试图凸显自身的"科学"品格，它通过批判扶乩"作伪说""潜意识说"和"灵鬼说"提出了其对扶乩形式与方法的理解。

（一）民初扶乩的不同解释和立场

民国时期，反对扶乩者有多种解释，如陈大齐认为扶乩是作伪或潜精神的结果，并分析指出灵学会扶乩是作伪和迷信；印光法师等佛教人士则认为扶乩是外道，为"灵鬼"主持，但不否定扶乩是宣解"因果报应"的一种途径。以上，陈大齐主要是从科学的角度解释扶乩，本书将在下一章详细梳理其内容。这里主要以印光法师为例来简要说明佛教将扶乩解释为"灵鬼说"的原因以及佛教对扶乩的双重态度，进而梳理灵学会对这些不同解释的批判。

佛教将"灵鬼"视为外道，认为扶乩是"灵鬼"的作用。针对上海扶乩之风，印光法师认为其有益于人心的同时，反对借扶乩说佛法，"近来上海乩坛大开，其所开示改过迁善，小轮回，小因果等，皆与世道人心有大裨益。至于说天说佛法，直是胡说。吾等为佛弟子，不可排斥此法，以其有阻人迁善之过；亦不可附赞此法，以其所说佛法，皆属臆撰，恐致坏乱佛法，疑误众生之愆"。② 在其与丁福保的通信中，印光法师透露曾收到中华书局寄来的丛志第 1 卷第 3、4、5 三期，于阅读后一一评判，称"见其教人改过迁

---

① 陆费逵：《〈灵学丛志〉缘起》，《丛志》第 1 卷第 1 期。

② 《复永嘉某居士书四》，释印光著述，张育英校注《印光法师文钞》（上），第 68 页。

善，详谈生死轮回，大有利益于不信因果及无三世之邪执人"。但对丛志涉及的佛法部分，印光法师以"胡说巴道"斥之，并要求丁福保身为会员当"令其发挥改过迁善"，提醒"达人哲士当敬而远之。不可专致力于此，而为诸小鬼小神之所惑也"。为此，他还计划亲自到灵学会理论，"或绕道至沪，当趋贵局一晤，以请教益"。① 多年之后，印光法师还一再提起灵学会，认为"灵学扶乩，乃灵鬼作用。亦有真仙降临，乃百千回之一二。其平常俱灵鬼冒名，断不可以此为实……江神童之道德，亦扶乩故，与灵学会同一臭味。学佛人不应入此种会"。②

对于上述不同的解释，俞复一一提出反驳。首先，他认为提出"作伪说"的人，或未亲见扶乩，或无内心体察，故"此可不具论"。其次，他认为以潜精神解释不可思议之事是目前学界的一种风尚，究其原因，同样是出于对扶乩没有切身体验，"要其无内心体察，则与疑为人作伪者，同一粗浮也"。最后，他认为"灵鬼"作伪说虽出自通人之口，但仍为世俗之见，鬼无所谓"作伪"，"疑人之作伪与疑鬼之伪讬，其所异者一以为无鬼，一信为有鬼，而其见理之肤浅，则一也"。此处的"通人"当暗指佛教中某些反对扶乩的人士。

俞复反复强调"内心体察"的重要性，就是要引出其本人由反对扶乩到亲见而相信扶乩的个人经验，以"导引"世人。他回溯过去对以上不同解释都有经历，最终以亲见而折服，"盖余平素持无鬼神之说，甚坚强者也，亦颇欲使吾疑之，果得其当而攻其隙者也。卒无如。隙之不可得，而坚强之妄气卒折服于事实之真相。吾颇欲以吾所折服者，告之于怀疑之人人，无如吾辈笔难罄其形容，且即形容之而罄其状，而吾纸上之言，阅者或终疑其无据。故吾亦

---

① 《复丁福保居士书六》（1918 年 7 月 12 日），释印光著述，张育英校注《印光法师文钞》（上），第 511—512 页。

② 《复蔡契诚居士书二》（1923 年 4 月 21 日），释印光著述，张育英校注《印光法师文钞》（中），第 814 页。

不欲言,所可告于人人之,志中无一语敢妄为增损,将以是备征鬼神之状况,积久而或求得其公例,倘亦好学深思之士,许为同志,而原其诳妄之万一"。① 可见,俞氏已信之弥坚而陷之弥深。

这里所提及的"作伪说"和"潜精神说"主要针对的是陈大齐对灵学会的批驳。灵学会严格区分"道心"与"人心",认为潜意识是"人心",而扶乩是"道心"的结果。该会有一"乩示"把意识分为"显识"和"潜识"两种,前者为"意识现于外者曰显识",后者则"其识藏于内者,则恒不可得,辄以外者散消时而代之曰潜识",又名为"下意识""副意识""大我""本吾""自在""无畏"。显然,该"乩示"对西方关于潜意识研究的最新进展,如弗洛伊德的大我、本我等概念皆能晓知拈来。同时,该"乩示"又以道教术语"元神"与"识神"来解释意识,认为潜意识即"识神"。"识神"是后天的,即"人心",故不能扶乩,"若谓扶乩尽属识神,则是不啻谓是人心所为,非复道心,即无神灵之凭依可知"。在什么情况下,可以产生"道心"?"人心纯而道心著,则扶乩之术,始得具"。"人心"与"道心"何来?即由显识和潜识相结合,"显潜两识合谓情,情性合为人心,人心纯为道心。潜识乃情之一心之半未至,乌足言扶乩。识神得情之正矣,而非人心之至也,更非其纯可知,乌能通道"。② 显然,若把扶乩解释为意识的作用,则没有了"神灵"的凭依,当然不符合灵学会的主张。因此,该会要反对扶乩尽属"识神"的解释,强调扶乩是"神灵"所凭而起、是非普通的意识所能解释的。

不仅佛教人士将扶乩视作"灵鬼"的作用,各乩坛也以此相互贬低对方。鲁迅曾以谛闲法师和北京"城隍白公"的对话来批判灵学会,嘲讽鬼神之间也有争斗,"'师云'的发愿,城隍竟不能懂;

---

① 俞复:《扶乩三疑问说》,《丛志》第 1 卷第 2 期。

② 《维阳子扶乩论》,《丛志》第 1 卷第 8 期。该"乩示"时间为 1918 年 7 月 4 日,在陈大齐《辟灵学》以无意识解释扶乩近两个月之后,二者同引无意识,立场相反,似是针对陈大齐的批驳。

却先与某会力争正统。照此看来，国家之命未延，鬼兵先要打仗；道德仍无根柢，科学也还该活命了"。① 此事在丛志中有记载。谛闲法师在北京以灵学会所请诸神疑为邪神问于某乩，曰："此次由南方来，闻某处有济公临坛，所说之语殊难相信，济祖是阿罗汉，见思惑已尽，断不为此，即游戏神通，亦不能日日临坛，不知某会临坛者是否济祖？""降坛白公"则称此为魔道，要发愿驱除，"某处坛灵鬼附之耳，须知灵鬼即魔道也，知此后当发愿驱除此等之鬼"。这引得灵学会上下"大怒不已"，以至某降坛"将军"以"欲血刃之"相威胁，"某某听法事，荒谬绝伦，殊深骇怪，蔑我污我，兼污父子，是可忍也孰不可忍，此地盛德坛，呈无极立案，我夫子尚不轻易驾降，况复人家，是必城社狐鼠，凭乩作祟，非血吾刃，不足靖肃妖孽"。"孚佑帝君"则以不与"浊世"计较而规劝之。同时，灵学会亦针锋相对，由"常胜子"降坛，乩示"各地祠寺如林，均为狐狸之凭藉，正神未尝一至其间"。② 鲁迅很快看到此"奇文"，5 个月之后，又谈起此事，"上海盛德坛扶乩，由'孟圣'主坛；在北京便有城隍白知降坛，说他是'邪鬼'。盛德坛后来却又有什么真人下降，谕别人不得擅自扶乩"。③ 看来，鲁迅对灵学会的动向一直是给予关注的。

　　此等争讼反映了扶乩与佛教之间若即若离的关系。中国台湾学者范纯武在《近现代中国佛教与扶乩》中有比较细致的论述，一方面扶乩的确促进了佛教在中下层社会的发展，如上文中提及的谛闲法师因能与"城隍"沟通而名声大振，皈依者众多；另一方面又引起某些人士的反对，如印光法师认为由"乩示"而出的佛经是"醍醐中含有毒味之作""扶乩乃灵鬼作用，其言某佛、某菩萨、某仙，皆假冒其名，真仙或偶尔应机，恐千百不得其一，况佛菩萨

①　唐俟：《随感录三十三》，《新青年》1918 年 10 月第 5 卷第 4 号。
②　《谛闲法师答乩语》，《丛志》第 1 卷第 6 期。
③　鲁迅：《随感录五十三》，《新青年》1919 年 3 月第 6 卷第 3 号。

乎？以乩倡佛法，虽有小益，根本已错，真学佛者，决不仗此以提
倡佛法"。①

不过，在民国初年，与灵学会相关的人物大多崇佛学佛，同时
又热衷于扶乩，丁福保即为其中的典型。丛志登载的广告也透露出
该会崇佛的倾向，如登的太虚觉社之《觉社丛书》的广告等。② 丛
志曾转引无锡溥仁坛所传佛经，有《大藏如来光明大觉佛顶混元真
经》《摩诃无量度生经》等。③ 乩示佛经是否"醍醐中含有毒味之
作"？此类冲突亦延伸至灵学会内部。与太虚有交往的黄觊子怀疑
乩坛降经的真实性，曾到坛叩问，提出"古来大德有造论者，无造
经者，盖经必释尊所说也，今见《灵学丛志》中有济祖师所示佛
经，请示所本"。"明月仙子"以"经亦非释尊手定，出于灭后所
结集也"作答。④ 无论如何，在民初扶乩之风兴行的信仰背景下，
扶乩无疑使佛说更贴近民间。同时，这种方式又离开了佛学的原
旨，遭到了抵制。1922 年，太虚法师在回答觉非居士的来函时，曾
明确称"济生会假扶乩行善事，同善社借孔附佛欺罔人世，皆迷信
仙鬼者，与佛教初不相干也"。⑤

（二）灵学会的扶乩形式和方法

除批判以上 3 种说法外，灵学会为标榜其为"学术研究"，对
扶乩的形式与方法提出了自己的解释。

灵学会对乩坛操作形式的划分颇为细致，并有其明确的主张。
许地山的《扶箕迷信底研究》一书以"扶箕"名之，但行文中将
"扶箕"等同于"扶乩"，并明确称"'飞鸾'就是扶箕"。⑥ 徐珂

---

① 范纯武:《近现代中国佛教与扶乩》,《圆光佛学学报》1999 年第 3 期。
② 《丛志》第 1 卷第 10 期。
③ 《丛志》第 1 卷第 4 期。
④ 《明月仙子判词五则》,《丛志》第 2 卷第 1 期。
⑤ 太虚:《觉非居士来函及答复》,《海潮音》1922 年第 3 卷第 4 期。
⑥ 许地山:《扶箕迷信底研究》, 第 7 页。

同样认为"扶乩"与"扶箕"一致，但主张扶乩不同于飞鸾，"飞鸾与扶乩本两事，混而为一者误。飞鸾之耗费甚巨，手续亦繁，先一年即摒挡种种，飞时亦须阅三四月始竣事"。① 杨践形认为扶乩、扶箕和飞鸾三者因所用工具不同而各异，扶箕渊源较早，"其用箕者，谓之扶箕固当。其不用箕者谓之扶乩，则名实较称，所以合于洪范之理也。更有称扶鸾者，则取象于舆矣。窃谓以扶箕为扶乩之原则可，指扶乩即当作扶箕则不可也"。② "云蔚仙子"降坛"宣讲"飞鸾即为悬乩，其操作方法要难于扶乩，"欲以悬乩易扶乩，何啻以难易易"。可见，扶乩的名称不同，形式各异。其中，灵学会推崇扶乩，认为"盖以人神相格，事本庸常，无取乎为新奇可骇之举"。另外，从扶乩的内容来划分，"云蔚仙子"将乩分为三类，"一曰天乩，用以护国卫民非有大事不得妄渎；一曰人乩，用以剖心沥胆，非有疑昧不决之案不得妄滥；一曰地乩，用以叩问休咎，假善修道，寓教化之意"。③

随着近代科学的传播，信奉或反对扶乩的人都试图运用科学知识来解释和证明各种观点，如陈大齐、徐珂、许地山、高吾未、杨践形等都发表过相关见解。

陈大齐以心理学中的自动作用解释扶乩，认为其属于心灵现象之一，没有神秘力，"中国文人所玩的扶乩和闺阁中所玩的请紫姑，都是自动作用。在迷信的人看了，自然以为扶乩和请紫姑都有鬼神降临，但是从科学上看起来，这些现象都是自动作用的结果"。④ 陈氏以科学解剖扶乩，将扶乩看成一种游戏——文人或闺阁的"玩具"，试图厘清科学与鬼神迷信的界限。而徐珂不同意将扶乩视为迷信，仅认为其系精神作用，实际是将精神作用神奇化，"新学家往往斥扶乩之术为迷信，其实精神作用，神与会合，自尔通灵，无

---

① 《扶乩》，徐珂：《清稗类钞》（方伎类）10 册。
② 杨璇：《扶乩学说》，《丛志》第 1 卷第 1 期。
③ 《云蔚仙子扶乩论》，《丛志》第 1 卷第 8 期。
④ 陈大齐：《心灵现象论》，《迷信与心理》，第 23 页。

足奇也"。① 许地山则以灵学的知识来解释扶乩,认为"箕动是心灵能力活动的现象。心灵能力可使人类的感觉器官与运动筋肉所不能感到与不能做到的感得到与做得到"。与灵学会不同,许地山所言的灵学不涉及鬼神,"真的箕示不过是心灵作用,与鬼神降现本无关系,至于借箕眩惑人的就更谈不上什么灵感了"。② 需要提及的是,许地山撰写扶乩研究,本为释疑而来,"数十年来受过高等教育的人很多,对于事物好像应当持点科学态度,而此中人信扶箕的却很不少,可为学术发一浩叹",进而将之解释为国人对于学问没有兴趣,以至缺乏辨别。但是,他又陷入灵学之中。关于"乩理"的争讼,"北京真坛"认为,"旧学之人而皈道者,无非自怍其心,觉非为全是耳;而新学者则以迷信二字付之一笑而已矣。今欲令新学者明其证,旧学者明其理,非用新旧二学说,不足以阐发神道之奥妙",故请已故的伍廷芳降坛,以物证与理证来诠解扶乩之谜。③ 换言之,该乩坛要借鬼立言,在"一是心理之学,二是扶员自造"之间进行调和,俨然以扶乩来沟通新旧之学。

同为研究灵学的上海大精神医学研究会的高吾未对扶乩不以为然,贬之为"故胄遗民,退职显宦"的消遣之物。但是高氏并非全部否定扶乩,而是认为其中含有精神学理的价值,"这东西算是极高尚的,不过他所偏的地方,也是要借重神鬼,来起扶乩的合求乩的信心,换句话说,就是用神鬼来暗示人,叫扶乩的合求乩的精神统一,无形中生出一种精神感召的景象和动作来,演成盘上的乩示。这种地方,本来用催眠状态中的念写,或用勃兰失,都可以解释的开。然而终久不能说他是催眠,大概的道理,也是因为他是有所倚重的"。也正是因为扶乩倚重鬼神,高氏才称民初的灵学实践

---

① 《扶乩》,徐珂:《清稗类钞》(方伎类) 10 册。
② 许地山:《扶箕迷信底研究》,第 97、107、116 页。
③ 史筱微、魏心化:《扶乩原理》,北京真坛发行 (似为 1943 年之后),第 1页。

为"半迷信的精神科学"。①

无论是陈大齐以心理学解释扶乩，还是其他种种关于扶乩的解释，或为释疑神秘和传播科学，或借此制造神秘和比附科学，这些都透露出民初知识界试图以科学知识解释扶乩的路向。各家目的不同，但都表现出对扶乩的研究兴趣。裴廷梁即致信丛志，称"自宋以来，乩已盛于时，罕有研究其理者，近乃稍稍有之"。②

灵学会试图以扶乩为媒介"沟通人神"，重视对扶乩操作技术的宣传，以科学附和扶乩，把扶乩视作其构建"灵学世界"的技术途径，认为具有科学实验之效。追溯灵学的历史，西方正是借助类似于中国扶乩这一形式的所谓"摇桌之术"即西方"桌子旋转或倾斜"（Table - turning or Tablet - ilting）③ 来验证鬼神的。据称，该术在 19 世纪后半叶的欧美十分流行，改变了西方灵学研究的方向，使之由空谈转向实验，被认为"迈出了科学探讨的第一步"。④ 杨践形即注意到该术，引为同道，由此，扶乩的身份与地位被改变和被提升，"在英京伦敦试验摇桌之术，能由摇桌以预言未来之事，令卜者以指按有字之纸片上，循序点之，术者则静坐其旁，寂思默念，以感通神灵"，并感慨"理之在人，本无古今之异，中外之隔，惟其用法与仪式，自有不能尽同者耳"。⑤

受国外灵学和国内扶乩"学理化"的影响，灵学会以科学来附

---

①　高吾未：《甚么是催眠术》，《大精神杂志》1922 年夏号。

②　裴廷梁：《裴葆良先生书》，《丛志》第 1 卷第 2 期。

③　该术在陈大齐的《心灵现象论》中有专门叙述（参见《心灵现象论》，《迷信与心理》，第48—49 页）。据估计，此术在欧战前后传入中国。1923 年，有署名为恨波者记有亲身经历摇桌"请神"事，称在造访北京友人时，恰遇友人姊妹去世，故其家人"设案问灵"，"都人谓之接鬼，相传为欧战后美人所发明"。其过程是"以三脚小桌（三角形），五人围坐，以手轻置案边，互相接连，默祷亡者姓氏，约数秒钟，几即微动"。著者不解，故特"记之，以告灵魂学者，愿一研究之"（见恨波《扶魂志异》，《申报》1923 年 8 月 29 日）。

④　［英］I. G. 吉尼斯：《心灵学》，张燕云译，第 47 页。

⑤　杨践形：《扶乩学说》，《丛志》第 1 卷第 1 期。

会扶乩。杨践形的《扶乩学说》之所以登载于丛志的第一卷第一期，据称是在"诸神"多次的督促和指导下命其写就的。该文的目的即为起人信仰，"第一期当于著述门加入扶乩说一篇，或称扶乩学亦可，其做法当仿照各种科学编式，分门别类为要，坛长作之亦可，但须详其由来，及原理方法应用，共分五章，其第一章可述本身之经验，以起阅者信心。如篇幅太长，可分数期登之"。① "乩示"要求以"科学编式"研究扶乩，说明灵学派对科学和扶乩都不陌生，并自认为两者不矛盾，实则淆乱了科学边界，挪用了科学来装点扶乩，是对科学的歪曲。

对此，杨践形等有所推辞，请求"玉英真人"降坛亲自宣示"扶乩原理"。"真人"则称以"乩"代之不能使世人相信，"此未可乩上代，因要坛正作之，可以起人信仰心，若乩上代作，是自说自矣，安能世人信之"。但该"真人"对文章的写法与内容提出了指导意见，如认为"乩源见起于书经，发轫于周，始行于汉，成立于唐，至元后近代而称盛，此足以征能博采，君藉引之为佐最好"，并称"吕祖"将于杨氏梦中现身指导。② 当然，上一章已述及，这种解释遭到了杨践形同乡裴廷梁的反对。这里，"玉英真人"的"乩示"有悖于灵学会的"常理"，既然该会自认扶乩是"沟通人神"之具，却又认为"乩"无足够的信用，言外之意，似要凸显杨践形的作用，或许是有意神化杨践形。

在文章中，杨践形始终强调"心诚"才有"感格"，"人有请仙而不验者，非神之不降也，己之不诚不足以感格也。降仙之术，法亦多端，要本于一诚而已。诚苟不立，徒事仪式未见其可也"。③ 此后，众多"乩示"大都围绕着此原则，强调"诚"为先。"明月仙子"认为"乩理"难言，全在"心诚"，"诚有不至，则心有不

---

① 《记载栏》十一月十九日，《丛志》第1卷第2期。
② 《记载栏》十一月二十二日，《丛志》第1卷第2期。
③ 杨践形：《扶乩学说》，《丛志》第1卷第1期。

灵，神有不格"；练习扶乩不是练技术，而是练心，"练习扶乩者，练心也。不练心徒练手，则虽副手尚不可"，心有所修，可不练自成。①

盛德坛对其会员关于扶乩的疑问亦集中于以"心诚"则"人神相格"来回答。如会员李全法从各个方面叩问在扶乩过程中，是否神灵借人之手抑或由人之神经来"判事"，"时中子"认为，"手持乩，则手与乩相应，即心与神相应，而其所以感应者在心，不在手，在诚不在习也"②；不能扶乩者在生理上是否有所不同，"威灵仙"答以无缘并非生理变化，无缘有不诚、不敬、不笃、不习、不阐、不愿6种，"具此一者，神或不格，灵或不通，共具者则无缘，可必而不能尝试。不能尝试，则愈不信不恭，不实不娴，不究不甘矣，遂目之为机境呆滞"；③同一乩坛，是否"佛圣仙鬼妖"5种不能相通，"常胜子"同样强调"人心"的重要性，认为"人扶时存心少苟，则仙佛神不至，而鬼魔至矣"，等。④

总之，在方法上，灵学会强调扶乩是"人神相格"，扶乩要"心诚"为先，并规劝世人在谈论扶乩之前应先有"内心体察"，否则无资格品评，"扶乩之术可言乎，尝试者可言，未尝试者不可言"。⑤从事神秘之术的人似乎多强调未有体验者则无谈论资格，如研究"千里眼"的王昭三声明"未曾研究者，慎毋轻意评陟也"。⑥国外的灵学研究亦持同样的观点，提出"彼不肯劳力于此举者，决无容喙本问题之权利，盖彼等之意见毫不价值也"。⑦这与近代实验科学可重复检验的原则背道而驰。

---

① 《明月仙子扶乩论一》，《丛志》第1卷第8期。
② 《时中子扶乩论》，《丛志》第1卷第8期。
③ 《威灵仙扶乩论》，《丛志》第1卷第8期。
④ 《常胜子扶乩论》，《丛志》第1卷第8期。
⑤ 《常乐金仙扶乩论》，《丛志》第1卷第8期。
⑥ 王昭三：《千里眼之科学解释》，《东方杂志》1914年第11卷第4号。
⑦ 《有鬼论之证明》，《丛志》第1卷第5期。《哲报》第3卷第19期有转载。

(三) 扶乩与灵学的发生

前文梳理了民初各方包括灵学会在内的知识界对扶乩的不同理解以及扶乩的"学理化"倾向,但扶乩是如何具体与灵学对接的,亦即传统扶乩与西方灵学这一旧一新是如何贯通起来的,颇有进一步辨析的必要。至少在灵学会内部,杨践形是沟通此新旧之间的一个重要中介。① 在杨氏注意到西方摇桌之术与扶乩的"理无不同"之前,他已将扶乩与灵学联系起来了。

杨践形从事灵学的历史较早。自1914年起,杨践形已开始练习催眠术。在获得了种种体验之后,他感觉到催眠术"不外艮咸之术,寂感之理",较之"圣贤经传,仙佛典乘",认为"以视催眠等术,粪土焉耳"。由此,他"旧念重整,乩思复集"。② 换言之,杨氏抛弃催眠术,改以扶乩作为其灵学实践的工具。可见,在重拾扶乩之前,杨氏有一个中西不同神秘之术的比较,并很快转入传统的扶乩。这正如有研究者所提出的,"当下的处境好像是一种'触媒'(accelerant),它会唤醒一部分历史记忆,也一定会压抑一部分历史记忆,在唤醒与压抑里,古代知识、思想与信仰世界,就在选择性的历史回忆中,成为新知识和新思想的资源,而在重新发掘和诠释中,知识、思想与信仰世界在传续和变化"。③ 在这里,西学扮演了"触媒"的角色,复活了杨氏对历史的回忆,展示了西学传播的多重面相。这在灵学会乃至民初灵学的实践中很有代表性。

---

① 这里仅以灵学会为例。恰如在本书第一章所述,西方灵学的传入,译介者多以之与传统巫术迷信相比附。如余萍客看到西方灵学研究过程中灵媒的重要性,因此他认为传统的招魂术很有价值,称"我国内地以替人招引死者灵魂与伊亲人对谈为职业的妇人为数很多,在北方叫做关亡,在南方叫做问米,而以南中国一带为最多"。见《从心灵学讲到催眠术——应日本中华留东心灵俱乐部演说辞》,《心灵文化》1931年。与余氏不同的是,杨践形等抓住了扶乩这一形式。

② 杨践形:《扶乩学说》,《丛志》第1卷第1期。

③ 葛兆光:《中国思想史导论:思想史的写法》,复旦大学出版社2001年版,第85页。

放弃催眠术之后，杨践形的灵学走向了本土化。他以《说文解字》为据，兼及他书，追溯灵的最初意义为"巫"，后依次引申为"鬼神""神妙""精诚"等义。他提出，"研究灵学无他道，即《礼·大学篇》所谓在止于至善也"，而《易》同样以导人于善为首任，倡导"积善之家必有余庆，积不善之家必有余殃""与灵学作善之方，道同一贯也"。① 因此杨氏认为，周易之理与灵学实为一"善"而贯之。此处，杨氏以"善"解释灵学，以《易》与之比附，已与西方灵学分道而行。如前所述，清末民初译介传播灵学者多将催眠术与传统巫术迷信相接榫而偏向后者，杨践形所练习的催眠术亦不例外。在有扶乩经验的前提下，他自然会由练习催眠术而得出催眠术不如传统扶乩更方便于"沟通人神"这样的结论。这也是今天我们看到的灵学会区别于民初其他灵学组织而偏于鬼神的原因。

　　李亦园认为，"仪式是用以表达、实践，以至于肯定信仰的行动，但是信仰又反过来加强仪式，使行动更富有意义，所以信仰与仪式是宗教的一事两面表现"。② 可见，仪式至少有两层含义，一是仪式本身；二是借此仪式表达出的信仰意义。扶乩无疑是一种仪式。③ 灵学会内部相关人员可据扶乩这一仪式大体分为两类，一类是行仪式者，如乩手杨氏父子最早以扶乩来肯定并改变其他人的鬼神观念；另一类是受此仪式的影响，继而因信仰而行仪式，跟从练习扶乩、参与叩问、相信鬼神者。在仪式和信仰之间，杨氏父子居于仪式的开始，而其他人员则紧随仪式之后。从词源上分析，仪式的原意即"手段与目的并非直接相关的一套标准化行为"。④ 换言

---

① 杨践形：《灵学与周易之关系》，《哲报》1925 年第 3 卷第 19 期。

② 李亦园：《宗教与神话》，第 36 页。

③ 有研究提出，"'仪式'一词作为一个专门性词语出现在 19 世纪，它被确认为人类经验的一个分类范畴上的概念。随着仪式越来越广泛地进入社会的各个领域和学术研究的视野，人们以各种各样的态度、角度、眼光、方法对仪式加以训诂和解释，使仪式的意义变得越来越复杂"。参见"人类学仪式研究述评"，《民族研究》2002 年第 2 期。

④ 李亦园：《宗教与神话》，第 36 页。

之，仪式并非真实，但其却表达出真实的信仰意义。杨践形是否确实通过扶乩"证验"了鬼神，今天已不得而知。徐玑衡曾为杨氏所编著的丛书作序，无疑与杨氏关系密切，对其真实思想应有所窥知。他在序中提及杨氏"研究"灵学之事时偏于实用方面，认为"杨子救世心殷，不觉形诸阐研学术，将欲崇善行以维持世道，辟邪说而匡正人心，践道德以辅教育之所未周，尚感化而补法律之所不逮。实说修齐，以悟上智，权说感应，以通流俗。总期世际晏平，化干戈为玉帛，人安康寿，登衽席而免涂炭焉耳"。① 可见，对杨氏的所为，徐玑衡看到的是灵学"神道设教"的一面，而对是否有鬼神则避而不谈，他或许亦不承认杨践形所自认为的真有鬼神之说。

翻阅丛志，俞复和陆费逵等人是在见到杨氏父子扶乩之后才开始转而相信确有鬼神的，显然接受了仪式传达的信仰意义。俞复自述，"自幼小至去年八月，向来不迷信鬼神，向来亦从未看过扶乩。自八月以后，日见沙书之确凿，始知前所执无鬼神之说不足恃"，且十分虔诚，"日夕警惕，自觉于身心道德略知检束，以逾半百之年，而获此师资，梦寐中亦深欣幸"。② 可见，俞复所接受的恰是仪式的信仰意义，因而表现尤为虔诚，提出了"鬼神之说不张，国家之命遂促"。陆费逵亦不例外，自称"余素不信鬼神之说，十余年来，辟佛老，破迷信，主之甚力。丁巳之秋，杨君宇青创乩坛，余从旁誊录，始而疑，继而信，且练习技术，充助手焉"。③ 灵学会其他人员发生类似转变者也大有人在。

当然，这种以仪式为界限来划分灵学会内部相关人物的做法缺乏有力的资料支持，仅为推演，但我们也不应回避灵学会内部乩手与"观众"之间的差异。李亦园曾以"忌讳的心理"来解释知识

---

① 徐玑衡:《学铎社丛书序言》，《学铎余编》，中一先生同门会 1926 年版。

② 俞复:《记载栏》九月二十二日，《丛志》第 1 卷第 10 期。

③ 陆费逵:《〈灵学丛志〉缘起》，《丛志》第 1 卷第 1 期。

界一部分人士仍有迷信举动的原因。他转引心理学家黄光国的研究，提出在大环境充满迷信的氛围之下，"我们社会忌讳与迷信的心态，即使不相信异象预兆，也不敢反对它"。① 灵学会不乏此类人物，何况俞复等人从清末以来面对时局仍不舍有挽救之抱负，转而有求于鬼神。而且，从具体实践来看，杨践形自始至终都是灵学会一日不可或缺的乩手。俞复、陆费逵虽有"练熟"的记载，但若无杨氏在场，"圣贤仙佛"仍不愿降临，其一直是杨氏的陪衬和随从。其所强调的"内心体察"更多的是来自旁观者的体察。

二　灵学会的扶乩实践

扶乩是灵学会解释灵学为"科学"的主要途径。该会"灵学研究"的内容、方式及目的等在其广告中有清晰的表露："人生大惑不解问题，其在人鬼生死之间乎。本会同人，研求斯学，组织灵学会，遇有精微不可通之故，则借径于扶乩，以递人鬼之邮，以洞幽明之隔。所得各种学理，往往绝奇，而于人鬼生死间，尤能打破后壁直接了解。以视向来之扶乩，第以扣问休咎方药，酬唱诗歌文字者，别开一新世界。比闻欧西哲学家，研求灵智之学，撰著神秘之书，一日千里。本会起而与之相应。"②

具体而言，其灵学内容即"人鬼生死之间"。这在随后的广告中有具体的展开，即"专研人鬼之理，仙佛之道，以及立身修养，种种要义，极有益于人心世道"。③ 其所追求的乃是"予世人以最后之觉悟"，即"当此风靡俗颓，人无忌惮，道德沦丧，俾知冥冥之中，尚有鬼神之监察，于世道人心，不无微末之裨益"。④ 其方

---

① 李亦园：《宗教与迷信》，《宗教与神话》，第30—31页。
② 《时报》1918年2月26日。
③ 《时报》1918年4月10日。
④ 《灵学会特别广告》，《丛志》第1卷第2期。

式则"借径于扶乩"以求"别开一新世界"。① 于此,灵学会以扶
乩为媒介,在"证验"鬼神存在的基础上,贯穿"立身修养"和
"世道人心",虚构了一个荒诞的充满神鬼灵魂的"灵学世界",以
之"导引"当下。鬼神是西方灵学研究的内容之一,是尚待被证明
的对象。但民初中国灵学与鬼神的结合,"神道设教"的目的重于
研究,带有很强的实用性和功利性的目的,"实说修齐,以悟上智;
权说感应,以通流俗"。②

(一) 鬼神灵魂的"日常世界"

前文提及灵学会相关人员多为近代新式知识分子,在清末兴办
学堂、传播科学和批判鬼神迷信。民初以来,他们借灵学重谈鬼
神,凸显了社会意识的波折。灵学会谈鬼神是从"鬼道即人道"和
灵学是"科学"两个方面来自我论证的,进而以扶乩"证验"之。

明末清初,王夫之曾称"鬼神之道,以人为主"。③ 民国初年
的灵学会谈鬼基本延续并贯彻着类似的说教。有"乩示"称"人
之谈鬼者,本非谈鬼者也,谈所以为鬼之理,即所以谈人道之始者
也"。该"乩示"还提出,鬼亦需谈人事,否则"鬼而不谈人事,
则将来投胎托生之后,其于人世之理全然隔膜,何以能自适于生存
哉。故鬼而不得不说人道"。④ 马克思曾指出:"国家、社会产生了
宗教即一种颠倒了的世界意识,因为它们就是颠倒了的世界。"⑤
显然,"鬼道即人道"是这种颠倒了的世界观最直白的表露。灵学
会试图用这种颠倒了的方式来表达对现实的关切。同时,在近代中
国"尊西崇新"的风气的影响下,灵学会自认为灵学是"科学",

---

① 《时报》1918 年 2 月 26 日。

② 徐玥衡:《学铎社丛书序言》,《学铎余编》,中一先生同门会 1926 年版。

③ 转引自钱穆《灵魂与心》,第 83 页。

④ 《碧眼鬼仙鬼理篇一》,《丛志》第 1 卷第 2 期。

⑤ 马克思:《〈黑格尔法哲学批判〉导言》,《马克思恩格斯选集》第 1 卷,人
民出版社 1972 年版,第 1 页。

这为谈论鬼神开辟了新的"学脉"。俞复即声称："本坛以灵学为标帜，应就鬼神暨灵魂之精义，为弟子等暨世之好学深思而不得其故者，指示真切。"① 可见，在灵学会看来，灵学和鬼神是等同的。杨践形则以扶乩为灵学会提供了"验证"真有鬼神的技术途径。陆费逵等崇信于此，提出"圣神仙佛，相继降坛，鬼神之说，既已征实，灵魂之理，亦复讲明"。② 翻阅丛志，"讲明"的鬼神灵魂之宣说充斥其中。以扶乩"见证"鬼神，灵学会完成了将鬼神嵌入灵学和公之于社会的重要一步。

需要交代的是，谈鬼神本是虚妄，鬼神的"事象"等并无一定的规则，这也是灵学不可能被科学共同体接纳的原因。如前述高燮和丛志分别对华慎甫的《鬼谈》所构建的"鬼神世界"颇有异议，进行"批驳"和"指正"。马塞尔·莫斯在谈及巫术的一般原理时，提出"一次巫术效应的失败并不影响人们对巫术的信仰，最多也只是对实施巫术仪式的单个巫师表示怀疑"。③ 谈论鬼神亦是如此。受实用心理的驱使，灵学会所谈的鬼神具有极大的可塑性。

1. 传统鬼神观念的简单梳理

在梳理灵学会鬼神观念之前，笔者有必要把传统中国固有的鬼神观念做一简单的梳理交代。这有利于透视灵学会是如何"研究"鬼神的。

若以鬼神的有无为界，类似于大小传统这样的二元划分在中国文化传统中较为鲜明。钱穆曾著文研究，认为鬼神在儒家经典著作中一般与魂魄形神并称，指气运行变化的不同形式，"中国儒家思想，如经典中所说，显然主张一种无鬼论，亦可说为无神论"。④ 同时，钱穆还提示，儒家经典思想不排除气聚不散而鬼神为实物的

①　《记载栏》十一月二十九日，《丛志》第 1 卷第 3 期。

②　陆费逵：《灵魂与教育》，《丛志》第 1 卷第 1 期。

③　[法] 马塞尔·莫斯：《巫术的一般理论》，杨渝东译，广西师范大学出版社 2007 年版，第 9 页。

④　钱穆：《灵魂与心》，第 49—50 页。

情况，"至世间确见有鬼，中国古人亦不否认，不谓绝无其事，只谓是一种偶然变态，非事理之常而已"。[①] 魏源很好地总结了历来大小传统关于鬼神问题的衔接之道，亦即互动互补，"圣人敬鬼神而远之，非辟鬼神而无之也……鬼神之说，其有益于人心，阴辅王教者甚大，王法显诛所不及者，惟阴教足以摄之。宋儒矫枉过正，而不知与六经相违"。[②] 这种互动互补在近代社会有极端的表现。张鸣提出自甲午战争以来，"清吏中的顽固派，已经开始向下层社会寻求实际的助力和精神上的依赖"。[③]

考之世俗民情，民间显然已将儒家经典所谓的"偶然变态"视为"事理之常"，并随佛法的传播和道教的发展而相互混杂，形成洋洋大观的鬼神世界。程歗在《晚清乡土意识》中提出，在广阔的乡土社会，存在一个介于正统和异端宗教信仰之间俗化的宗教信仰。这种信仰表现为多神崇拜，即以"天神地祇仙佛人魂以及各种乡土精灵，共同组成了一个'解灾救难'的超人间实体"。[④] 这个"超人间实体"被想象有一个与人间社会同样的"日常世界"，包括吃穿住行等。无鬼论者与有鬼论者之间的论争亦多聚讼于此。如历史上的阮修提出："今见鬼者，云著生时衣服。若人死有鬼，衣服复有鬼邪？"[⑤] 以此批驳有鬼说。

鬼神之间的区分本是鲜明的。相对于鬼，神处于较高层级，"小生命归入天地则谓之鬼，升进到大生命中而变化无尽则谓之神"，或谓"众人之死为鬼，而圣人为神"。[⑥] 民间多将二者通用，

---

① 钱穆:《灵魂与心》，第98页。

② 魏源:《学篇一》，王友三《中国无神论史资料选编》（近代编），第20页。

③ 张鸣:《乡土心路八十年——中国近代化进程中农民意识的变迁》，上海三联书店1997年版，第136页。

④ 程歗:《晚清乡土意识》，中国人民大学出版社1990年版，第209—210页。

⑤ 李天华:《世说新语新校》，岳麓书社2004年版，第162—163页。

⑥ 钱穆:《灵魂与心》，第99页。

"人鬼又称人神"。① 鉴于此，本书以下所谈对鬼神的差异不予区分。当然，无论为鬼为神，其原初还是由人而来的，因人而起，"凡是生前给人们带来好处和利益的，死后称为善鬼、尊为神，一般人或生前作恶者则泛称鬼"。② 李亦园亦持有同样的见解，"鬼魅有时害人，有时对人有帮助，凡是对人有益的鬼，慢慢就会成为崇拜供奉的神。实际上，民间所崇拜的神明，都是故去而有贡献的人"。③

2. 鬼神之"日常世界"

灵学会以"学术"相标榜，以道德劝善为宗旨，重视对鬼神的"研究"，包括鬼神的有形无形、衣食住行、生老病死等。其间，该会不乏挪用科学之名，贯彻其"神道设教"之实。

关于鬼是否有形，灵学会内部亦有分歧，如"鬼仙曾原"认为鬼无形，故不畏日光，"畏日光者，其魑魅魍魉……畏阳气之正耳"④，但该会多数情况下坚持有形说。"鬼仙王惠"主张鬼有形，"鬼安得无形，散则成气，聚则成形，鬼之形如此。鬼形者，有奇有正，正者无异人"。⑤ "济祖"先是认为"鬼神本无形"，随后，其说法完全改变，认为鬼虽不可见，但有形体，"鬼亦有形可象，有影可照。君不信，亦有实验"。换言之，"鬼神摄影"为传统鬼神说教输入了"学理"因素，这使得"济祖"改变主张，且认为证明鬼有形是有实验凭据的。中国心灵研究会亦有此说。通过"鬼神摄影"，该会认为灵魂能够感光，似为半物质化的，"灵魂能有此半物质化，学者谓由灵媒摄影灵魂之要素，否则不能发现也"。⑥

---

① 《中国大百科全书·宗教》，中国大百科全书出版社 1987 年版，第 271 页。

② 郑土有：《仙化现象——中国民间神灵的独特演变规律》，《思想战线》1991年第 2 期。

③ 李亦园：《宗教与神话》，第 124 页。

④ 《鬼仙曾原鬼说》，《丛志》第 1 卷第 6 期。

⑤ 《鬼仙王惠鬼形说》，《丛志》第 1 卷第 6 期。

⑥ 声甫：《心灵摄影》，《心灵》1924 年秋号。

同时，"济祖"认为神是无形的，此"已为不刊之论，从无人疑之者，亦不能翻其案也"。① 此处"济祖"所谓的"亦有实验，惟此时尚未得明言也"似指西方灵学的研究方法和其时的研究结果。"济祖"背后之人无疑具有一定的西学知识。西方上帝被认为是无形的精神存在，是唯一的神，因此西方的灵学主要研究鬼。该"乩示"是由陆费逵叩问的，被认为是"开本坛研究学理之先声"。陆氏提出鬼神问题关系人生问题极大，"为人人所怀抱，一经确实解决，则人生问题冰释矣"。见到该"乩示"后，"诸弟子心悦诚服，自是本坛遂定一目的，以研究灵学为标帜矣"。②

灵学会对鬼之"日常"的构想建立在"神道设教"的说教之上。"黑水大神"述说鬼需饮食和穿衣的目的即如此，提出人和鬼对饮食衣服需要的意义截然不同。人因口腹之欲而饮食，鬼非为欲而饮食，"鬼之食也，所以养其灵，非所以养其体，养其体则有口腹之欲"。其所食，"以炁，不以质，以精，不以渣，以形，不以体"。③ 世人多认为鬼需衣服，有"送衣"之俗，但民间纸衣对式样尺寸不加以辨别且烧为灰烬。由此，"黑水大神"认为这是世人误解焚衣意义所致，自欺虚伪，焚衣乃先王遗教，实际上鬼是不需要衣服的，"非必其穿着也，不过具此礼焉"。④ "鬼仙王惠"则提出鬼以"意想"为生存之法，"鬼不食而能饱，不衣而蔽体，不住而存在，非不衣食住也，以意想代之耳"。这种提法无疑夸大了人的意识作用，如把回忆认作意想、看作神奇，"老者平生碌碌，向日余影，深印未消，每一回念及之，辄能到生平阅历，如当日作"。⑤ 据称，杨践形"研究科学，尤擅中外哲理"⑥，因此笔者可

① 《济祖鬼神论》（上、中），《丛志》第1卷第1期。
② 《记载栏》八月二十三日，《丛志》第1卷第1期。
③ 《黑水大神鬼理篇》（四），《丛志》第1卷第2期。
④ 《黑水大神鬼理篇》（六），《丛志》第1卷第2期。
⑤ 《鬼仙王惠鬼意想之力说》，《丛志》第1卷第6期。
⑥ 徐玑衡：《学铎社丛书序言》，《学铎余编》，中一先生同门会1926年版。

以推测这种解释或即受西方哲学中先验论的影响。陈承烈在《鬼神语》一书的序言中亦撷取西方哲理，将记忆神秘化，认为人的记忆存在于灵魂之中，肉体仅是灵魂暂居之地。① 近代中国的中西文化交流是复合的、多面的，若以部分为全体割裂地学习西学，则不免一叶障目而不见泰山。这里，灵学会便曲解了西方的灵魂观念。而且，灵学会还以歪曲科学知识的方式来回答叩问，如"碧眼鬼仙"援引近代科学以显微镜发现霉菌作例证，相应地提出凡人见鬼亦需借助一定的外力，即人的修养。② 可见，当时一部分人虽见科学之面，而未解科学之真，竟挪用科学作为其宣讲"神道设教"的论据。

灵学会认为，鬼与人一样也需要一定的居住空间，但鬼有聚有散，仅聚时有居住，"住不以形，而以神，居不以宅，而以寓"，且不受空间的限制，"虽同一空间，其容鬼也，不以限阀其数，其多也不恶其挤，其少也，不嫌其空，故曰无方无体。鬼之居也，故不必限一定之处所"。③ 当俞复等问及是否有传闻中的"冥间"酆都时，"乩示"曰："酆都之亏阳间有，阴间何处觅酆都，不过从来有此说，相传至今时已多。"④ 灵学会相信鬼神，但将传说中的鬼神之居所酆都一并否定，而另倡新说，颇有"研究鬼理"的姿态，区别于其他乩坛和民间俗说。各地供奉土神的庙一般较小，会员李全法以此叩问，疑惑"神灵何以能居其中，然则灵魂无一定之体积欤"？"鬼仙王惠"的回答与前述一致，认为土神祠并非其所居，如同扶乩，"盘如此其小容也，而圣贤仙佛神祇鬼魔均来集于是，集不嫌拥挤。沙停后，神鬼相次谢去，亦未见其寂寥也，此神鬼之理也"。⑤

---

① 《鬼神语》，救世新教总会1925年版，第2页。
② 《碧眼鬼仙鬼理篇》（二），《丛志》第1卷第2期。
③ 《黑水大神鬼理篇》（三），《丛志》第1卷第2期。
④ 《记载栏》十二月十一日，《丛志》第1卷第3期。
⑤ 《碧眼鬼仙鬼仙王惠神鬼大小判词》，《丛志》第1卷第8期。

钱穆总结中国历来的鬼魂观念,认为"鬼是否永生不朽,在东方思想下,亦不甚肯定,亦看不到他们有灵魂再世及轮回的说法"。① 灵学会在这两个不确定的问题上也有讨论,并同样突出了"修养"这一因素。对于世人关心的鬼是否能变老的问题,"碧眼鬼仙"提出鬼以死时之年龄为准,"死时幼,鬼亦幼,死时壮,鬼亦壮,死时老,鬼亦老"。但有两类特殊情况,即"一以鬼之修养而异,一以死之夭殇而异"。② 人死为鬼后,所从事的职业与前世是否有联系?通过以扶乩与死者交流,俞复总结"中品之鬼"死后大多仍与生前职业相类似,"人死为鬼,如病初愈,仍将继续其生平事业做去,其有罪而入地狱者,亦如人生前犯法捉将官里去也"。"碧眼鬼仙"进一步补充此说为可续与不可续两类,"可续者,性行学业,不可续者,权威势利",认为"生死者,调和必由之路也",人间的不平不均通过生死予以调节,即"生前凶恶于人者,死后亲受凶恶以报之"。③

人死后能否与家人团聚也是灵学会关心的话题。"福德尊神"是盛德坛值坛之一,自称系上海土地神,"生前姓李,名儴,字朋复,上海王泾人。余曾入泮,自后曾为丝缎董事,用金钱甚俭,有余辄济贫乏,年六十五而殁"。通过其叙述得知,人死之后,若无一定修养则不能与家人团聚,散居各处,"人死之后,所行所谋,各不相同,其灵魂亦往往因所造不同而有聚散灵否之别,不能常在一处,更不以生前血族关系而团聚也。然吾因生前略有修养,死后灵魂不昧,今复为社神,故尚能与自家人若干相聚"。④

上述对修养的重视显然是灵学会一贯提倡的,企图以来世督促现世。陆费逵根据人生前的修养善恶等,将鬼分为三类,"上焉者,为圣神,为仙佛,无罣无碍,天君泰然,垂百世,亘万古,而其灵

---

① 钱穆:《灵魂与心》,第 5 页。
② 《碧眼鬼仙之年龄说》,《丛志》第 1 卷第 8 期。
③ 《碧眼鬼仙灵界事能篇》,《丛志》第 2 卷第 6 期。
④ 《记载栏》九月二十四日,《丛志》第 1 卷第 1 期。

常存。次者为有道德之灵鬼，为有学问之灵鬼，为有技术之灵鬼，为有事业之灵鬼，而普通之鬼则无拘无束，云游无方。其次者也，一念之差，一举之误，均能泪其性灵，降其业力。若存心为匪，怙恶不悛，则见屏于鬼神，受罚于地狱，尝诸辛苦，堕入轮回。神鉴如在，信不诬也"。① 西方灵学者亦有此论，如洛奇提出"假使其能证明世上一切恩爱权势希望，可赉来世，吾人为善作恶，必有报应，而人之品性能继续发展，不必有大变故——假使以语言之微弱嗫嚅，若不能出口，而乃能传达此种知识，谁复敢谥为不洁之物，不足以享堂庙者乎"。②

相应地，鬼同人一样，亦需要修养。"碧眼鬼仙"认为，"鬼之不修，亦犹人之不修"；鬼修炼以生前功过、前世学业、现在愿力三者为准，"三者全具，为之度师可也，若三者缺一，则难与教诲"。③ 因修养不一，鬼亦有品级。据此，"碧眼鬼仙"将鬼分为"神鬼""灵鬼""厉鬼"3种，"神鬼者聪明正直之所造也，灵鬼者公平易和之所造也。厉鬼者凶恶匪杀之所造也。神鬼不易得，厉鬼亦罕有，为灵鬼者澈上下塞，天地皆是"。④ 可见，灵学会不但强调现世修养的重要性，而且还以来世修养来映照之。

3. 魂之"日常世界"

谈鬼离不开灵魂问题。钱穆曾对比中西灵魂观念的差异，认为中国与西方不同，"中国古人言魂魄，即在生命后，不在生命前，与其它民族所信之灵魂有不同。近代西方人研究灵魂转世，似乎偏重在考验其事之真伪，即灵魂转世事究否可信"。⑤ 换言之，钱氏希望研究转世的原因和条件，而不是对转世真伪的辨别。中国传统重现世修养和不朽，而转世的原因和条件即关系人现世的情况，故

---

① 陆费逵：《〈灵学丛志〉缘起》，《丛志》第1卷第1期。
② 汤姆生：《汉译科学大纲》第3卷，第39页。
③ 《碧眼鬼仙鬼修篇》（二），《丛志》第1卷第2期。
④ 《碧眼鬼仙鬼之类别篇》，《丛志》第1卷第4期。
⑤ 钱穆：《灵魂与心》，第105—106页。

钱氏有此说。钱氏对西方灵魂观的概括是准确的,柏拉图即认为"灵魂在取得人形以前,就早已在肉体以外存在着,并具有着知识"。①

灵学会之灵魂观念与传统的说法是相通的。"玉英真人"认为鬼与魂是密切相关的,"鬼者,魂之显也;魂者,鬼之灵也。鬼不能离魂而自存。魂亦安可舍鬼而特立哉。故魂之盛者,其鬼亦刚,鬼之厉者,其魂必强"。② 显然,该"真人"并未超越旧说。《左传·昭公七年》即有"用物精多,则魂魄强。是以有精爽。匹夫匹妇强死,其魂魄犹能凭依于人以为淫厉"。

会员李方谟曾多次叩问灵魂问题,"乩示"虽有回答,但仅从侧面予以提示。以含混或避而不谈是乩示的一个通则。如就灵魂体温、轻重、构成等疑问,"常胜子"以"欲知其有无气质重量体温,验之人身……气与水孰重,灵魂与水孰重,可知矣。万物由何原质组成,则灵魂由何原质组成,亦可知矣"作答。③ 至于具体内容,该"乩示"尽量留以想象的空间,或许"常胜子"亦未知。对于有的问题,"乩示"则予以明示,如叩问灵魂大小与类别时,即明确答以灵魂无体,不占空间④;"人性本同,苟无蔽囿,仙佛不异,圣凡不别,动植不殊"⑤ 等。

前述鬼有长幼之分,灵魂是否亦有? 俞复从灵魂转世的角度叩问,提出成人灵魂转投小儿夭殇后,其亡魂是前生成人状态还是幼小状态;若为前者至何时重新转世,若为后者则在冥间如何生存。"常胜子"认为除"依报"和"非命"而夭外,16 岁之前是幼小

---

① 北京大学哲学系外国哲学史教研室:《西方哲学原著选读》(上卷),商务印书馆 1981 年版。转引自苏华,刘希裕《柏拉图认识论图式评析》,《陕西教育学院学报》2005 年第 4 期。

② 《玉英真人鬼与灵魂之区别》,《丛志》第 1 卷第 1 期。

③ 《常胜子灵魂说》,《丛志》第 1 卷第 6 期。

④ 《鬼仙王惠灵魂说》,《丛志》第 1 卷第 6 期。

⑤ 《鬼仙曾原灵魂说》,《丛志》第 1 卷第 6 期。

状态，"小魂既属某氏，则长为某氏之人，死为某氏之鬼，或以父母不甘依人肘下，则有祖若父祖妣若母等保护，与人世家庭无异"。① 此前，会员吴镜渊对此颇有疑惑，以夭殇之魂生前无善无恶为例叩问，"常胜子"认为"灵魂无长幼，一本凤昔之罪愆"，因此"前生以他故，而未及受诸苦报者，则当与后生之死而并受之"。② 这里，"常胜子"对灵魂长幼的回答便前后不一。

灵学会认为灵魂能记忆前生之事。通过吴镜渊的叩问，"常胜子"提出在人死之后，因无世俗烦扰，灵魂能将"前生之所为仍了然于心目中，有一善则灵魂快甚，有一恶则灵魂苦甚。俗谓吃孟婆汤只对生人言，不能对灵魂言也"。③ 蔡元培多次提及的1916年发生于山东的灵魂转世之事，当事人即能忆起其前生若干事。④ 灵魂还能影响肉体。"碧眼鬼仙"认为灵魂的痛苦源于不适，进而导致身体生病，即"身体之病不全由于身躯受外界之感，实由于灵魂自身之动也"。⑤

4. 人与鬼神之间

灵学会谈鬼神，归根结底是谈论现实中的人。陆费逵提出鬼神问题为人生问题的解决，"当知死后灵魂之归宿，即人生问题之解决"。⑥ 俞复则提出"鬼神之说不张，国家之命遂促"。⑦ 这些不同提法都把鬼神话题归结到现实中，试图为当时社会面临的困境寻求解决之道。

灵学会多次提出人与鬼神之间的相通性、连贯性，以此来强调修养的重要性。在人与鬼之间，"吕祖"认为，"人者，鬼之显于

---

① 《常胜子夭殇灵魂判词》，《丛志》第 1 卷第 7 期。

② 《常胜子夭殇灵魂判词》，《丛志》第 1 卷第 7 期。

③ 《常胜子灵魂能识前生判词》，《丛志》第 1 卷第 7 期。

④ 蔡元培：《〈佛法与科学比较之研究〉序》，《蔡元培全集》第 7 卷，第 295—298 页。

⑤ 《碧眼鬼仙病痛治法》，《丛志》第 2 卷第 6 期。

⑥ 陆费逵：《盛德坛缘起》，《丛志》第 1 卷第 1 期。

⑦ 俞复：《答吴稚晖书》，《丛志》第 1 卷第 1 期。

斯世者耳，鬼亦人之隐者也"，世人多受物欲侵染，不明人鬼的道理，以至"事鬼者不具，而即所以事人者，亦不备"。人鬼神三者名异实同，"惟然知人者，可以知神，即可以知鬼神人不异其德，人鬼不异其途。舍人而谈鬼神，不可也，舍神鬼不知，徒以人欲为毕其生，是何为乎"。① "碧眼鬼仙"亦认为"鬼神"与人性情相近，"知人者即知神鬼"。该"鬼仙"以盲者不知人物之形，但"能意会人之形，仿佛而得其似"做类比，认为神鬼自能觉人；反之，人若具有一定修养则亦能见鬼神。②

在人鬼神三者之间，"碧眼鬼仙"认为人为万物之中和，"神鬼为两极，人为中央"。③ "常胜子"也有类似的提法，认为"人也者，神鬼之会也"，人在神鬼间居于桥梁的作用，"自子至午，神也，自午至子，鬼也"。④ 此处本是"乩示"，但多次沿用了传统鬼神的观念，如借用朱熹"自午以前是神，午以后是鬼"。但朱熹是从气屈伸之意引发，实际是无神论，与灵学会有别。⑤ 又如，"神鬼之会"之说似借用《礼记》"人者，其天地之德，阴阳之交，鬼神之会，五行之秀气也"。可见，灵学会主张有鬼论，竟然以无鬼论证明其理。这种芜杂相反的"借用"，说明灵学会所谓的"鬼神"终究是社会的映照，是立于一定文化背景之上的虚妄和幻想。

"颠济真人"认为鬼神之间神较为难以研究，"盖鬼者不过死后之境况及生事。神理则研究生人所以能使灵魂不灭之由而可以行修者也"，即涉及前世。⑥ 关于研究神鬼之法，"云蔚仙子"认为从书籍记载或稗官小说中不能得到真实的鬼神情状，反而"为迷信之

① 《吕祖师鬼神论》（上），《丛志》第1卷第2期。
② 《碧眼鬼仙说神鬼》（下），《丛志》第1卷第10期。
③ 《碧眼鬼仙说神鬼》（上），《丛志》第1卷第10期。
④ 《常胜子鬼神论》，《丛志》第1卷第7期。
⑤ 黎靖德：《朱子语类》第63卷，王星贤点校，中华书局1986年版，第1550页。
⑥ 《记载栏》二月二十日，《丛志》第1卷第5期。

推波助澜，得勿误尽天下苍生"。可见，灵学会并非不知传播迷信的危害，反而辩解其所传"悉斟酌尽善，必一无流弊"，故无须忧虑。该"乩示"还进一步认为此"研究"不但能阻止迷信的传播，而且还能"庶有展治身之学，发为治国之道，胎强身之本，为强种之始焉耳"。①

在人与鬼的轮回中，何者为先？"碧眼鬼仙"认为，人与鬼一一对应，"一人必占一鬼，一鬼必先有一人"，且相互转化，"鬼之返人，人之返鬼"。换言之，人鬼并无先后问题。②灵学会既然持"人鬼对应"说，"神造人"说自然成为其批判的对象。在回答人从何处而来的问题时，受近代科学的影响，"神鬼"亦有进化。"威灵仙"能从世界范围内予以纵览横议，认为神造人说仅为神话而已，"不独中土，希腊为最"，并将之归为神权与迷信，颇有近代新学家的言论风格。针对天造人说，该"仙"降乩批驳，"天安得一一造之，不綦烦尔"，人类"不过一气，气而流形，形而成质，以生万物，如是而已。日为诸阳宗，同乎日者，同有是功"。之所以能提出此说，该"仙"注意到"科学家言较为信而有征，苟必假手神造，吾不知神之自己一身，从何造来"。谈及科学，放眼当下中国，该"仙"颇有感触，"读书贵求明理，是非辨在格物，科学家言虽不能尽探其原要，亦逐节实验，非诡诧妄诞向壁虚造者可比。中国人已坐是弊"。此外，该"仙"还将孔子删书附会于此，认为所删者正是此种荒诞，"皇古之书，圣人不取，孔子删书，断自唐虞，盖惧人之惑也"。③言外之意，民初社会更应排斥之。显然，这种假手于扶乩而强调科学重要性的努力，不可能完成启蒙的初衷。

世人多认为生前修养决定成鬼后的生活，因此常以功利性的诵

---

① 《云蔚仙子杂说》（一），《丛志》第 2 卷第 1 期。
② 《碧眼鬼仙灵魂增损前论》，《丛志》第 2 卷第 3 期。
③ 《威灵仙造化之原说》，《丛志》第 1 卷第 6 期。

经礼忏作为超度之法。俞复以其效果问疑于乩坛。"鬼仙王惠"认为超度唯有"诚心","欲超度先人者,亦视诚之至否耳,僧道安有如许大力,礼忏岂能赎人罪愆,惟能诚心诵念不辍者,七祖均可超生也"。① "碧眼鬼仙"认为,所谓忏是洗净旧染之意,非一般所认为的"诵经念佛谄鬼媚神礼仙佞佛",因此,撞钟击鼓,敲鱼打盘,"徒事靡费于身心,两无所得,果能免于冥谴天诛乎。此误解忏悔之义"。② 既然超度等法不能改变前生"障业",那么世人为鬼神立祠庙等能否取悦鬼神?"常胜子"认为此是俗见。"在神一己之心只知表景贻后世,不图血食自尊荣",况且各地祠寺如林,供奉的并不全是神,"均为狐狸之凭藉,正神何尝一至其间,或至岁朝令辰即诞日偶一莅祠,是时狐鬼始敛迹"。要改变这种状况,"常胜子"竟与世俗之人持同样的见解,主张以教育改进之,"欲端本清源无他术,惟有普及教育开通知识,始不为匹夫匹妇之愚所囿蔽"。"常胜子"提出世人崇奉神无需形式,只要不为"非义悖理叛道离经之举"即可,"古来生前不信仙佛神鬼之说而没后位列天曹名登仙箓者,不知凡几",因此临时抱佛脚之媚神者实无益。世人若为崇德报功和劝善后人起见,"常胜子"建议"各县建一大祠,举凡忠孝节义廉洁贞烈学行之数德者汇为各类,以酬其立德立功立言之景,而垂范后世,亦足以劝善。一切淫祀毁灭无遗,庶乎狐鬼无所凭祟而妖孽由此肃清,非至要之事而何"。③ 这里,灵学会以模糊的科学认知自认为其所谈为学术,故对社会上某些迷信方式保留有一定的批判态度,主张"普及教育开通知识"。这与盛德坛坛规取缔叩问休咎一事是相吻合的。在不否认灵学会假科学之名行迷信之实的同时,该会大部分人士毕竟接触过或熟悉西方科学,因而其鬼神说教带有一定的自以为是的"研究"性质,区别于当时

---

① 《鬼仙王惠超度方法判词》,《丛志》第 1 卷第 4 期。

② 《碧眼鬼仙述忏悔》(一),《丛志》第 2 卷第 1 期。

③ 《常胜子述神》,《丛志》第 1 卷第 8 期。

其他乩坛。但是，这种借助于鬼神的方式，显然与其初衷是背道而驰的。

灵学会所"请到"的诸路"鬼神"对超度及立祠庙等现象的排斥，从另一方面提出了加强道德修养的重要性。"张公武"强调心在修行中的作用，认为"心为万恶之源，亦为众善之门"，善恶之间在于一心，"偶感一善念，心地开朗如登九霄之高。偶感一恶念，心地阻塞，如坠重渊之深。此即魂魄升降之兆"。"张公武"甚至提出天堂地狱之说是人心自造，并非实有，"有何天堂地狱为哉，人心为之，自为之，而自登自入，何尝有神明衡其间"。在"张公武"看来，人是魂魄调和的产物，为善、为德则魂清明上升，为恶则魄昏浊下坠。在能力方面，"张公武"认为人要强于鬼，"鬼不如人，人可以表示，而鬼必借手他人。鬼且避人隐人之不遑，苟非阴险恶毒存心鬼魅者，鬼必不敢近"。① "常胜子"则认为人鬼神三者"各有所偏胜"，故"神鬼有所不能焉，而人竟能之，人有不能焉，而神鬼独能之。人徒羡乎鬼神也，鬼神亦有所不能焉，亦无自诩"。② "鬼仙曾原"则持相反的观点，以修养衡量之，提出人与鬼能力之别即在是否受气质和躯壳的限制，鬼之所以无所不能正是因为"鬼无气质之蔽，躯壳之囿，洞然澈然"。③ 这里，诸路"鬼神"的言说无疑荒诞不堪，但同时也传达出重视修养和突出人间力量的信息，甚至提出了人的能力强于鬼神。

男女平等是近代社会进步的趋向之一，灵学会对此亦有呼应。"张公武"以气化万品、同禀天命之说持男女平等观，"天地间不应有若是之不平不公，而特厚于男特私于人"。④ 但在另一处"慈佑真人"答问俞复的"乩示"中，则持相反意见。俞复以"女魂积修，方能转男魂，积愆乃至转女"见问，该"真人"以个人业

---

① 《张公武三极述义》，《丛志》第 2 卷第 2 期。
② 《常胜子鬼神论》，《丛志》第 1 卷第 7 期。
③ 《鬼仙曾原鬼灵说》，《丛志》第 1 卷第 6 期。
④ 《张公武升修谈》，《丛志》第 2 卷第 3 期。

力因缘作答，内有"阴险多男转女，磊落多女转男"，显然又暗示了男女有别。①

灵学会既然重视"神道设教"的说法，"因果报应"说是必然要被提及的。"碧眼鬼仙"认为，世人虽常谈施报，却重报轻施，"不责未施，而责不报"。进而，该"鬼仙"提醒世人有施必有报，报有很多种类，如远近深浅迟速顺逆等，"报愈近愈薄愈远则蓄势愈厚，报浅愈显，报深愈稳固愈隐"，因此规劝世人不应仅图眼前之报。②

以上，灵学会借助扶乩，以"鬼道"阐述"人道"，涉及鬼神灵魂的"日常世界"以及与人类社会的关系，虚构了一个荒诞的"鬼神世界"。其阐述把西方灵学、中国传统与社会现实三者糅入在一起，芜杂舛错，如多处借用朱熹等传统朴素唯物主义的鬼神观来为其唯心主义服务。同时，灵学会否认"酆都说"与"神造人说"，在荒诞的同时亦间有自以为是的"研究"取向和西学的影迹。在荒诞和芜杂之间，灵学会对"鬼神世界"的虚构贯彻了"神道设教"这一主线。这些虚妄的说教折射出了民初社会信仰失范的信息。

灵学会并非仅仅停留在以具体的"事例"说明鬼神存在上，而是以之回到"神道设教"的旧说。在传统中国，鬼神等超自然信仰仅被视为有助于教化而已，"在传统中国的社会文化脉络中，伦理道德概念与思维体系一直都是由儒家思想所主宰的，宗教信仰中大半只用现成的道德伦理准则来作奖惩的判断，而本身并不对道德本源作哲学性探讨"。③ 同样，钱穆认为，"东方人在很早时期已舍弃灵魂观念而另寻吾人之永生与不朽"，即关于三不朽的解说，"在中国人的看法，人不必有死后的灵魂存在，而人人可以有他的不

---

①　《慈佑真人男女投生转胎判词》，《丛志》第 1 卷第 4 期。

②　《碧眼鬼仙报施谈》，《丛志》第 1 卷第 2 期。

③　李亦园:《宗教与神话》，广西师范大学出版社 2005 年版，第 82 页。

朽"。① 换言之，传统中国并不以鬼神作为道德说教的主要凭依。但是，随着近代西学冲击和传统社会的崩溃，儒家说教逐渐失去了原有的约束力。陆费逵观察到民初社会对传统说教的漠视，将其描述为"漠视天命，粪土圣言，忠孝节义之风渐泯，奸诈贪淫之习日炽"。② 这突出表达了一种信仰失范和权威真空的迹象。由此，与新青年派以民主和科学规划未来中国相反，灵学会则返回传统，从源头上寻找人生的意义和不朽的方式，关于鬼神的话题也就随之而来了。而且，这一话题的论述是以"科学"的面目出现的，凸显了近代思想演化的一种转折面相。

（二）关切当世

盛德坛扶乩实践既有上述鬼神灵魂之说，也有会员及参观人员叩问直接与现实相关的各种事理，关切当时社会，包括国事、学术等方面。这些内容皆以扶乩为具，当属灵学"研究"的实践之一。乩坛叩问较为严肃，所涉话题应为叩问者关心并再三考虑的问题。这些问题透露出不同叩问者的知识水准、焦虑所在和思想倾向。

1. 关心世事

灵学会强调"鬼神之说不张，国家之命遂促"，故在宣解"鬼神学理"的同时，对国事包括世界大事都有涉及，但叩问次数要少于"学理"方面。

民国以来政局纷争不断，在 1917 年尤烈。先是府院之争、张勋复辟，后是护法运动、南北启衅。这在乩坛中亦有体现，如众人叩问"国事鼎沸，南北相持，不知将来如何结束"。"玉英真人"对此同凡人一样无能为力，哀叹之余以乞求在位者醒悟来救世济民，"当局者昏，肉食者蔽，吾民处旁观地位，亦惟有袖手掩面号天而已，尚望在位者稍知省悟，释阋墙之斗，放同室之戈，庶有以

---

① 钱穆：《灵魂与心》，第 5—6 页。
② 陆费逵：《〈灵学丛志〉缘起》，《丛志》第 1 卷第 1 期。

苏吾民之困，救邦家之难也"。① 该"乩示"以在位者醒悟而不是神
灵保佑来改变现状，显然是贬低了神灵，与"鬼神之说不张，国家
之命遂促"的说教并不一致。"济祖"则从人心世道的角度来回答有
关国事的叩问，将之归结于世人不守礼教、利欲熏心，"竞日即利欲
是趋，每致人相食，不顾道义，不恃礼法，率兽相食，开门揖盗，
虽离人妻孤人子，苟有利于一己，即无义之事，不仁之实，坦然瞠
然谓之不忌，是以争名争利，贼心贼德，昧天泯理，无所不敢"，哀
叹国事不可问，前途亦暗淡，"民之不幸，国之前途可知"。②

　　各路"神仙"显然不能改进人间事务，乩坛"判答"于是采
用模糊之术，以给予世人一定的心理预期，造成可能灵验的错觉。
1917 年，北方永定河决口成灾，会员唐郏郑③认为水灾的发生与民
众无关，而受害则首当其冲，有失公允。"受其灾者，实系小民，
民也何辜。"其言外之意为上天不应牵连普通民众。"纯佑真人"
认为，北方水患以及南方兵革都是人心不古，以致"感到天怒，厉
气蔚为疫病，亦固其所"，并以阴阳之理做解释，"阴气为水，阳气
为焊，阴盛至此，亦见祥于水也，故连年水患"。④ "飞天魔王"则
恐吓"近来人心不古，上天震怒"，称将给世人 6 年时间来改善，
否则永堕地狱，"吾神为此临坛降谕，指示迷津，同登彼岸，尚望
尔等听余婆心，劝化愚盲，俾不自陷陆沉永堕浩劫"。丛志编者亦
紧跟其后一唱一和，加按语称诸神是"神怀恻隐，佛念慈悲，代民

---

①　《玉英真人国事判词》，《丛志》第 1 卷第 1 期。

②　《济祖国事判词》，《丛志》第 1 卷第 1 期。

③　唐郏郑为无锡人。有资料称，唐氏历任清政府工部、商部、农工商部、邮传
部郎中、邮政司司长等职，1905 年赴日本考察工商实业，是清末赴日本考察工商实
业的无锡第一人。民国后，被选为参议院第一届国会议员，任总统府秘书职，晋授二
等大绶嘉禾章。其家族是近代东南纺织巨擘。

④　《纯佑真人北方水灾判词》，《丛志》第 1 卷第 2 期。该年确有水灾。据李文
海、林敦奎、周源、宫明《近代中国灾荒纪年》称，"1917 年夏秋之际，直隶连降大
雨，永定河、南北运河、潮白河等河堤相继冲溃，洪水泛滥；京汉、京奉、津浦铁路
中断。被灾地区达百余县，灾民五百余万人"。

庶以请命，望有位之省觉，苦口婆心，振聋警瞆，六年一瞥，勿至最后之末日而嗟无及也"。①

　　灵学会成立前后正值第一次世界大战如火如荼之时。第一次世界大战爆发的影响及于国内各方面，引世人关注。灵学会则以"杀人如麻，殊非所以体我佛慈悲之意"叩问，"济祖"以凡事都有定数作答，认为世人自作孽，徒增纷扰，"此事亦无可奈何。所谓自作孽，真是不可想法的了。世人既然宝贝这臭皮囊，何苦不去享清闲的福，又要把外边的事务，与他这些子作对"。对第一次世界大战的前景，"济祖"预测结束为时尚远，"其中好大的戏，才要开场了"。② 这显然不甚灵验。此叩问时间为 1917 年 10 月 6 日，离第一次世界大战结束还有 13 个月的时间。第一次世界大战后期，俄国爆发了十月革命。陆费逵以哀叹和偏见的心态向莅坛的"托尔斯泰"叩问，提出"俄国国事败坏至此，与我中国不啻伯仲，敢问两国前途如何，何时可以底止"。"托氏"认为革命非朝夕之祸，"其胚祸也，蕴蓄既久，一旦溃烂，而难救"，但从源头上看乃是"虚无党与有力"。③ 灵学会之所以能请到"托氏"降坛，乃是与其有思想上的共鸣，即皆对进化论和物质文明持批判态度。④ 与灵学会相反，陈独秀即不认同托氏，他提出"吾愿青年之为托尔斯泰与达噶尔（R. Tagore，印度隐遁诗人），不若其为哥伦布与安重根"。⑤

　　1918 年 1 月 27 日、28 日、29 日，"托氏"连续 3 天降坛，批

---

　　①　《飞天魔王神谕》，《丛志》第 1 卷第 1 期。

　　②　《济祖师欧洲判词》，《丛志》第 1 卷第 1 期。

　　③　《俄哲竺尔泰 tolstoi 俄国国事判词》，《丛志》第 1 卷第 3 期。

　　④　针对托氏的主张，杨诠曾著文力辟之，提出"十九世纪欧美物质文明之进化一日千里，社会道德常有奔驰不及之势。托氏挽狂澜不惜屈理求之，其迹可谅，其人格益不可及。吾国科学尚无其物，物质文明更梦所未及，居今而言科学之弊与物质文明之流毒，诚太早计矣……托氏欲质势力集中于资本家，社会结构因以不稳，此又吾国习应用科学者所当引为前本，勿使未来之托尔斯泰复哀吾国"。见《托尔斯泰与科学》，《科学》1920 年第 5 卷第 5 期。

　　⑤　陈独秀：《敬告青年》，《独秀文存》，第 6 页。

判进化论，提出"夫天之生斯民，何尝有区别于其间，所谓一视同仁者，不特在人为然，即凡动植之属，均莫不然"。"托氏"认为进化论混淆了人与动植的区别，"自以动物视矣，自以植物名矣，不为全其人之所以为人之道，而乃自居于动植之丑"。以历史为证，"托氏"认为非有优胜劣汰之说，反而提出了优汰劣胜，"文明者以文明而败，野蛮者以野蛮者而胜"，因此进化论实为退化论，"故达尔文之进化论，吾谓之退化论也，非奇言也"。据丛志编者按语，灵学会认可"托氏乩示"，认为是"揭破天择之魔说，夺去强权者之护身符，真厉世救时之宝篆"。[①] 此外，托氏对科学的态度亦与灵学会有相同之处，如认为"科学所研究之事物以吾人官能知觉所能及为限；超乎官能知觉以外者，既非科学方法所能证验解释"。[②]这种对进化论和科学的质疑颇能暗合当时的一部分社会潮流。杜亚泉即提出，"盖物质主义深入人心以来，宇宙无神，人间无灵，惟物质力之万能是认，复以残酷无情之竞争淘汰说，鼓吹其间"。在这种社会情境下，杜氏看到人们易于丧失对终极问题的拷问，"有优劣而无善恶，有胜败而无是非"，旧道德与旧宗教因而失去了权威，"继此以往，社会将因之而涣散，国家即随之而灭亡，此吾所以戚戚焉有物质亡国之惧也"，遂有"精神救国"之说提出。[③]

世事面前，各路"神仙"失去了神通能力，徒呼哀哉。他们对国事乃至世界大事的判断都是悲观的，并将之归结于仁义道德不行、鬼神之说不昌。这种判断在服务于灵学会试图挽救"世道人心"立场的同时，亦夹杂着其对民初社会悲观失望的复杂心情。民初社会恰如托克维尔所论，"民主革命虽然在社会的实体内发生了，但在法律、思想、民情和道德方面没有发生为使这场革命变得有益而不可缺少的相应变化。因此，我们虽然有了民主，但是缺乏可以

---

① 分别见《俄哲竺尔泰 tolstoi 原天》《俄哲竺尔泰 tolstoi 原竞》《俄哲竺尔泰 tolstoi 原胜》，《丛志》第 1 卷第 3 期。

② 杨铨:《托尔斯泰与科学》,《科学》1920 年第 5 卷第 5 期。

③ 杜亚泉:《精神救国论》,《东方杂志》1913 年第 10 卷第 1、2 号。

减轻它的弊端和发扬它的固有长处的东西；我们只看到它带来的害处，而未得到它可能提供的好处"。① 曾积极参与缔造共和的伍廷芳自白："近窥人心不古，愈生厌弃，平日杜门谢客，专心研究道德、宗教等书，无心再预尘世事。"② 世事变迁，灵学会诸人早年大多参加辛亥革命，具有一定的革命精神，此时已嬗蜕而乞求于神灵。信仰的前提是屈服，"迷信的宏观归因是对物的统治的屈服"。③于此，民初前后，灵学会诸人思想变迁的理路便清晰起来。

2. 研究"学理"

灵学会本为"鬼神之说"而立，故在盛德坛叩问中，有关"学理"方面的问题最多。除前文已提及的对鬼神灵魂的"研究"外，此类叩问还涉及学术、术数等内容。

（1）学术类：著作、注本与学术问题

从灵学会特定的社会网络来看，其相关人物多为一时的知识分子，如丁福保、胡朴安等。因此，在他们的叩问中，有关学术方面的"探讨"较多，如集中于如何研读《墨子》《庄子》等著作及其如何选择注本等方面。从中我们可以推知，灵学会诸人日常读书似偏向以旧典为主，具有一定的国学根底或本身即是国学修养深厚之人，如胡朴安。知识分子的读书书目颇能代表其个人阅读兴趣与思想倾向。由此书目窥知，灵学会诸人最终归向传统扶乩亦有源可溯。

历史上，许多传统古籍因逐渐湮没，遂不可考。乩坛之设给予信仰者一线机缘，他们认为可以通过乩坛沟通过去、查漏补缺。墨学在近代较受关注。俞复关心《墨子》一书，认为该书"古来无善注本，欲知墨学，苦难贯彻文义，且年代远，传写错谬，辗转滋讹"，以此希望"灵惠仙公"能厘定补释。后者深有同感，亦希望

---

① ［法］托克维尔：《论美国民主》，董果良译，商务印书馆 1988 年版，第 34 页。

② 伍廷芳：《致袁世凯书》，丁贤俊、喻作凤《伍廷芳集》，中华书局 1993 年版，第 785 页。

③ 何畏：《迷信论——对盲目信仰的哲学反思》，中南工业大学出版社 1999 年版，第 14 页。

借盛德坛之设来完成此举,并承诺明年杀青。① 会员杨陞云叩问《南华经》各家注解是否以陆潜虚为好,"东坡老人"在回答此问题之后,顺及提出读书的具体意见,认为"少时当读孟子,壮时当读庄子,老时当读老子"。② 可能杨氏正年少,"乩示"认为其当前应先从孟子读起。

陆费逵在叩问中提及"大学第五章释格物致知,朱子因原文已亡,曾有补传",希望孔夫子能降坛宣补,以成完璧。③ 同样,鲁鼓亭因"连山早已失传,归藏亦残缺不全"而请求"原著者之灵魂到坛重述一遍,以资后学之研究"。④ 江朴民则叩问"孟子养气章必有事焉,而勿正,文义已难索解"。⑤ 此外,如《黄庭经》《参同契》等,都多次被提请叩问。

在众多著作问题的叩问中,盛成是需要特别被详及的。盛成为近代风云一时之人物,12岁参加辛亥革命,为"辛亥三童子"之一;五四运动中曾参与示威东交民巷、火烧赵家楼,期间结识周恩来;后经吴稚晖推荐至法国勤工俭学。其法文著作《我的母亲》享誉国外,获得了海明威、罗曼·罗兰、萧伯纳等文豪的赞誉等。盛成自幼出家,自述"民元十三岁时,学佛于宜黄欧阳竟无大师,教我习因明,研究唯识,读《瑜珈师地论》"。⑥ 后来,盛成在美国以英文撰写《欧阳竟无传》。丛志记有:"盛君成叩,弟子自师宜黄欧阳竟无先生以来,观摄心大乘论,若明若昧,用何法可以破迷。"⑦ 由此,笔者认定彼人即此人。据丛志记述称,盛成不但自幼出家,且从小

① 《灵惠仙公墨子允改校墨子判词》,《丛志》第1卷第3期。
② 《东坡老人读庄判词》,《丛志》第1卷第7期。
③ 《真一子大学补亡判词》,《丛志》第1卷第5期。
④ 《常胜子三易存亡判词》,《丛志》第1卷第6期。鲁鼓亭,字指南,余姚人,自述"余研究乩学已二十有九年矣",见《吹万楼日记节钞》鲁序。
⑤ 《真一子孟子养气章判词》,《丛志》第1卷第6期。
⑥ 盛成:《谈新科学方法》,《盛成文集》,北京语言文化大学出版社1997年版,第316页。
⑦ 《玉英真人摄心大乘判词》,《丛志》第1卷第6期。

信乩，"成自出世以来，于仙佛事极喜研求，盖挽世道人心，舍此莫属，况可自度度人乎！而成之信乩鸾者尤深"。① 有信亦有求，盛成观察到了近代科学在推动国家富强中的作用，因此希望乩坛能将中国古代科学方面被湮没的著作重新出版，以俾当下，"我国自秦以来，科学书已湮没殆尽，可否请原著作者由乩重著，庶不负作者当时之苦心，而亦可使后生免拾外人之吐余也"。与盛成寻觅古籍相反，"常胜子"颇有一定的西学知识，他对于西学的了解超于当时的盛成，认为当今之学胜于先秦，故不必如此，"今日正苦学战之潮，合寰震惊，鼓舞研求，著书立说，胜乎先秦，充斥满肆，盛矣哉"。②

此外，乩坛还有对某一学术问题的叩问。如对于何为转注，胡韫玉自述遍考经籍，发现"许氏未明言，戴东原主互训，江艮庭谓同部即转注，迄今未有定论"，因此希望给予定论。③ 胡氏即胡朴安，是近代著名学者，亦是扶乩爱好者。④

学界对灵学会的批判多提及吴稚晖关于音韵学的叩问。原来，吴氏重视教育事业，主张以语言同音为先，其自 1913 年起担任国语读音统一会会长，主持制定字母拼音。1917 年，吴氏取 6000 余字编定《国音字典》，于翌年出版。可见，灵学会成立前后，正是吴氏用心于音韵学之时，而其所叩亦与此密切相关。丛志编者按语亦有印证，"吴君为读音统一会编著简字，于立母定韵，煞费苦心，搜集古今韵书，研求思索，数载于兹。今所叩问，盖系求诸现存书

---

① 盛成：《述生魂之上乩》，《丛志》第 1 卷第 3 期。

② 《常胜子古籍重著判词》，《丛志》第 1 卷第 6 期。

③ 《真一子说文转注一例判词》，《丛志》第 1 卷第 3 期。

④ 胡氏认为，"生死循环，周转不已，亦犹昼夜寒暑之循环"。他相信扶乩特别是碟乩，能将人鬼交通之道"走入科学之路，或者将假电为人鬼交通之媒介"，见《吹万楼日记节钞》胡序，《吹万楼日记节钞》（出版地不详，1940 年）。所谓碟仙似为当时上海流行的扶乩之术，"'碟仙'当时出现的一种迷信扶乩活动，如上海曾流传'香港科学游艺社'制造发售的'科学灵乩图'，图上印有'留德白同经多年研究所发明，纯用科学方法构就，丝毫不带迷信作用'等字句"。见鲁迅《偶感》，《鲁迅全集》5 卷，第 479—480 页。初发表于《申报·自由谈》1934 年 5 月 25 日。

籍中，而不可得其征实者也"。

先是 1917 年 11 月 29 日，吴氏托人叩问"周颙沈约未分四声以前，韵集之宫商征羽，如何分配，崔光五韵诗如何押韵，请西晋吕静或南齐周颙必皆可得，或请前贤通韵学者宣示"。第二天，吴氏阅后似不满意，希望请"西晋吕静"或"南齐周颙"宣解宫隆居间之关于双声叠韵者等疑问。① 据称，"是日，吴君在坛候示，至终篇后方去，乩书至宫隆居间时，吴君神色顿现信仰之状态，盖其问题中并未及此，全系答其口语也"。② 5 天以后，吴氏再次到坛，由"唐代李登"续宣音韵，并有世界语的内容。③ 之所以出现世界语，恐怕与吴氏为国内世界语的倡导者有关。看来，"乩示"确能因人因时而俱进。

（2）术数类：命、数、运

据学者研究，"中国无神论史，总的来说，是由'形神'关系与'天人'关系这两条脉络贯穿下来的"。④ 前者涉及有鬼论与无鬼论对立，后者则涉及"天命"与"人事"孰重之争。二者一体两面。灵学会既然主有鬼论，则必然走向"天命"，表现为相信术数，并以扶乩为具，叩问术数不同形式间的关系。这些叩问虽有思考，也有疑问，但都逃不出命定说的影响。

陆费逵虽然相信鬼神，但仍不失思考，提出对术数的疑问。陆氏观察到，若死生有命，以中国人口计算，"同时生者，不下一千五七百人，此一千五七百人，其命运果如一乎"？同时，在他看来，命运与风水似也不相容，"果有命运，则地理又何能为祸福，果风水有灵，则命运不其无凭乎"。"常胜子"连同风鉴（即相面）一并回答，认为命运"实与风鉴堪舆相为休咎，所谓外五行内五行

① 《陆氏音韵篇》，《丛志》第 1 卷第 1 期。
② 《江氏音韵篇》，《丛志》第 1 卷第 1 期。
③ 《李氏音韵篇》，《丛志》第 1 卷第 1 期。
④ 牙含章、王友三：《导言》，《中国无神论史》，中国社会科学出版社 1992 年版，第 16 页。

是"。其中，"心田"为善最为重要，能联结此三者，"相互为用，并行不悖"。① 这里，"常胜子"同世人一样强调行善，以实用的态度来解释三者。"时中子"则是从道与术的优劣出发来回答余冰臣关于星相与堪舆的叩问，认为二者既为术，当有局限，因此"欲凭星地二术，不如凭心性二者之道"。以上回答路径不一，但都强调修心的重要性，导向"神道设教"之主旨。

同陆费逵一样，余冰臣就命数运三者提出自己的困惑，"命数运孰为定，孰为无定？若云有定，何以言人可胜天？若云无定，何以言数不可逃？""常胜子"对此做了详细解释，认为"命运数三者一枝也"，其中命与数是固定的，为"常"；运由命而生，非"常"，其变化遵循"以不易者而可易，前定者而无定，兼命数核之"。反过来，运亦可影响命，"运或未臻，尚须待俟时，曰未可骤然干进也"。数受制于命，即"执数而曰，在是命有不应者，亦不验"。②

李全法又提出，按照天命前定的说法，人已成为傀儡，何谈功过、修养。对此，"鬼仙曾原"从天命和人事两个方面予以回答，"人之命固由天定，而尽人事者又在人"，认为天命须有人力辅之，"人不尽之，虽有天命，亦无所效"。同时，在天命和人事之间，该"鬼仙"似倾向于后者，"天有可回，命有可造"。"碧眼鬼仙"的回答仅搪塞为之，曰"凡事虽可预定，有时定而不定"。③ 朱浣青从另一方面提出了类似的问题，认为若按气数说，如人之疾病等，医生施救当然是违背天意的，但往往由此获善报。"常胜子"以实用主义予以解答，提出气数与报应的施予者和起止不一，"气数得之于天，成之于人，报应造之于人，施之于天。气数有定而无定始之也，报应无定而有定终之也"。二者相互牵制，气数中有报应，报应中有气数，"非气数不见，所谓报应当然也。非报应不辨从前，气数增益也"。至于何者为主，"常胜子"也难以分

① 《常胜子命理风水判词》，《丛志》第 1 卷第 7 期。
② 《常胜子时中子命数运三者判词》，《丛志》第 1 卷第 9 期。
③ 《鬼仙曾原碧眼鬼仙天命在人之判词》，《丛志》第 1 卷第 8 期。

辨，认为"互相裨益，不能偏废"，他既反对全凭气数，"若必一一赋之气数，将何事堪为"；也反对菲薄气数，"然非气数，则人之逢凶化吉，履险如夷，将何以喻世"。①

三　比附与"弥补"——灵学会对科学的认知与歪曲

灵学在民初前后蔚然成风、汇为思潮。张钦士总结民初十余年来的宗教思潮，灵学运动赫然与孔教会等运动并列。② 心理学家张耀翔则列新青年派对灵学的批判为民国以来心理学三次论战之首。③ 以上，灵学分别被归入宗教思潮和心理学的范畴，显示时人对灵学的多重理解。其中，从科学的角度看灵学和从宗教迷信的角度看灵学是当时两类主要看法。站在灵学外围的人士多将灵学等同于宗教或迷信④，而内部人

---

① 《常胜子气数报应判词》，《丛志》第 1 卷第 4 期。

② 张钦士：《序言》，《国内近十年来之宗教思潮》，燕京华文学校 1927 年版，第 5 页。

③ 张耀翔：《心理学文集》，上海人民出版社 1983 年版，第 222 页。

④ 等同于宗教者如章太炎和南怀瑾。章太炎是国内言及灵学较早者之一，付梓于 1899 年的《訄书》将之比作禅定，"若浮屠之禅定，与近世之神智学（美人奥尔廓德倡神智会以说佛教，要在神秘不可思议，与新披佗告拉斯派之神秘观，及欧洲诸接神术相通，实瑜伽之变形也），其形想皆如是矣"，见章太炎《訄书》。同样，今人南怀瑾视灵学为佛学五神通之一的修通，"所谓心灵学，其实就是所谓的修通，加一个科学名词而已"。南氏还进一步解释，称所谓修通"由打坐、练功夫，以及催眠术、瑜伽术等等炼成的，像一个大国对这类人的训练非常注意，并列为最高的国防机密，花了很多钱来培养超能力的人，用来偷取他国情报，就是修通这类东西"。见南怀瑾《先知、神通与现代心灵学》，《南怀瑾选集》3 卷，复旦大学出版社 2003 年版，第 68 页。视为迷信者除主要为新青年派外，另有其他人士，如被鲁迅点名批评的陈铁生称灵学与义和团同类，"义和团乃是与盛德坛《灵学杂志》同类，与技击家无涉。义和团是鬼道主义，技击家乃人道主义"。见《通信栏》，《新青年》1919 年第 6 卷第 2 号。当然，新青年派如陈独秀则认为灵学与迷信团体如同善社、义和团等还是有区别的，"这种邪说较之灵学会野心更大，简直是白莲教、义和拳底后身，且含有复辟作用，只有用刑法来裁制，那里够得上加以学理的批评"。见《答何谦生》，《独秀文存》，第 831 页。

士则多将灵学视为一种"科学"。他们不但将灵学比附为"科学"，而且认为灵学能"弥补"科学之不足。这种对科学的歪曲理解建立在有鬼论的基础之上，在客观上承载着民初以来对科学偏于物质的批判。

扶乩是灵学会认知灵学为"科学"的主要途径。因此，笔者以灵学会对科学的理解为视角，分析其立论逻辑与解释系统。这有助于更好地认识扶乩和解释民初的灵学。

（一）比附科学

灵学能比附科学是由多方面因素合力促成的。从主体上看，谈论灵学者不乏显赫一时的科学家，这给灵学蒙上了一层科学的假象；从方法上看，灵学挪用科学研究的方法。显然，这种比附本身也是灵学在民初被知识界的一部分人所接受的原因之一。

1. 科学家群体中的灵学

有许多观察者如严复就注意到研究灵学的多是科学家，"此数十年来神秘所以渐成专科，而研讨之人，皆于科哲至深"[1]，并强调"治灵学，必与经过科学教育"。[2] 蔡元培亦称，"最近流行之幽灵学，往往是科学家"[3]，提出"近来科学家已渐悟武断的无鬼论之非是，而欲加以探讨；一八八二年，英国学者有灵学研究会之建设，其第一期会长为剑桥大学伦理学教授希特微克，而物理学者如赖来伊及克鲁克等，心理学者如詹姆斯等，均曾加入会员"。[4] 与陈独秀等辩论的易乙玄对其时著名的科学家兼灵学研究者如Crookes、Home 以及 Oliver 等人较为熟悉。[5] 而莫等则以显赫其时

---

[1]　严复：《严几道先生书》，《丛志》第 1 卷第 2 期。

[2]　严复：《严几道先生侯疑始书》，《丛志》第 1 卷第 3 期。

[3]　蔡元培：《真善美》（1927 年），《蔡元培全集》6 卷，第 140 页。

[4]　蔡元培：《六十年来之世界文化》（1932 年 8 月），《蔡元培全集》第 7 卷，第 335 页。希特微克即亨利·西奇威克（Henry Sidgwick），英国灵学会第一任会长。

[5]　易乙玄：《答陈独秀先生〈有鬼论质疑〉》，《新青年》1918 年第 5 卷第 2 号。

的爱迪生和汤姆生二人对挪威人利思传心术的研究为例,说明他心通具有合理性。① 这些大名鼎鼎的科学家崇尚灵学,不仅给灵学涂上了一层"科学"的色彩,也使一部分人对科学的理解呈现为模糊而多元的特点,给他们的取舍带来了困惑。

研究超自然信仰的美国学者发现了一个有趣的悖论,即灵学等超自然信仰多兴盛于科学发达的国家,"怀疑论者和怀疑超自然有效性的那些人,面临一个有趣的社会学问题。新时代信仰及其相关信仰表面上在许多国家得到大众迎合和不断增加的支持,但这些信仰似乎在他们(表面上)未曾料到的地方显得特别盛行:即文化素质相对较高的、实用主义的、世俗的、向前看的美国社会"。② 换言之,在灵学信仰中,知识分子并非为少。科学家与灵学的紧密联系说明了灵学传播挪用科学的事实,这也是其吸引敏于发现力的科学家群体之处,二者互为因果。当然,他们之间的鸿沟是无法逾越的。刘青峰研究提出科学家与江湖术士虽相隔不远,但判然两别,"历史上无数的歧途使他们懂得了一条原则,这就是:一种新的自然现象只有在受控实验中被发现时,才算真正的发现……科学家和江湖术士的区别正在于此……只要心灵学实验不按照近代科学实验结构称为受控体系,那末不管这些发现中有没有正确成分,它都不可能成为科学的对象"。③

2. 科学方法上的比附

灵学是科学时代下的产物,灵学者多挪用科学的话语系统如实证、实验等来比附科学。

---

① 莫等:《鬼相与他心通》,《新青年》1919 年第 6 卷第 4 号。莫等称所引之事见之《进步杂志》(第 10 卷第 3 号,1916 年),后《东方杂志》有转载,见佩我译《世界神秘之研究》(《东方杂志》1916 年第 13 卷第 8 号)。此外,前文曾提到远涛译《大发明家爱狄逊氏将有灵学的新发明——与福伯斯君(B. F. Forbes)的谈话》亦曾提到爱迪生与灵学的关系,见《青年进步》1921 年第 39 期。

② [美]戴维·赫斯:《新时代科学》,乐于道译,第 16 页。

③ 刘青峰:《让科学的光芒照亮自己:近代科学为什么没有在中国产生》,新星出版社 2006 年版,第 80 页。

俞复曾创办新式学堂，但他却将扶乩等同于实验之具来"验证"鬼神。通过扶乩，他认为确有鬼神，"夫科学之见重于当世，亦以事事征诸实象，定其公律，可成为有系统之学而已，以今日所得扶乩之征验，则空中之确有物焉，不可诬矣"。进而，他对科学排斥鬼神颇为不满，提出了"此中尽有真理，足与我人以研究，孰谓重视科学者，于此而竟简单下之判断曰，吾不信有鬼神，或易一词曰即有鬼神亦无研究之价值"。①

姚作霖认为中国虽早有灵学之事迹，但缺乏"科学规范"下的研究，"此中缺点，盖在不信者意存轻视，肆口诋诬，而信者又不能以科学的方法研究真象，仅仅举其灵迹，集其惩劝之诗文，刊行分送，使读者不过与太上宝筏玉历宝钞传等类齐观"，从而对灵学会之"科学研究"分外嘉许。显然，姚氏是相信灵学会的扶乩为"科学研究"的，从而赞成俞复等"诚意设坛，仙凡莫隔……若有所示，笔之于册，当于研究神学大有裨益"。② 余冰臣乃以"鬼神摄影"作为证明灵学为"科学"的证据，提出"灵魂之学，已为世界公认，灵魂照像，见诸中外"。③ 不仅凡人强调灵学研究的科学实验性，"济祖"乃以"乩示"的形式，以伍廷芳所演示的"鬼照"作为实验之据来说明灵学不乏科学方法，"孰知鬼亦有形可象，有影可照。君不信，亦有实验"。④

此外，杨践形等与济南道院的《哲报》关系较为密切，其后期关于灵学的文章多发表于此。该刊主要编辑素果引灵学者为同道。他比附科学、相信灵学，提出"现今中西都有灵学会，用科学方法，极力研究，灵魂之确，已无问题。盖皆有经验上来，非从理想中出也。加之鬼神又从乩笔一面，详细宣布情状，于是灵魂之学日以彰明"。他以"以太"对应"灵界"，称前者"集多数灵魂于空

① 俞复：《答吴稚晖书》，《丛志》第1卷第1期。
② 姚作霖：《姚作霖先生书》，《丛志》第1卷第3期。
③ 余冰臣：《余冰臣先生书》，《丛志》第1卷第3期。
④ 《济祖师鬼神论》（下），《丛志》第1卷第1期。

间，故谓之灵界，西洋哲学家名之曰以太，释为布满空间而能透入物质者，即是灵界也。无形也，而实为人心之原"。他还把"以太"分作空间与人体两类，以之解释鬼神灵魂，"余以为空间之以太，即是鬼神，人体之以太，即是灵魂"。[1] 这种对"以太"概念的歪曲显然是素果的一种创造，显示了该词从西方到东方的一种异化。

（二）"弥补"科学

民国初年，受国内外思潮的影响，一部分人士如梁启超反思科学在近代中国发展的轨迹，认为科学偏于物质、重于应用，提出了"科学破产"说。1918 年秋，任鸿隽回国后受邀在上海演讲，观察到国人对科学的多元理解，如认为"用了机械，就会起机心""科学这个东西，就是物质主义，就是功利主义""你们讲科学的，就和从前讲实学的是一样的，不过做起文章来，拿那化学、物理中的名词公式，去代那子曰、诗云、张良、韩信等字眼罢了"等。[2] 可见，时人对科学的理解是非常浮泛的。

灵学会对科学的认知恰好是在这样的背景下发生的，由此反思并进而试图"弥补"科学。所谓"弥补"，体现为力图纠科学之偏和拓展科学边界，试图将鬼神等神秘现象纳入科学之域，解决自认为当前科学偏于物质弱于精神的局限。虽然这种"弥补"无异于歪曲，但说明了当时知识界对科学认知的模糊。

1. 反思科学不足

灵学会反思科学的不足直接来源于对当下的关切。据称，灵学在西方最初即为弥补进化论造成的心灵单调而来，"查尔斯·达尔文的自然选择的理论似乎把人简化成为一个机械化的物体。心灵仅仅是在运转的物质吗？在 19 世纪 40 年代，唯灵论开始出现了（或

---

① 素果：《说心灵》，《哲报》1925 年第 3 卷第 19 期。
② 任鸿隽：《何为科学家?》，《新青年》1919 年第 6 卷第 3 号。

说复现了，因为这一学科就如同中国和《旧约全书》一样古老)"。① 与西方不同的是，中国的灵学在反思科学不足方面往往借用和建立在诸如道与术、学与艺等中国传统概念的差异上，以旧学释新学，甚至将灵学纳入本体的意义中来理解。

杨践形以灵学表达自己对物质科学的不满，希望借助灵学改变近代以来学习西方专注物质而轻于精神的趋向，提出恢复重视心性之学的传统，认为"人生之幸福不在肉欲之恣肆，而在道德之尊隆，不在肢体之安适，而在精神之愉快"。杨践形认为当今社会是"人类物质化人类机械化而已。夫物质与机械之进步，至尽驱人类同化于物质与机械，岂诚发明科学者之初衷，或研究科学者之遗谴？"为改变这一状况，他主张"非提倡唯灵主义不为功"。杨氏认为，所谓唯灵主义即"研究灵学之原理而发明之应用之"，为"调和唯物唯心之偏执，而实为物质精神之根本"，否则，"偏执一见，专骛物质与机械之进步，粉饰外观，遗忘内容"。② 杨践形的观点在灵学会内得到了俞复等人的支持。俞复也持相同的见解，"弟子私愿，如蒙将灵学大加发明，使科哲沟通，则于学理上当能别开生面"。③

江亢虎为灵学会的会员，④ 又曾为中国心灵研究会作"精神式到"的题词，⑤ 无疑是热衷此道者。他把灵学的兴起归因于第一次世界大战后各国"觉着根本还不能十分文明"⑥，言外之意，要以灵学"弥补"之。江氏并非专门研究灵学者，其为文仅为一般性介

---

① ［英］I. G. 吉尼斯：《心灵学》，张燕云译，第 12 页。

② 杨践形：《灵学浅讲》，《哲报》1925 年第 3 卷第 16 期。

③ 俞复：《记载栏》九月二十二日，《丛志》第 1 卷第 10 期。

④ 《丛志》第 1 卷第 9 期。

⑤ 《心灵》1923 年秋号。

⑥ 江氏的观察有一定的依据，有研究称，"第一次世界大战造成了心灵研究某些方面的复苏。幸存下来的人们执迷于阅读有关与死者交流的流行报道。采用维加板和自动书写的人越来越多。士兵们声言着传心术体验、宗教上的显圣和值得注意的梦"。见《心灵学》，第 506 页。

绍灵学。同杨践形一致,江亢虎亦认为灵学起源于东方,提出灵学是东方文明的鼻祖,是"精神的精神"。据其考证,西方人研究的灵学"多从东方传入",系由中国经日本、荷兰传到美国的。江氏注意到现今灵学的原理并未被研究透彻,"灵学之理,现在人智识浅稚时代,还不能十分研究到底"。江氏认为,中西在灵学上有不同,"吾国素守神秘,不轻易传诸外人",而西方是公开的。当然,中国目前的灵学已与古代不同,即"以前研究灵学者,大都灰心时事,而今之诸公,犹肯为社会尽力,足见已觉悟许多"。此转变昭示着灵学的时代烙印,但此烙印的深浅亦有可进一步探问者。翻阅《灵学丛志》释疑栏,其叩问多与修养或利益相关,而有关国家大事方面则相对较少。最后,江亢虎毕竟识广,不忘提醒灵学仅为"天道","不过天道远,人道迩,吾们仍当从人事去作,人定可以胜天"。①

灵学会还从科学教育缺失的角度反思物质科学的偏颇,呼吁加强灵学"研究"。陆费逵撰文认为传统中国德性与学问是合一的,"君子尊德性而道问学",即完整的"学"应包括智与道,而目前教育仅注重"艺",即科学,由此导致教育内容的偏颇和物质主义的兴起。据此,他提出应该"学艺双修"。"吾更以为修学须取经于艺也,然一面习艺以资生,一面当求学以复性。否则物质文明愈发达,生活之欲愈甚,济恶之方愈多,其不相率而为禽兽者几希。如不能学艺并修,毋宁取学而舍艺,盖有学无艺,尚不失为有人格之人,本吾天赋之力,未必无资生之道也"。② 在致信丛志的若干人物中,会员余冰臣热忱尤高,主动要求在南通设立分会以"研究"灵学。余氏质疑当前科学教育的缺失,称之为"强盗教育",这种教育"以科学为教准,不知物质文明至今欧美而极盛,其效果用于机械,用于杀人。则今之科学教育,虽谓之强盗教育可也。其

---

① 江亢虎:《灵学会与国学之关系》,《哲报》1925 年第 3 卷第 18 期。
② 陆费逵:《论学》,《丛志》第 1 卷第 5 期。

失在仅知物质的科学，不知精神的科学"。他自认为灵学已获世界公认，"灵魂之学，已为世界公认，灵魂照像，见诸中外"；又能补当前科学之弊，"灵学者，实为凡百科学之冠，可以浚智慧，增道德，养精神，通天人"。①

2. 追溯科学历史

在科学史上，许多科学发明，如汽船、火车等，最初并不为人们所理解和接受，甚至引来嘲笑。这透露出科学探索道路的崎岖和循序渐进的历史。灵学会注意追溯科学的历史，就是想从科学史的角度演示科学边界不断拓展的动态情形，望有朝一日灵学被承认为科学。

灵学研究者常以此比附和自励。杨践形的同乡、后来担任无锡县长的曹滂，坚信知识无涯，而当前灵学"不能博世人信心者，实缘灵学尚在幼稚中"。其对未来灵学的自负源于对科学历史的考察，"譬诸晚近物质之文明，锐进不已。襄禀天空则有飞行之机，遨游海底则有潜水之艇，苟与古人言之，必掩耳骇走，曰此诙谐之论，不经之说"。②《灵学丛志》转录别处乩坛"吕祖"关于鬼神的"乩示"，提出鬼神"实有其质，但非目力之所能得。将来进化焉，知鬼人交通之理，如必目见为是"。其信心同样来自对科学历史的追溯以及对未来的乐观期待，"今则认为科学上之要点，力加研究，精进不已，煤力衰，电力盛，目光穷，爱光兴（爱光，即 X 光，所以名谓爱光者，能见一切形甚亲密，无一或遗之谓也，若是吾辈名曰爱，谁曰不宜）。鬼神一道，亦犹是耳。前十年，无鬼无神，近数年，科学昌明，鬼神亦得而有证"，亦即由物质科学而心灵科学的发展路径。③

在今天看来，灵学对科学未来的乐观心态可以说是一种建构论唯理主义的表现。所谓建构论唯理主义，是指那种立基于每个人都

---

① 余冰臣：《余冰臣先生书》，《丛志》第 1 卷第 3 期。
② 《曹母宿业记》，《丛志》第 2 卷第 1 期。
③ 《吕祖师迷信论（录从无锡溥仁坛正月十三日乩谕）》，《丛志》第 1 卷第 2 期。

倾向于理性行为和个人生而具有智识与善的假设,端颂扬人的理性能力,确信人能够掌握所有的知识即达到全知（perfect knowledge）的"全知论"。哈耶克将此夸大人类心智的自信视作一种盲目乐观,认为这是对理性的滥用,包括将自然科学的方法误用到社会科学的"科学主义"的做法。① 从这个角度出发,灵学派的确挪用了科学主义的理念。西方有研究者也承认,"唯灵论者把他们的运动视为科学向精神领域的扩张,把他们自己视为为宗教体验和宗教信仰提供科学上有根据和经验上有原由的基础"。②

3.　"拓展"科学边界

通过对科学不足的反思和对科学历史的追溯,灵学会歪曲科学,进而期望以鬼神"拓展"科学边界。

在西方,灵学最初以巫术为主要研究内容来"拓展"科学边界。威廉·克鲁克斯将巫术之一的物理巫术归因于某种"精神能量",认为"这是最新发现的一种能量形式,它的出现无疑扩大了物理学和生物学的界限"。③

国外灵学研究"弥补"科学的努力深得国内灵学研究者的认同。陈大齐即观察到,"迷信鬼神的人,他们自以为鬼神是事实,鬼神之说也是一种科学"。④ 鲁迅在批判灵学的文章中,曾有"先把科学东扯西拉,羼进鬼话,弄得是非不明,连科学也带了妖气"。⑤ 这些可谓此类科学认知的反证。灵学会一会员翻译了英国艾尔弗雷德·拉塞尔·华莱士⑥的《有鬼论之证明》登于丛志,译

① 参见卢毅《建构论唯理主义与进化论理性主义——一个解读"科玄论战"的新视角》,《东南学术》2001年第4期。

② ［美］戴维·赫斯:《新时代科学》,乐于道译,吴硕校,第28页。

③ ［英］I. G. 吉尼斯:《心灵学》,张燕云译,第75页。

④ 陈大齐:《心灵现象论》,《迷信与心理》,第32—33页。

⑤ 俟:《科学与鬼话》,《新青年》1918年第5卷第4期。

⑥ 华莱士为历史上著名的动物学家兼植物学家,和达尔文同时提出物种通过自然选择发生变异理论。恩格斯在《神灵世界中的自然科学》批判他相信灵学,见《马克思恩格斯选集》第4卷,第290—302页。

文强调英国心灵研究会严谨的科学态度。丛志按语提出，西方能不拘习见、不守藩篱，以求实的精神"扩展"科学边界，故能将知识界"视为茶余酒阑之谈助"者列入科学研究的范围，从而赞赏"彼人皆夙具有研究科学之识力，遇有异事异例之发生，决不以其与科学相扞格而遽屏却之，使不扰吾神志也。在彼之为此，固非好为自撤其科学之藩篱，而与人以可抵之隙，惟以得真理所在，实有不能灭没者耳。若执先入之见，而固拒一切不容其有讨论之余地，此必非真知科学者所忍出此也"。① 丛志编者深受影响，感叹西方为求真理而"弥补"科学的精神，暗示国内应摒除"先入之见"，加强和规范对此类问题的研究。

　　比如，俞复在答吴稚晖的信中，就系统阐述了其研究灵学的意图，表现出"弥补"科学的倾向。他先是批评了时人将"研究"鬼神与巫觋等同的偏见，"今之学者，耻言鬼神二字，一若言之，即自侪于巫觋之伦，为科学家所失笑"。针对吴稚晖对扶乩的批评，他承认昔日扶乩曾沦为迷信之具，但不能因噎废食、一概排斥，"夫昔之乩学以君家某为之，而遂以不尊不信，然乩学不能因君家某而永堕其价格，真理不久霾，得时而大昌，运会之盛，其不远乎"。进而，他认为科学边界是不断发展的，要用历史的眼光看待科学，并以未发明显微镜之前并非意味着微生物不存在为比喻来说明鬼神存在的道理，"昔人曾云一滴水中有万千微虫，方其时，固莫不以为妄言也，而今竟何如"。从科学不断发展的思路出发，他认为灵学能弥补当前科学的不足。首先，他认为当时对电的原理尚未研究透彻，希望"藉灵魂之传达，而别有其正负极性之研求"。其次，现有的交通工具如飞机等亦有空间限制，给灵学的施展留有余地，"飞艇之高冲，限于肉体之所能载，而于他星球之往返，尚复乎未之能逮，或留此未竟之弘功，俟诸灵学大成之日乎"。可见，

---

① 《有鬼论之证明》，《丛志》第 1 卷第 5 期。《哲报》第 3 卷第 19 期有转载。

俞复期望以灵学"弥补"现有科学，甚至把灵学视为科学发展的重要方向，对其发展抱有极大的期望，"冀灵学之成科，而后科学乃大告其成功，岂惟并行而不悖，定见相得而益彰"。[①]

俞氏具有一定的科学知识，却任意挪用和涂抹科学，期望以灵学拓展科学边界，体现了其模糊的科学认知。这在灵学会内部很有代表性。会员欧阳仲涛即认为若将一切归诸物质，则如何解释人体之机能及意识，如何解释宇宙有序运转的动力之源，进而提出了"如是则近取诸身而窬其有魂，仰瞻乎天而服其有神，宇宙现象果非质科学者所能毕解"，推导出宇宙存在非物质。他还自信地预测，"冀其于精神界现象咸深讨而闳辩之，十稔以往，学术将大变迁，今才发厥滥觞焉"。[②] 严复对俞复的论理颇为赞成，在承认"事严左证"的科学对历史"摧陷廓清之功不可诬"的同时，又对科学的法则有所质疑，诘问"世间之大，现象之多，实有发生非科学公例所能作解者。何得以不合吾例，遽然遂指为虚?"由此，他认可灵学会，支持"数十年来神秘所以渐成专科"的事实，而实际则潜藏着"扩展"现有科学边界的意图。[③] 丹皮尔描述了科学史上曾有一部分由困惑转而相信灵学的"合格的观察者"，提出"在'唯灵论'的现象中，有许多是出于自欺或有意的诈骗。但在合格的观察者眼里，即使把一切欺骗的成分除去，仍有一些现象不能解释，值得加以科学的研究"。[④] 严复恰像此类"合格的观察者"。他虽相信灵学，但不忘提醒从事灵学要以受过科学教育和不轻信为前提，"每有极异之事，庸愚人转目为固然；口耳相传，亦不问证据之充分与否，此最误事。故治灵学，必与经过科学教育，于此等事极不

① 俞复:《答吴稚晖书》,《丛志》第 1 卷第 1 期。

② 欧阳仲涛:《序二》,郭仁林《有鬼论》,(出版者不详) 1917 年版。

③ 严复:《严几道先生书》,《丛志》第 1 卷第 2 期。

④ [英] W. C. 丹皮尔:《科学史及其与哲学和宗教的关系》,李衍译,第 340 页。

轻信者为之，乃有进步"。① 毫无疑问，严复实际是认同以科学的精神来研究灵学的，与灵学会的自认灵学为"科学"在本质上是存在区别的。然而，对此差别，灵学会或未察觉，或有意漠视。

为"拓展"科学边界，杨践形从与物质相对的角度来阐述灵学。他认为灵学统摄一切学术，亦即"研究灵学，则可以沟通中外古今之文化、学术、道德，而了解一切超越常识以上之经验、思想、技能"。可见，杨氏把灵学视为研究一切现象的学术，无异于学术的代名词。杨氏理解的灵学探究人与外物的关系，而非专注于物质，即"研究物理与心境之关系现象，而说明其影响之效果"。具体展开讲，即"何者为物理之现象，何者为心境之现象，心境物理间所有关系如何，宇宙之本体从何而立，万有之变化从何而生，人类之枢机从何而发，其神妙不测之功用，自然流露之真情，必至若何时期，若何地位方能圆满，方是归宿"。② 时至民国，杨氏纵论世界学术的发展历程与得失，认为灵学是应学术发展机运而生的。他引用柏拉图的"哲学起于心所骇异"，认为学术起于"人意之动，由触外物而加察，则成思考，思己反思，真理斯耀"。学术发展的良好秩序应该是心物双资，即"善为智者，不舍心而执物，必因物以反思"。学术进展围绕科学领域之外而不断开辟新的领地，"凡自余科学所不能着手者，而得特有其领土，此学术之所以日有建设，真理日有发明"。杨氏认为，当今之世是分别以中国和欧洲为代表的中西文明冲撞激合的时代，也是一个调和物质文明和精神文明的学术复盛的时代。③ 在这样的一个时代，灵学"应运而生

---

① 严复：《严几道先生致侯疑始书》，《丛志》第 1 卷第 3 期。

② 杨践形：《灵学浅讲》，《哲报》1925 年第 3 卷第 16 期。

③ 杨氏总结中西学术起源与发展的历程，认为世界学术分为东西两支，东西再各分为中国和印度、希腊和犹太，经汉代和近代两个分界点后，乃有今日学术状况。这种总结特别是在学术类型的划分和时间标准的把握上，与胡适在《中国哲学史大纲》导言中的言说是完全一致的，东方出版社 1996 年版，第 4 页。另外，下文将提到，杨氏还撷取谢无量《中国哲学史》关于"科学与哲学""儒与伎"等不同概念的区分。

起，上以绍道学失传之绪，中以振文化复兴之势，下以启学术大成之机，济哲学之穷，补科学之偏，而改良社会之风化，增进人生之幸福，在文化史中放一异彩，在学术界中开一新纪元"。① 可见，灵学在杨践形这里具有了本体的意义，竟成为"理一万殊"之物。无独有偶，秦毓鎏亦将灵学视为学术的集合，认为宇宙体现了灵学的作用，科学仅是其子集而已，"广宇悠宙，无论幽明，万事万物，无一非灵之作用。即区区科学所发明，何能外灵学而独立。岂惟并行不悖，所谓科学者，直灵学之一端"。② 会员余冰臣亦有此类言论，认为当前科学"仅知物质的科学，不知精神的科学，流弊遂不知其极"，从而提出"灵学者，实为凡百科学之冠，可以浚智慧，增道德，养精神，通天人……灵学者，即谓之圣学可也"。③

综上，部分灵学者，如杨践形等，以传统巫术迷信接榫和消融灵学，使之逐渐由西方舶来品而本土化。在近代中国中西文化交流的过程中，有研究者总结这一文化现象，提出"由于传统中国文化的范畴与概念的意会性、外延内涵的边际条件的非确指性、模糊性，使士大夫运用这类概念来表述近代西方异源事物时，就有了用主观上任意扩大传统概念的外延指谓范围的方式来容纳、包容西方事物的可能性和弹性。这是一种十分方便省力地表述中国人从未经见的异质事物的方法……使西方新异事物立即被轻而易举地归类到中国士大夫原有的认知结构及范畴体系中，转换为中国士大夫可以直接'理解'的概念形态……它表现了认知的异质扭曲"。④ 这一总结可以帮助我们理解杨践形等人"灵学"概念变异形成的过程。在民初新文化运动正酣之际，这种"认知的异质扭曲"不但歪曲了科学，而且试图回到"神道设教"，这势必被新青年派定为批判的对象。

① 杨践形：《灵学浅讲》，《哲报》1925年第3卷第17期。
② 秦毓鎏：《秦效鲁先生书》，《丛志》第1卷第2期。
③ 余冰臣：《余冰臣先生书》，《丛志》第1卷第3期。
④ 萧功秦：《儒家文化的困境——近代士大夫与中西文化碰撞》，广西师范大学出版社2006年版，第42—43页。

第 五 章

五四时期新青年派对灵学的批判

　　灵学会以鬼神为灵学诠释的对象，主张有鬼论，试图比附和"弥补"科学，模糊和混淆了知识界对科学的认知，从而被提倡科学的新青年派定为批判对象。从 1918 年 5 月至翌年 4 月，新青年派对灵学的批判大体分 3 个阶段展开：先是陈独秀等对丛志的批判；继而灵学者易乙玄不满，起而质疑；最后则是深受灵学影响的莫等仍坚信不已，致信《新青年》，引发论争。①

　　总结前后的批判，新青年派分别从哲学立场、科学知识、历史传统等不同路径展开，而以证明灵学会作伪为中心，以事实对事实，力图揭示灵学会作伪和厘清其对科学认知模糊的现象。当然，各路径间并非泾渭分明。以下依路径为序进行梳理。

一　以哲学立场批判灵学

　　恰如有研究者所提出的，陈独秀不拘泥于灵学具体真伪的判断，而直接从世界观的角度立论，体现了其思想界领袖的魅力。②

---

　　①　具体文章见附录表七。需要指出的是，易乙玄和莫等相信灵学，但他们是否为灵学会会员则无确切资料支持。但考虑到易乙玄和莫等的文章写于新青年派批判丛志之后，很大程度上是因此起而辩护，在内容上相关，在时间上紧凑，可视为新青年派批判灵学会的一种延续。故本书将二者一并梳理。

　　②　参见程钢《陈独秀反灵学中的一元论思想及其渊源》，《清华大学学报》1989 年第 3、4 期。

陈氏的《有鬼论质疑》主要以海克尔的一元论并兼及科学知识，着眼于鬼神有无之证伪，提出"吾人感觉所及之物，今日科学，略可解释"①，从而否定鬼神，否认存在超自然之理。易乙玄起而反驳，主张科学不尽能解释感觉，如见"鬼形"与闻"鬼声"之感觉乃是"灵力"所为，是为超自然之理，提出"超自然之理，则终非科学所能解释，亦如科学之不能诠哲学"②，试图"弥补"科学。双方以感觉为界，围绕科学能否解释全部感觉涉及科学的边界问题，亦即感觉之外是否仍有"科学公例"。

据相关研究，与灵学派论辩前后，陈独秀正深受法国哲学家柏格森③、德国生物学家海克尔④的影响。在《敬告青年》一文中，陈氏引柏格森创造进化论，鼓励青年抛弃保守、日新日进。⑤ 此前于 1917 年，陈氏曾翻译海克尔的《科学与基督教》，服膺于一元论思想。⑥ 海克尔力主批判灵学，曾揭示欧美灵学的哲学逻辑，"他们抱一种真正的二元思想，说灵魂另是一物，不过一时住在头脑里，像蜗牛在壳里一样。头脑就是死了，那灵魂还是存在，永远不会消灭的。照他们的说法（卜拉图以来就是这样），这不灭的灵魂，是个非物质的实在，独自会感觉、思想、动作，不过用这物质的身体，做个暂时的器械"。据此，他批判灵学为迷信，"近世书籍里那些心灵学、鬼学，都应该列为迷信"，并认为"这种心灵的欺诈要戴着科学的假面具，利用催眠术的生理现象，甚至于冒充一元论，

---

① 陈独秀：《有鬼论质疑》，《新青年》1918 年第 4 卷第 5 号。

② 易乙玄：《答陈独秀先生〈有鬼论质疑〉》，《新青年》1918 年第 5 卷第 2 号。

③ 亨利·柏格森（Henri Bergson, 1859 – 1941），法国哲学家，民初《汉译科学大纲》灵学篇称其为英国灵学会会员，并登其肖像。

④ 程钢研究提出，这一时期尼采、柏格森、海克尔三人出现在陈独秀文章中的次数同样多。参见前引程文。

⑤ 即"自宇宙之根本大法言之，森罗万象，无日不在演进之途，万无保守现状之理；特以俗见拘牵，谓有二境，此法兰西当代大哲柏格森（H. Borgson）之创造进化论（L'Erolntion creatrice）所以风靡一世也"。见《独秀文存》，第 5 页。

⑥ 载《新青年》1917 年 8 月第 3 卷第 6 号；1918 年 1 月第 4 卷第 1 号。

那就尤其危险了"。① 在批判灵学的过程中，陈氏颇倚重海克尔的一元论。同时，陈氏在科学观方面则服膺于孔德经验论实证主义，相信由迷信、玄学到科学的进化路线，注重对感觉和经验的证明。②

《有鬼论质疑》在质疑之先提出了"物质感觉以外，岂必无真理可寻"的反问，以退为进，证伪鬼神之说，亦即质问"科学公例"之外有无真理。在此文之先，陈氏已服膺于科学主义，针对"或谓宇宙人生之秘密，非科学所可解"，他回答为"余则以为科学之进步，前途尚远。吾人未可以今日之科学自画"，即相信未来科学发展。③

从内容上分析，该文批判灵学着笔慎重，有别于陈氏其他文章言语犀利之风格。这是因为陈氏面临以下不容怠慢的问题：第一，注意到灵学多"援用欧美人之灵魂说"，有西学成分；第二，看到灵学者多为"好学尊疑之士"，不是一般的迷信分子；第三，意识到灵学涉及感觉与超感觉的分歧，意即面临灵学者"远西性觉 intuition（日本人译为直觉，或云直观，或云观照。吾以为即释家之所谓'自心现量'，乃超越感觉之知觉也，与感觉 sensibility 为对文）哲学方盛，物质感觉以外，岂必无真理可寻"这样的哲学追问，涉及哲学问题。④ 联想到陈氏曾征引柏格森的哲学观点，这里所谓的"远西 intuition"无疑出自柏格森直觉主义的哲学思想。

为此，陈氏以退为进，以灵学信奉者的口吻自问自答，从内部批判灵学。他以鬼有质与无质为标准，逐次质疑之，证明无鬼。主要有鬼为非物质所包，非感觉所及，为何有人能见之闻之；鬼有形

---

① ［德］海克尔：《生命之不可思议》，《刘文典文集》之十一，第 188—189、227 页。

② 1917 年，陈氏在《近代西洋教育》中曾援引孔德"宗教迷信""玄学幻想""科学实证"三时代的进化路径，参见《独秀文存》，第 108 页。在科玄论战中，曾再次提及这一进化路线，称"我们还在宗教迷信时代"，参见《〈科学与人生观〉序》，张君劢等《科学与人生观》，第 2 页。

③ 陈独秀：《再论孔教问题》，《独秀文存》，第 91 页。

④ 陈独秀：《有鬼论质疑》，《新青年》1918 年第 4 卷第 5 号。

质，则物灵二元不成立，且为何不占空间；鬼有形无质，则为虚幻，非实有，且衣食男女之事亦无；若属于灵界，为何有人间气象，如音容笑貌、国籍习俗等；一切生物皆应有鬼，为何只见人鬼等。① 这些实际上贯彻了一种哲学观，即海克尔的一元论。但陈氏并没有明确质疑直觉即超感觉问题是否能见鬼，至少对柏格森的直觉主义未做评价。而柏格森哲学的一个重要内容，就是对科学理性的批判，从而宣扬直觉的重要性。② 这引起了灵学者易乙玄的反驳。后者就是围绕"感觉"展开对陈氏的质疑的。这的确是陈氏的一个疏忽，前文已提及，毕竟柏格森是西方灵学研究的重要人物之一。在同一时期之内，陈独秀在接受柏格森创造进化论的同时，以海克尔批判民初中国的灵学，显示五四时期学说流派之芜杂。下文将要提及的莫等即抱怨学说不一，无所适从。

易乙玄在阅读《有鬼论质疑》后，自以为是，认为陈氏"对于鬼之有无，尚不能十分明解"，大有纠正之意。他开篇即称，"乙玄不敏，然平日主有鬼论甚力"，因此阅读陈氏质疑鬼神的文章后，起而辩驳。其主要观点是"超自然之理，则终非科学所能解释，亦如科学之不能诠哲学"。循此思路，他提出感觉不尽为科学所解释，灵物二元论不能取消，幽界的确存在，不能以科学解释；且因灵学理论也正处于发展中，目前不能全部解释清楚，"欲知此等组织，今尚未达到时期"等。作为对应，易文总结陈氏文章为八条质疑，依次开列，逐条回复。作为反驳，陈氏与刘叔雅亦有文章进行回应。③

第一，针对陈独秀以物质科学的法则来否认鬼神，质疑鬼神无

① 陈独秀：《有鬼论质疑》，《新青年》1918 年第 4 卷第 5 号。

② 参见吴先伍《现代性的追求与批评——柏格森与中国近代哲学》，安徽人民出版社 2005 年版。

③ 分别为易乙玄之《答陈独秀先生〈有鬼论质疑〉》、陈独秀之《质疑易乙玄》以及刘叔雅之《难易乙玄》，同见《新青年》第 5 卷第 2 号，1918 年。本部分引文未注明者皆出于此。

形无质，何以能有感觉；既是超感觉，何以人能见闻之，易乙玄则以其所谓"灵力"来回答。他认为"人之能见鬼形或闻鬼声，因富有一种灵力。感觉不过灵力之利用品而已。所谓灵力为先天的、常住的、自存的，Plato 谓之本体，Spinoza 则谓物灵乃本体之属性也。灵力强者与鬼交通易，灵力弱者与鬼交通难"。刘叔雅从经验出发，以"灵力强者"与"圣人"等同，反问既然灵力强者能见鬼，为何圣人存而不论，"彼'过阴''讨亡''捉鬼''看香头'者，反皆阛阓之贱丈夫，而崇信之者亦皆乡曲之俗士乎"。

易氏提出科学有其解释的边界，超自然之理则超出其界限，"至感觉所及之物，不尽能为科学所解释，如幻象、光学者莫辨其由；而感觉所不及之物，亦有时能为科学所解释，如微生物，非显微镜则终不能见之也。近世心理学者，多谓感觉应属于精神上的物质，故能与科学接近，而又能与心灵哲学接近。西洋近虽有以精密器械（如心脏悸动计、电气记录法、压力计等）证明有鬼，然究不过示人以信，止人之谤。而此超自然之理，则终非科学所能解释，亦如科学之不能诠哲学也"。这里，易乙玄以幻象和光学为例说明科学的局限性，是其学识理解错误，但误打误撞，提出了科学边界问题。

显然，认为科学有边界和有解释权限是陈氏等主张科学万能者所不能承认和接受的。陈独秀曾提出，"举凡一事之兴，一物之细，罔不诉之科学法则，以定其得失从违"①，宗教信仰也要接受科学法则的检验，"皆在废弃之列"。② 在反驳中，针对易乙玄提出的感觉所及不尽能为科学所解释的说法，陈氏再三声称无论真幻，能被感觉即可被科学解释，"感觉以内之事，科学所能解释也。科学不能解释幻象、光学，诚闻所未闻"，显然与易氏的原则不一。当时其他灵学者也认为，"感觉"并非科学划界的标准。余萍客即批评

---

① 陈独秀：《敬告青年》，《独秀文存》，第 9 页。
② 陈独秀：《再论孔教问题》，《独秀文存》，第 91 页。

其时的科学无视超感觉现象，期望纳"超感觉"入科学的范围，"普通曾受教育的人，醉心物质，专重实验，都以人体感觉机官，为知觉唯一的途径，而不知道心灵现象常常都是超越感觉的"。① 刘叔雅同样以科学万能推敲易氏的主张，纳感觉入科学认识的范围，认为鬼既能以器械证明，当为有形有质，与物质无异，"是易子所谓鬼者，殆化学上原质之一种。是鬼之为物，当供自然科学家之研究，不得谓非科学所能解释也"。

第二，针对陈独秀假设的鬼果然形质具备，则物灵二元论不能成立，易乙玄则抽取西方某些哲学家关于灵魂的论述为援，把鬼神有无视同本体与现象之别，提出显微镜虽能直接见微生物，而人有"灵力"则不一定能轻易见到鬼。"康德不云乎：物之自身与现象炯然有别，不可不辨。Plato 亦分思想界与个物界"。陈氏则在此坚持认为，若鬼有质则是为物，故灵物二元论则不存在。刘叔雅提出，易氏所谓的二元论即为一元论，"一元论主张形即神，神即形，范缜之《神灭论》即其代表"。这里刘氏是以无神论者范缜的"形神相即"来解释灵物二元论，得出一元论。事实上，在下文将提到易氏所坚持的乃是鬼有形无质、形神相离，是为二元论的。

论辩至此，陈独秀前文揭示灵学者多"援用欧美人之灵魂说"确窥破其凭依资源。易乙玄所倚重的论据多撷取西方著名哲学家的灵魂学说。但是，与灵学者以此为据论证鬼神存在不同，"灵魂说是西方哲学的诞生地和秘密，是人性和神性、人论和神论的交汇地"。② 可见，灵学者对西方灵魂说的征引仅看到了所论的表面，而遗其精华。如文中提到的 Plato 即柏拉图，其灵魂说注重的乃是形而上的意义，是其理念论的源泉和本体论、知识论乃至社会政治伦理说的重要依据。又如，康德的灵魂观是为了验证经验世界的真

① 余萍客：《心灵研究》，《心灵》1922 年秋号。
② 黄颂杰：《灵魂说：西方哲学的诞生地和秘密——柏拉图和亚里士多德灵魂说研究》，《学术月刊》2006 年第 8 期。

实性，科学只能解释经验而将灵魂排除在外，"现象世界就是经验世界，是我们能够经历的惟一的世界，只要假定有先验的活动的灵魂，就能证明这个世界的真实性"。① 当然，需要交代的是，西方亦经历了以科学研究灵魂的历程，但这仅发生于 19 世纪，且灵学派并未注目于此，"在那个世纪初（即 19 世纪——引者注），心理学被看成是有关灵魂的科学。到了那个世纪末，心理学已经或多或少地放弃了灵魂，而用心理取而代之。尽管如此，我想说的是，大多数心理学家仍期盼着这门有关心理的科学能够加固重要的宗教信念"。②

第三，针对鬼有质何以不占空间及冥界人满为患的诘问，易乙玄在嘲笑陈氏引用王充观点的同时，提出在自著的《心灵学》中已回答了这个问题，"鬼死为人，人死为鬼；今不见显界有人满之患，又安知幽界有人满之患耶"。关于此问题，陈氏确实延续了王充的论述。王充曾提出"天地开辟，人皇以来，随寿而死，若中年夭亡，以亿万数。计今人之数不若死者多。如人死辄为鬼，则道路之上一步一鬼。人且死见鬼，宜见数百千万，满堂盈庭，填塞巷路"。③ 王充既然从经验出发批驳无鬼说，易乙玄亦以经验对应，彼此难分高下。刘叔雅同样以经验反驳易氏，提出显界人口日增，"即幽界人口日减，长此不已，有鬼亦终归无鬼而已"。针对精密器械可以证明有鬼之说，刘叔雅提及心理学家达维（Davey）的一次催眠暗示为例，说明群体易受感染作用、以讹传讹，间巷之传不可信，并提示易氏阅读该章，暗示易氏是受感染作用而坚持有鬼说的。④

---

① ［美］爱德华·S. 里德：《从灵魂到心理》，李丽译，第 68 页。

② 同上书，第 3 页。

③ 王充：《论衡·论死篇》，岳麓出版社 2006 年版，第 267 页。

④ 心理学家达维曾在信从灵学的华莱士等人面前表演精神现象，以致华莱士等人相信这是超自然现象，从而论证所谓的灵魂现象可以通过简单的骗术造成的结论，即"不是骗术本身的神奇，而是外行目击者所提供的报告的极端错误"。《乌合之众——大众心理研究》（冯克利译，中央编译出版社 2004 年版）的作者古斯塔夫·勒庞引此事例，说明群体的一个普遍特征是极易受人暗示。见该书第 24—27 页。

第四，针对陈独秀认为鬼有形无质是幻象的判断，易乙玄提出"精神的物质"一说，认为幻象是"精神的物质上一种之现象。若鬼，则纯属精神的，故有形而无质，有质即非鬼矣"。陈氏坚持认为若鬼无质，则无所谓幽界存在。"鬼果无质，则所谓有、所谓存在，将等诸天道思想等抽象名词耳。何得组织一幽界，且来往显界"。刘叔雅则对易氏的"精神的物质"颇为质疑，怀疑是否存在此术语。事实上，与该词相类似的提法在《心灵学讲义》中亦曾出现，如"所谓心灵的物质化者，乃为幽灵实体之出现"① 等。此外，其他文章中还有"精神之非物质"之称，其意是以精神统领一切，即"精神之发动，而托于物质，则举凡世界之物质文明，皆为精神所创造者也"。② 这透露出不同科学认知之间在话语上的障碍，进而反映出科学与非科学之间的认识分歧，说明超越经验从哲学立场批判有鬼论的重要性。

第五，针对陈独秀质问的鬼既无质故无衣服饮食，易乙玄认为显幽两界有相同者有不同处，"吾人今日所最急于研究者，在证明有鬼，至幽界之衣服、男女之事，须待能与鬼以一定之交通后，始得明其真象"。事实上，能谈鬼证鬼者当然不可能遵循科学的逻辑，如丛志有"乩示"称，"鬼也者，灵能之力也，非血肉之质也。灵能之力，无所谓生长，即无所谓新陈代谢也，盖力之存于宇宙者，无古无今，无新无旧，无始终，无生灭，故不须代谢而自然常存"。③ 显然这一"乩示"绕开了陈独秀等人以经验观察为出发点进行质问的范围。

第六，针对鬼是灵非物，为何能发出为质时的声音笑貌，易乙玄认为此说本身是错误的，"夫鬼者，其状貌虽能自现，而发音则必藉他物，始能闻于人世"。易乙玄所据系引用 1847 年美国教徒

---

① 《心灵学讲义》，心灵科学书局 1933 年版，第 128 页。
② 《宣言》，《心灵》1922 年秋号。
③ 《黑水大神鬼理篇》（五：鬼之饮食说下），《丛志》第 1 卷第 2 期。

John W. Fox 家发出怪音,说明鬼借他物传声。查阅灵学历史,此次事件虽标志着近代"唯灵"运动的开始,但 40 年后,即 1887 年,当事者已经承认了她们当年制造的声音为骗局。①

第七,针对陈独秀质疑幽界中国籍、语言、习俗等问题,易乙玄认为当今之急是证明鬼存在,"欲知此等组织,今尚未达到时期,只能证明有鬼而已。然由此一步一步地进,不但可知其内部的组织,且可与彼辈交通,此可断言者"。至于如何与"鬼交通",他认为,"与鬼交通事,近世已形发达,如传心术、降神术、念写"。这里,易氏的陈述显然自相矛盾,既称与鬼交通已渐发达,又认为当今之急是证明鬼的存在。

第八,针对陈独秀提出的为何不见动物之鬼,易乙玄同样以目前还未研究到此问题为答,认为"人之精力有限,或见之而不识为何物,此乃研究鬼(广义的)之最后问题,此时则无暇及之也"。

显然,易乙玄的论述漏洞百出、逻辑淆乱,如易氏既已提到目前当务之急是证明有鬼,但在文章最后却总结道:"鬼之存在,至今日已无丝毫疑义,以言学理,以言实事,以言机械,皆可用以证明之",明显前后不一。可见,易乙玄的 8 条质疑以有鬼论为前提,从开始略带论理的口气逐渐走向以妄断和诡辩结束,并没有回答陈独秀的质疑。

陈独秀等回复易氏的论辩从世界观出发,主要围绕对科学的认知展开,即自然与超自然、感觉与超感觉。在西方科学哲学发展的过程中,实证主义从经验与观察出发,提出证实的原则,认为"一切科学命题最后都必须能还原为经验命题或观察命题,从而得以为经验所证实或证伪,只有这样,才能保证科学知识的确实性、精确性,实现哲学的科学化"。② 而陈氏所推崇的正在于此,提出"今

---

① 潘涛:《美国灵学与反灵学斗争大事记(1848—1996)》,何作庥《伪科学再曝光》,中国社会科学出版社 1999 年版,第 272 页。

② 吴晓红:《可证实原则与可证伪原则的不对等性》,《广西社会科学》2004 年第 8 期。

欲学术兴，真理明，归纳论理之术，科学实证之法，其必代圣教而兴欤"。① 可以看出，陈氏正是以科学哲学中的实证主义来捍卫科学的，超自然之理显然不在其视野中。这在陈氏的《科学与宗教》一文中阐述得更加清晰。该文仅 200 余字，将近代科学历数殆尽，从天文学、地质学、生物学、人类学、解剖学等各领域，以因果律和进化论证明宇宙间未见有宗教所言神灵主宰一切的事实。由此，他责问有鬼论者，"此森罗万象中，果有神灵为之主宰；则成毁任意，何故迟之日久，一无逃于科学的法则耶?"② 显然，陈氏持科学公例论，主张科学法则解释一切，排斥鬼神存在的可能性，并自认摧毁宗教成立的基础，"人类将来真实信解行证，必以科学为正轨，一切宗教，皆在废弃之列"。③ 其科学观明显偏重自然科学，未涉及社会人文学科，如对意识与心理的研究等。诚如有论者所提出的，包括批判灵学在内，"《新青年》上刊登的大多数文章，都惊人地表现出同样的务实倾向，几乎就没有谁能把眼光放开一点，想得再'玄'一点，也很少有人表现出对于形而上学的兴趣"。④ 陈氏等奋起批判灵学理有固然。

戴维·赫斯分析并提出怀疑论者、超心理学家和新时代信徒三者在科学观方面有一个共同的基础，即都把科学简单化为自然科学，"他们几乎不约而同地指物理学、化学、地质学、生物学等自然科学，进而夸大'科学'，支持唯物论和机械论与二元论或整体论之间形而上学对立的一极或另一极。'科学'就是不包括或指社

---

① 陈独秀：《圣言与学术》，《独秀文存》，第 554 页。

② 陈独秀：《科学与宗教》，《新青年》1918 年第 5 卷第 1 号。程钢认为该文是对海克尔《宇宙之谜》之十三章《进化论》部分的"缩写"，见"陈独秀反灵学中的一元论思想及其渊源"，《清华大学学报》1989 年第 4 卷第 3、4 期。这种现象在当时似乎是一件很自然的事情，如张君劢针即称"今国中号为学问家者，何一人能真有发明，大家皆抄袭外人之言耳"，见《再论人生观与科学并答丁在君》，张君劢等《科学与人生观》，第 79 页。

③ 陈独秀：《再论孔教问题》，《独秀文存》，第 91 页。

④ 王晓明：《刺丛里的求索》，上海远东出版社 1995 年版，第 274 页。

会科学或人文科学，实际上人文科学观点的任何讨论都被令人怀疑地省略了"。① 陈独秀当时所倚重的也是自然科学，进而推及放大到社会领域，排斥宗教等人文事象。陈方竞总括了五四时期陈独秀的科学观，认为其将科学作为一种包打一切的"信条"，是一种对科学的非科学地模糊性运用，从而走向科学的反面，拒斥科学以外的任何价值。② 同样，灵学派所谓的"弥补"科学偏于物质的局限，也是仅看到并曲解了科学作为自然科学的一面，而简单断言科学无关乎人文，提出"近观吾人，亦皆以目前物质为心，无所信仰，置仁义道德于不问。故以二千余年儒释佛老之教，一切视若迂腐之论，以致上下交征，有危祖国"。③

　　这里，笔者在不苟求古人的前提下，不妨试着分析陈氏批判有鬼论的局限性。无疑，陈氏从海克尔一元论的哲学立场质疑有鬼说，能够在一定程度上超出历来经验主义的视角，抓住有鬼论的本质。但是，海克尔的一元论毕竟还是机械的、自发的、直观的、缺乏辩证法的自然科学的唯物主义。列宁曾全面评价了海克尔的哲学思想，指出"尽管海克尔的哲学具有素朴性……（然而）显示了自然科学的唯物主义是根深蒂固的……但是他用这样坚定而素朴的信念所阐明的见解，跟形形色色流行的哲学唯心主义是绝对不可调和的"。④ 国内有研究者也提出海克尔一元论属于自然科学的唯物主义，"从根本上说，自然科学的唯物主义的局限性就表现在不懂得辩证法"。⑤ 因此，陈氏此处所倚重的"哲学武器"本身是不彻底的，其行文中较多地依靠科学实证和感觉经验以及古代无神论思

---

① ［美］戴维·赫斯：《新时代科学》，乐于道译，吴硕校，第 227 页。

② 陈方竞：《多重对话——中国新文学的发生》，人民文学出版社 2003 年版，第 305 页。

③ 《伍博士演讲通神学》，《申报》1920 年 11 月 12 日。

④ 《列宁选集》第 2 卷，人民出版社 1972 年版，第 357—358 页。

⑤ 袁义江、高阳：《论海克尔〈宇宙之谜〉中的唯物主义思想》，《喀什师范学院学报》1989 年第 4 期。

想，如易乙玄一再辩护称"此条又是王充说过的"。在陈氏的 8 条质疑中，如最后一条完全归入经验范围，提出"人若有鬼，一切生物皆应有鬼，而何以今之言鬼者，只见人鬼，不见犬、马之鬼"。正如有研究者提出的，"历史证明，对神学进行经验的批判，在一定范围内有一定的作用，但批不倒神学"。① 随着近代社会的急进前行，至 1920 年前后，陈独秀最终接受并服膺于马克思主义，从而彻底掌握了针对有鬼论的"批判的武器"，自我超越了这一局限性，并以之在科玄论战中为各方指点迷津。

令人费解的是，刘叔雅提醒易氏，"既主张有鬼，又颇欲借西洋学者之言以文饰己说，则请勿拉扯柏拉图、斯宾挪莎诸公"，同时又认为洛奇的《死后之生存》以及比国文豪梅特尔林克氏所著的《死后若何》，"尚可一读。斯二子者皆西洋人之主张有鬼论者，其言亦较有价值也"。其言外之意认为柏拉图等人非鬼学专家，而洛奇等为研究鬼的学者，相对有价值，不知刘氏批驳灵学何在。

二　以科学知识批判灵学

民初，灵学派虽具有一定的科学知识，但多强为比附以诠释灵学，基本学识错误之处比比皆是。因此，新青年派以普及学识来释疑解惑，指出灵学派在扶乩和放射原理等学识上的误读错用，戳破其"学理"基础，以此批判灵学。这些批判走出了历来鬼神有无争论中的哲学与经验的立场，分别从科学的角度予以批驳，丰富了中国无神论史的诠释路径。

（一）以心理学揭示灵学会扶乩作伪

陈大齐的《辟灵学》是从学理方面批驳灵学的力作。新青年派批判灵学的文章大都以揭示灵学会作伪为指归，但与其他文章主要

---

① 牙含章、王友三：《中国无神论史》，第 295 页。

分析丛志内容不同，陈氏侧重以心理学的知识来分析扶乩现象，从而得出灵学会作伪的事实。"以科学之理解释扶乩，以明扶乩之为变态心理现象，而非真有'圣贤仙佛'之降临'灵学会'"。之所以如此，是因为陈氏看到对方亦自称科学，亟须澄清灵学会对科学的模糊认知，"迷信鬼神的人，他们自以为鬼神是事实，鬼神之说也是一种科学。若开口便说他们迷信，他们一定不服，所以现在拿了科学的眼光来考察这些心灵现象，究竟是真的还是假的"。① 其思路大体是扶乩是无意识之我自动作用的结果，意识之我不能觉察；无意识能将平时收集的信息在扶乩时表现出来，其中有些信息超出扶乩者平时所能所知，从而造成了神秘假象。

陈大齐在分析扶乩时，着力以"无意识"分析扶乩之所以能自动的现象，以此祛除扶乩之神秘面纱。针对扶乩过程中扶乩者感觉不到手动的现象，他以心理学知识提出，"动之者仍是扶者，不过是扶者之无意识的筋肉动作耳。此种动作，虽于扶者为无意识，然仍出于扶者之筋肉，仍以扶者为动原。人生有许多自动作用（automatic action），如心脏之跳动、胃脏之消化，虽属生理一方面，亦是自动作用。方其运行也，人未尝以意志支配之，亦未尝知觉之。故自动作用是无意识作用，扶者动乩之筋肉动作，亦此种无意识的自动作用之一也。因是无意识作用，故乩之动，虽原于扶者手臂筋肉之动，而扶者不自觉其运动出于彼也"。因无意识作用其间，扶乩者并不能觉察自动，"扶乩现象是一时的变态现象，扶者之手与臂一时为扶者下意识之我所占领。故手之运动，及其所作之文字，扶者意识之我莫从而知之"，从而引起了各种神秘解释。

为论证扶乩并非神秘，陈氏介绍了西方与扶乩同具有自动作用的其他形式，如"三角板"（planchette）、"魔摆"（magic pendulum）等。此外，西方有"测思术"（thought - reading）者，即通常所称的"传心术"，能将藏在任意地方的物品轻易找到。陈氏认

---

① 陈大齐：《心灵现象论》，《迷信与心理》，第32—33页。

为，"术者之所以能趋赴藏者所思之处者，亦以受藏者筋肉无意识的自动运动之影响使然。盖藏者心中切念物藏某处，其心中所想，于不知不觉间，发而为筋肉运动，欲引术者至其所思之处，术者心地寂静，纯取被动态度，其肩或额为藏者所扶，遂藉此以受扶者之运动，而随以运动。当此之时，术者纯属被动之体，其反于藏者之关系，犹乩之于扶者，摆之于持者也"。可见，陈氏是将"传心术"的现象比作扶乩的，"测思术之术者犹扶乩时之乩，观彼又足以喻此"。

今天看来，这种解释犹过于玄虚，超出了常人的理解，能否为时人所接受，尚待证明。关于心理学是否为科学的划界至今仍有争论，众说纷纭，有自然科学、人文科学、边缘科学，甚至超科学、类科学之分。[1] 陈大齐是民初著名的心理学家，认为"心理学乃研究心作用之科学，即研究精神作用之科学"；变态心理学是心理学的分支之一，"研究精神异常之状态，所谓精神异常状态者，如精神病之精神作用、催眠时之精神作用是也"。[2] 扶乩被认为属于变态心理学解释的范围。同样，以心理学解释扶乩，马叙伦的言辞较为舒缓。在相信心理学能解释扶乩现象的同时，他认为"特潜识之变幻，今之心理学者尚未能究阐其极"，言辞间留有余地。而且，马氏能结合高吹万的扶乩过程说明扶乩原理，浅显易懂，"观其每记有乩忽停止之时，在吹万意其女忆去，不知扶乩者之心理中或呈怠状，乃有此变动耳。余昔尝用碟乩，竟无一成，说者必谓余之不诚，苟有鬼神，即余不诚，亦当有告。以诚而告，弥征为心理之反应矣。故信有极幻之事实，乃皆物理的而非玄学的"。[3] 也就是说，马叙伦亦曾实验过扶乩之事，证明其是物理而非玄学的作用，与陈

---

① 孟维杰：《从科学划界看心理学划界的深层思考》，《科学技术与辩证法》2007 年第 1 期。

② 陈大齐：《心理学大纲》，商务印书馆 1918 年版，第 3、12 页。

③ 马叙伦：《高吹万扶乩》，《石屋续沈》民国丛书 3 编之第 87 册，建文书店1949 年版影印本，第 150—151 页。

大齐的仅谈学理有别。

针对外人以扶乩者多为尚无基本知识之幼童从而视扶乩为鬼神降临，陈氏认为，"下意识之我"能将平日所见所闻于变态现象时展示出来，因此即使为平时"意识之我"所不能的事件，"下意识之我"亦能为之，"意识之我所视而不见、听而不闻者，下意识之我得见之、闻之；或意识之我所既经遗忘、不稍留痕迹者，下意识之我得牢记之，且与经验当时之情形无丝毫之异"。据此，陈氏认为，扶乩所得之文字确是扶乩者所作，并以意识及下意识为判断真伪的标准，"有意作伪者，出自扶者意识之我；无意作伪者，出自扶者下意识之我"。进而，陈氏将分析结果应用于灵学会，提出"'灵学会'诸君虽无作伪之意，犹不失有作伪之实"。事实上，这种解释未必能让阅者信服，甚至为灵学派如莫等引证己论。陈氏从纯学理的角度立论批判，缺失实践经验是其弱项。做过录乩谕的包天笑后来问询其表叔扶乩是真是假，后者以"可以说真的，可以说假"和"若有神助"对之。其大意是，"譬如在乩坛上求仙方，假使教一个一点儿没有医学知识的人去扶乩，那就一样药也开不出来。若是有医学知识的人去扶乩，自然而然心领神会，开出一张好的方子来，使病家一吃就愈。再说：假使一个向不识字的人去扶乩，沙盘里也写不出来"。这里，"一样药也开不出来"显然与"下意识"之说不符，而能开出药方来则与有医学知识有关，即与意识有关。对这种解释，包天笑虽"疑团莫释"，但还是倾向于"神道设教"之说。① 此外，被学界誉为"20 世纪规模最大的中国民间教门田野调查"② 的《山东民间秘密教门》一书，通过切实可信的田野调查，揭示了关于扶乩的另一真实面目，"从我在一贯道的七八年当乩手经验，是没有任何一次上坛失去过知觉，没有任何

① 包天笑：《钏影楼回忆录》，第 71—72 页。
② 程歗、曹新宇：《20 世纪规模最大的中国民间教门田野调查》，《清史研究》2002 年第 4 期。

一件事能在毫不知情下由训词中写出来",相反,所有这一切"实质只是欺骗两个字"。① 显然,这些实践与陈氏的学理未能相符合。

陈氏借助的精神分析法来自弗洛伊德和荣格,试图以此蜕去扶乩的神秘外表。但事实上,他忽略了灵学与心理学的天然联系。在科学史上,灵学与心理学"产生于大致相同的年代,甚至具有大致相同的起因。两者都是理性运动的产物,这场运动力图把科学的边界扩展到迄今为止一直为偶然观察和形而上学思维把持的那些领域中"。② 弗洛伊德和荣格皆被列为英国心灵研究会的杰出会员。荣格曾多次参加降神会,且受邀至灵学会演讲。据称,"荣格在唯灵论方面的兴趣,给了他很多的经验,让他知道一个人如何能有意识地进入分裂的或鬼神附体的状态。在这样的状态下,一些自发行为,如自发书写,甚至不同人格的交替出现,都有可能发生……荣格在这里承认了唯灵论的技巧是他的积极想象的精神治疗基础"。③ 所以,陈氏的某些分析和批驳同样有不易理解之处。

扶乩是灵学会递"人神之隔"阐发灵学的主要媒介。陈大齐细致缕析,力图从心理学一科褪去其神秘外衣,以釜底抽薪摧垮灵学会立论的基础。其思路是正确的。陈大齐意识到与灵学的斗争是对科学认识与解释的分歧。俞复试图以经验论"证验"鬼神,提出"夫科学之见重于当世,亦以事事征诸实象,定其公律,可成为有系统之学而已,以今日所得扶乩之征验,则空中之确有物焉,不可诬矣"。陈氏认为,俞氏此语"说来仿佛有理,然细按之,一无是处者是也"。他进一步提出自己的科学观,即"今之科学,以经验为觉察,以事实为根据,通诸事实,求其公理,以成系统之学问,此诚不易之定论也"。同时,他围绕科学证伪做出补充,提出辨析

---

① 《刘法颜自供:反省书》,路遥《山东民间秘密教门》,当代中国出版社 2000 年版,第 419—420 页。

② [英] I. G. 吉尼斯:《心灵学》,张燕云译,第 403 页。

③ [美] 理查德·诺尔:《荣格崇拜——一种有超凡魅力的运动的起源》,曾林等译,第 229—230 页。

真假见闻的重要性。"所谓经验、所谓事实，亦有真妄之别，非谓耳目之见闻如是。即此经验便可以造成学问，必慎思明辨，察其无妄，然后可引以为学问之基础"。灵学会以扶乩为求真之媒介，仅是耳目之闻见，未察真妄，不足以作为科学之凭证，"时至今日，智力既进，科学研究法亦渐备，乃犹欲法愚妄之行，诩诩然以自建新学为得意，不知深思力索，求一合理之说明，不亦大可哀耶"。

通过层层辨析，在断定灵学会作伪的基础上，陈大齐进而将其扶乩定性为有意作伪之迷信，认为灵学会之扶乩非变态心理学现象，不属于心理学范围，将灵学从"科学"最终还原为迷信，认为"处二十世纪科学昌明之世界，而犹欲以初民社会极不合理之思想愚人，亦徒见其心劳而日拙耳"。进而，他将俞氏之思想比作初民状态，"吾真不解二十世纪之中国人，其顽钝之状，犹与有史前之初民相等"。①

（二）以解释放射、以太释疑灵学

新青年派对丛志及易乙玄的批判，无疑给予了灵学与有鬼论一定的冲击。然而，民初作为一个思想解放和学理迸发的时代，不同论说彼此交织，《新青年》仅是其中一家而已。艾思奇曾总结当时各种思潮学理迸发的热闹情景，提出"欧洲几百年文艺复兴及启蒙运动，在中国仅缩短而为五六年的五四文化运动，各种各样的新思潮辐辏而来，时期太短，不容有任何精深的创造底贡献，系统的大著都是以翻译为主"。② 这不免给时人的判别、选择带来了困难。在追寻国内有鬼与无鬼争论起源时，相信灵学的莫等即将之归因于学者含糊的解释，"此事固有一辈人闭眼胡说，或牵合附会所致。然亦以世界学者无明了的解释，不能予世人以满足，而诞幻之说遂乘之以生。此在外国犹然，某某辈盖无足责也"。换言之，莫等认

---

① 陈大齐：《辟灵学》，《新青年》1918 年第 4 卷第 5 号。

② 艾思奇：《二十二年来之中国哲学思潮》，《艾思奇全书》第 1 卷，人民出版社 2006 年版，第 116 页。原载《中华月报》1934 年第 2 卷第 1 期。

为学说不一和无所适从是国内灵学汇为思潮的一个重要学术背景，亦即灵学是与其时纷纭而来的各种学说相关联的。灵学的泛滥同这种思想背景以及同知识界一部分人的科学素养相关。

莫等的言辞颇为闪烁、似是而非。他自称从根本上可以断定无鬼，但"于摄鬼相、念写等事实，则积极是认之（此等事实，散见于东西书籍，确凿可信者甚多，不胜枚举。后有辩论当时随时援引。最近如俞复、杨廷栋等，均云摄得鬼影，语亦可信。俞复更云能于无光处摄影及摄得山水等影，愈可证后理之确凿也）"。研读该文，其所依傍的学说涉及"以太""放射"等当时国内较为新潮的科学术语。莫等以这些本人未理解透彻或者说时人解释不确的术语展开对宇宙秩序和运行法则的构想，以之解释和证实"鬼相"与"念写"的问题。①

莫等认为人觉知物质，是以"以太"为媒介的，"人之所以觉知物质者，以其有微细分子之放射波动以太，而神经为之感动也"。② 莫等了解到根据物理化学等研究显示，每一物质都会放射

①　当时，不止莫等一人处于选择的困惑中。随着相对论及放射元素的发现，科学正处于革命性的转变中，这影响了时人哲学等观念的变革。列宁曾指出："现代物理学的危机的实质就是：旧定律和基本原理被推翻，意识之外的客观实在被抛弃，这就是说，唯物主义被唯心主义和不可知论代替了。'物质消失了'——这句话可以表达出在许多个别问题上的基本典型的困难，即造成这种危机的困难。"见《唯物主义和经验批判主义》，《列宁选集》第 2 卷，第 264 页。

②　这里，莫等显然挪用了国外关于"以太"的陈说。罗家伦指出，"当年以太的假定最盛行的时候，带鬼气的物理学家奥利弗·洛奇先生最高兴，以为'以太'有两种职务：一是传光，一是传鬼。现在物理学中的光不要以太传了，不知鬼是否还需以太？"罗氏进而指出，"其实所谓'以太'不过是一种假定，以解释光的动作。自从新物理学对于光的研究发达以来，'以太'在物理学中之地位乃大变。至于爱因斯坦相对论对于光的行动之解释，一点用不着借重'以太'，于是'以太'至少现在也须匿迹销声，被请出物理学以外去了"，"以太"是科学史和哲学史上一个重要概念，曾被认为是光传播的媒介等，但在 20 世纪初，"由于狭义相对论的出现，'以太'的存在遭到否定"。因此，莫等以此为据显然已落后于时代。见王锡伟《论"以太"说的现代认识论意义》，《江苏社会科学》2007 年第 1 期。

出一种极微分子，人能觉知万物是此分子"调动其附近以太而传播于吾人觉官之结果"。此处，他引法国鲁滂博士之《物质生灭论》①，以鸟、兽在黑夜能通行无阻，证明这是物体寻常之放射的结果。此外，物体解体时也有放射，如镭、锭等。由此他推知，"吾人既为物体之一，当然有寻常之放射。至特殊之放射，依理亦可有之。但非必与物质有同一之状态也（解剖人体，所含元素，人而不同。或其中混有此等放射物少量，凝集网膜，便足通过障碍而远见。鄙旧日曾以此释透视之事，近读日本书学博士福来友吉《透视与念写》一书，始知其误。彼实验两妇，能于三枚或十二枚之干片中，书写清朗之文字，而上下则无痕迹。'此事经多人立证甚可信。福来氏书十余万言，插真迹图数十幅专纪之，唯并无论断。'可见非直接放射所致也）"。莫等还认为，"人当精神凝集时，可以任意变动身体之各部分，及其发生物。手足筋肉，属于随意筋，人可以自由运动之无论矣。其有不随意者，依于精神集注之结果，亦得变动"。所谓"筋"，即神经之谓，包括随意筋和不随意筋，"动物性神经分布之筋肉，在于手足间，大抵是为随意筋，可随吾人之意志而发动。植物性神经分布之筋肉，是为腺、内脏、血管及皮肤等筋肉，不能随吾人之意志而发动，故称之为不随意筋"。② 蒋维乔在谈及静坐与生理的关系时提出，"内脏器官，属交感神经所管辖，不能直接达于大脑，在生理学上谓之不随意筋；言其作用，虽在人之睡卧时，全身静止，亦不稍停，不能以人之心意左右之；故其阻滞而病，人每不及预防"。在蒋氏看来，若"随意筋"静止则为致病原因之一，而静坐则能运动该筋。③

由上，莫等推知人类身上有放射物和精神作用，可以随意凝集

---

① ［法］鲁滂：《物质生灭论》，黄士恒译，《东方杂志》1915 年第 12 卷第 4、5 号。

② 古道：《动物性神经与植物性神经》，《心灵》1923 年秋号。

③ 蒋维乔：《静坐与生理之关系》，《因是子静坐法》，见 http://vip.6to23.com/hcrkp/jtym/jtym058.htm。

于内外，"既能凝集，则摄鬼影、念写等均可解释。即是等术者，可以使动光类放射物透过障碍（此是有限度的）而集影于干片，故成所谓鬼影及念写也。此外对于热力等之化用，亦可与以同一之解释。如印度术士之咒水令沸，及日人武内天真能令时计、笔筒自行转移等（吾乡有降神女人，能令水热，言者凿凿，惜未一见。吾颇欲使人催眠状态者试之，又欲变通勃兰塞及魔摆等法，设一种易移动之物，而使催眠者移动之。'陈百年先生谓西洋曾有人实验魔摆，不能自动，此诚然。以纵有放射力当有限度，不能从室外撼此一丝之物也。'均未果。世有好事者，不妨先我一试也）"。照此逻辑，陈大齐批判灵学的证据非但不足以说明灵学为非，且被认为可以进一步证明灵学为是。

针对莫等引用的专门科学术语，《新青年》邀请北大著名化学家、哲学家王星拱作答。王氏注意到莫等所依据者主要为物质放射一说，乃以"无论何物何时皆有放射，是否有科学的根据"质疑莫等，以其学识逐条辨析。如针对万物皆有放射之说，王氏反驳称目前仅知铀与钍及铀钍所生之原质能产生放射。又如针对莫等提及的鸟兽在黑暗中飞行无碍是因放射的原因，王氏提出"黑暗尚有光，静时尚有声"，故无神秘可言。此外，针对莫等征引鲁滂的"物质生灭之说"，王氏直接指出鲁滂并非研究放射方面的专家，况且其说法并无科学根据，"此不过一空浮无着之玄想，非科学家所承认之定论也"。王星拱从当时已被证明的确凿的科学知识出发批判莫等，指正其在科学认知上的模糊，无疑最为对症。

针对莫等以放射为解释鬼相的依据，陈大齐以经验证实为原则，从科学认知上指出，"顶重要而且应该顶先解决的问题，不是理论上的解释，却是事实上真伪的证明。一定要先证明了这些现象是千真万确的事实，然后再立出一个假定来去解释他们，方是正办"。也就是说，陈氏认为应先断定事实确凿，然后再设假定进行解释，否则劳而无功。进而，陈氏指出莫等的前提假定是错误的，即"人的身体有放射，和事实相反，毫没有科学的根据，已另有王抚五先生详细说明了。人的身体既不能有放射，则随意放射一事自然也不能成立"。

此外，陈氏还抛开莫等的前提假定不论，着重论析了念写的真伪问题。他先是介绍了"念写"在日本比较流行，其中最有名的福来博士是其留日时的老师，"记者在别的方面也很佩服他；但是他对于念写的实验，实在没有科学的价值。这也并不是记者一人的见解，日本有许多人对于他下这样的批评。福来先生是信仰念写的人，胸中先有了成见，所以实验的时候，并不想种种预防的方法，去防术者的作弊。所以他实验的成绩丝毫不能证明念写的真实，他虽大吹大擂的主张，并没有信奉的价值。足下读了他的书，不免为他的偏见所蒙蔽了"。在断定"念写"为假之后，莫等的假定与解释当然失去了意义，"念写既然是假的，足下当作念写结果的那种鬼照，在理论上，也便失去根据了"。据此，陈氏提醒莫等应更加谨慎审视"鬼照"的真伪，特别是灵学会的"鬼照"，"足下对俞复等的鬼照也都可信。我看了他们《灵学丛志》那样的荒谬，只有摇头而已……这种新奇而且不合常理的现象必须经过科学上严密的实验，对于种种防弊的方法，丝毫不露出作伪的破绽来，方才可信。俞复等的鬼照既没有经过科学上严密的实验，只好让他们闭眼胡说，岂可轻易相信！……中国的鬼照固然不可信，外国的鬼照也不可信"。最后，陈氏对于此类问题提出了总的原则，即严密的实验，"不但传闻的不足信，就是亲眼看见的也不甚可信；必须经过了科学上极严密的实验，才可信哩。所以我劝足下对于鬼照、念写等的真伪，须先仔细研究研究，不要轻易相信"。陈独秀亦参与解释，以宇宙万象分有客观的实质和主观的幻觉两种，实质有对境，幻觉无对境，本无是物，不过是幻觉，"假定鬼相是人身的放射物，当然是有对境的实象；而何以时隐时现呢"。[①]

出乎意料的是，遭到批驳之后的莫等仍坚持己见，"我的思想，

---

① 莫等、陈大齐、陈独秀：《鬼相之研究》，《新青年》1918 年第 5 卷第 6 号。

本是一贯，自己还以为合理的，不过去严密科学的路途不远，现在想完全达到是有点艰难罢了"。在自述中，莫等坦承自己对此问题的求索经历了从哲学到生理学和心理学再到放射原理的过程，并自认逐步识得其奥妙，"我是研究哲学的人。因为哲学书里，常有这种神通问题，西洋印度诸宗解释都是模糊影响，混到本体里面，不能令人满意。后来我治生理学和心理学，已把降神扶乩种种变态现象明了。但还剩下许多他心通、天眼通问题，此外还有没有方法来解释。这种现象，是多到了不得的，就是自己见闻也不少，故不由人的不信。后来又听见鬼摄影、念写两种现象，虽是与前稍有不同，也推定他为一类作用。于是逞其玄想，以为人身总有一种微妙物质，可以作用于体外。又见现时鲁滂的《物质生灭论》很为流行，就拉拢来作个证。据不料反被他弄糟了，连光的辐射现象，也混到放射里"。

通过其自述看出，莫等似带着哲学上的信仰而寻求科学上的解释，从而试图达到哲学上的圆满。研读之下，其逻辑似曾相识。中世纪的经院哲学即"先凭借权威接受一种哲学体系，然后再根据这个体系来论证种种事实应该是如何如何"。丹皮尔认为，这种哲学"所用的方法就和填补字谜画时所用的方法一样"。① 莫文所提到的"他心通"和"天眼通"乃属于佛教六通②，他内心已先有鬼神观念，力图以演绎之法而"填补"科学。近代以来，如莫等力图以科学说明佛教及佛学者的论说，也是当时的一种流行性思潮。

————————————

① ［英］W. C. 丹皮尔：《绪论》，李衍译，《科学史及其与哲学和宗教的关系》，第10页。

② 佛教六通指六种神通力：神境智证通（亦云神足通）、天眼智证通（亦云天眼通）、天耳智证通（亦云天耳通）、他心智证通（亦云他心通）、宿住随念智证通（即宿命智证通，亦云宿命通）、漏尽智证通（亦云漏尽通）。神足通，谓其游涉往来非常自在；天眼通，谓得色界天眼根，能透视无碍；天耳通，谓得色界天耳根，听闻无碍；他心通，谓能知他人之心念而无隔碍；宿命通，谓知自身及六道众生宿世行业而无障碍；漏尽通，谓断尽一切烦恼得自在无碍。前五通，凡夫亦能得之，而第六通，唯圣者始得。

经过讨论之后，莫等承认他提出的证据不甚合理，用他的话说就是"东寻西扯，措词也含胡得很"，但他还是坚持自己的意见，"就是经过陈百年先生许多反证，也不能解释我的疑团。我也以为这种情事，作伪的居其大半（前函之积极是认者，乃一时热烈的态度。我平常对人说，不是如此），然其中尽有真的。我所搜集的实例，关于鬼相、念写，虽然没有一件是亲眼看见，然类似鬼相，即上来所谓他心通之事，是我试验过的（所谓试验亦即莫等叙述了在澳门所遇见一相士，能十成灵到七八，此外，还提及其家人有很灵的梦等——引者注）。此外科学家的报告，我以为可靠的实例，还有许多如爱迭生和汤姆生实验挪威人利思一事，也是他心通"。对此，陈大齐在回复中提出即使是研究哲学的人，也要以科学为依据。陈氏特别强调，"怀疑了之后才信，还是没有怀疑过便信？假使没有怀疑过便信，那是天下最危险的事"。①

从莫等的辩护中我们看到，其为文通篇皆是科学新术语，似乎是科学文章。但事实上，有一定科学知识而无清晰的科学认知，更易误入歧途，导致对科学的误用和错用，从而走向非科学。这恰恰验证了"仅仅是科学知识的填充又不可能根本触及中国传统痼弊，不可能真正实现'人'的觉醒"。②

鲁迅敏锐地觉察到科学知识在民初已有一定的普及，"现在的老先生听人说'地球椭圆''元素七十七种'，是不反对的了"，但具有科学知识的人不一定具有科学的思维。因此，他在给傅斯年的信中要求《新潮》不能仅单纯谈科学，还要发议论。所谓"发议论"当指要引导民众合理运用科学知识，对非科学的论说予以针砭，以夯实科学发达的基础。傅斯年很快复信，表示"此后不有科学文则已，有必不免于发议论，不这样不足以尽我们的责任"。③

---

① 莫等、陈大齐：《鬼相与他心通》，《新青年》1919 年第 6 卷第 4 号。

② 陈方竞：《多重对话——中国新文学的发生》，第 296 页。

③ 《新潮》通信栏，1919 年第 1 卷第 5 号。

多年之后，鲁迅在一篇题为《偶感》的文章中重申了上述的观点，"风水，是合于地理学的；门阀，是合于优生学的；炼丹，是合于化学的；放风筝，是合于卫生学的。'灵乩'的合于'科学'亦不过其一而已。五四时代，陈大齐先生曾作论揭发过扶乩的骗人，隔了十六年，白同先生却用碟子证明了扶乩的合理，这真叫人从那里说起"。进而，鲁迅感叹西方文明在中国发生的变异，"每一新制度，新学术，新名词，传入中国，便如落在黑色染缸，立刻乌黑一团，化为济私助焰之具，科学，亦不过其一而已。此弊不去，中国是无药可救的"。①

三　从历史传统出发批判灵学

从历史传统的角度，钱玄同则将灵学视为"拳匪余孽"。"岂知近年以来，此等'拳匪'余孽，竟公然于光天化日之下，大施其妖术：某也'丹田'，某也提倡'灵学'"。追根溯源，钱氏认为其根在道教，"汉晋以来之所谓道教，实演上古极野蛮时代'生殖器崇拜'之思想。二千年来民智日衰，道德日坏。虽由于民贼之利用儒学以愚民，而大多数之心理举不出道教之范围，实为一大原因"。② 钱氏的"拳匪"说激于情绪，道教说也流于极端，而且，他又忽视了灵学为西学的一面，故未能与灵学者的言说完全对接。

值得一提的是，类似于钱氏将灵学等诸于传统迷信者大有人在。同期发表的刘半农的文章亦着眼于此。刘氏同钱文一样，主要从丛志的各类文章中寻找破绽以证明灵学会作伪，进而批判之。其中，钱文列有 10 条灵学会作伪的证据，刘文则列有 9 条，致力于

---

① 鲁迅：《偶感》，《鲁迅全集》第 5 卷，第 479—480 页。初发表于《申报·自由谈》1934 年 5 月 25 日。

② 钱玄同：《斥〈灵学丛志〉》（随感录八），《新青年》1918 年第 4 卷第 5 号。

揭示灵学会作伪。文章最后以上海吴鉴光①为喻，认为灵学会试图
扩大和改进吴鉴光骗人的事业，即"鉴夫他种滑头事业之易于拆
穿，不得不谋一永久之生计。惜乎作伪之程度太低"。可见，刘氏
视灵学起于"扩两蟊之盛业而大之"的目的，同样未意识到灵学西
学性质的一面。② 此外，鲁迅也多次将灵学视为国粹、传统固有，
"试看中国的社会里，吃人，劫掠，残杀，人身卖买，生殖器崇拜，
灵学，一夫多妻，凡有所谓国粹，没一件不与蛮人的文化（？）恰
合"。③ 周作人在谈及中国旧戏应废的理由时，亦提及灵学，认为
旧戏中的鬼神皇帝等内容"用别一名称，发现在现今社会上的，就
是一'房中'，二'武力'，三'复辟'，四'灵学'"，把灵学归
为旧有。④

　　易白沙的批判亦是循历史传统出发，追溯了历史上的无鬼说，
批判有鬼论。易氏看到了灵学会自诩为"学理"研究的倾向，觉察
到该会虽然与一般有鬼论不同，但"其文皆江湖派口吻，无关学
理"。易文还总结历史教训，认为鬼神之说关乎国家兴衰，"证以历
史，自三代以至清季，一部廿五史，莫不如是"。因此，他赞同吴
稚晖所言的"鬼神之势大张，国家之运告终"。针对灵学会"神道
设教"的主张，他反驳称"古之神道社会，何以杀人盈野？今之耶
教徒何为日日从事战场？自古诸族但有以笃信鬼神亡国者，未闻可

<hr>

① 曹聚仁回忆称，在 1922 年前后，上海有三个半大好佬，其半个即指吴鉴光，
"一个瞎子。他老先生闭眼睛替人谈财气，每天总有沦盯做投机的朋友向他问财爻"，
见《文坛五十年》，东方出版中心 2006 年版，第 6—7 页。汪中贤则称吴氏为其时上
海"地方上的瞎子领袖"，见《俗语图典》，云南美术出版社 2006 年版。晚清小说
《九尾龟》中也多次提及吴氏，如第 67 回中有请吴氏看婚期的内容，见张春帆《九
尾龟》，新文化书社 1934 年版。

② 刘半农：《斥〈灵学丛志〉》（随感录之九），《新青年》1918 年第 4 卷第 5
号。

③ 鲁迅：《随感录四十二》，《新青年》1919 年第 6 卷第 1 号。

④ 周作人：《论中国旧戏之应废》，《新青年》1918 年第 5 卷第 5 期。

以救亡者也"。①

综上，新青年派批判灵学多从证明其真伪的经验立场展开，以事实揭露事实，未能令灵学者如莫等信服。事实上，如易乙玄、莫等等人的科学知识相当有限，其所理解的灵学甚至不到一知半解，更多的是以旧释新，根本上是旧有的鬼神思想在作祟。正是从这个角度出发，鲁迅认为《新青年》中很多与灵学派辩论文章的路径是有问题的，"时候已是二十世纪了；人类眼前，早已闪出曙光。假如《新青年》里，有一篇和别人辩地球方圆的文字，读者见了，怕一定要发怔。然而现今所辩，正和说地体不方相差无几。将时代和事实，对照起来，怎能不教人寒心而且害怕"。② 段治文在总结近代科学传播的一般状况时，提出"在近代中国，对西方近代科技最先予以关注的，并非科学家们，而是一批具有进步意识的知识者和思想家，这是近代中国科技文化形成中的重要特征"。③ 当然，新青年派更多的是"知识者和思想家"，非全为学有专长或接受严格训练的"科学家们"，难免有此局限。对新青年派批判灵学的历史意义，周作人在谈及民初社会存在的"崇古尊中"的思想倾向时，曾记述道："中国大抵是国粹主义者，是崇古尊中者，所以崇尚佛教是可以的，崇尚礼教是可以的；甚至于崇尚丹田静坐也是可以的，各学校里的许多旧蒲团可以作证；崇尚灵学也是可以的，除《新青年》的几个朋友以外，大家原是都默许了"。④ 因此，在"崇古尊中"的社会风气中，新青年派打破了"默许"，其批判灵学的历史意义是需要特别加以肯定的。

---

① 易白沙：《诸子无鬼论》，《新青年》1918 年第 5 卷第 1 号。
② 唐俟：《我之节烈观》，《新青年》1918 年第 5 卷第 2 号。
③ 段治文：《中国近代科技文化史论》，第 13 页。
④ 周作人：《古今中外派》，张菊香《周作人代表作》，黄河文艺出版社 1987 年版，第 58 页。原载《晨报副刊》1922 年 4 月 2 日，署名仲密。的确，民初起而批判灵学者寥寥无几。就笔者所查资料来看，除新青年派以外，仅见《晨报副刊》（1922 年 9 月 16 日）发表《〈灵学丛志〉的笑话》以及《复旦杂志》（第 7 期）程学愉发表的《辟灵学》，且前文多叙述讹误，后者立场鲜明果断。

　　同是对第一次世界大战后的反思，新青年派与灵学派之间对科学的不同理解的背后，也透露出彼此人生观、政治观的差异。与陈独秀视伦理觉悟为"最后觉悟之最后觉悟"① 相比，灵学者则代之以对灵魂的思考。陆费逵提出"人生之根本，在灵魂，灵魂之归宿在身后"②，俞复认同并表述为"人生大问题，当在最后之灵魂觉悟"。③《灵学会特别广告》亦有相同的表述，"本会发起于三数同人，意欲对于人鬼生死问题，研求公例，予世人以最后之觉悟"。④因此，此次论辩从各个侧面亦可透露出思想发展的脉络，且预示知识界对于"人生"与"政治"的"觉悟"，远未有穷期。

---

① 陈独秀：《吾人最后之觉悟》，《独秀文存》，第41页。
② 陆费逵：《〈灵学丛志〉缘起》，《丛志》第1卷第1期。
③ 俞复：《记载栏》十一月二十九日，《丛志》第1卷第3期。
④ 《丛志》第1卷第2期。

结　　语

　　灵学之所以成为民国初年颇有声势的社会意识，一个重要的原因在于当时知识界对科学的认知相对模糊。

　　清末民初，灵学是被视为西方科学而引入的。最初的译介传播者多以传统巫术迷信附会灵学，从而为传统巫术迷信的复活提供了学理依据。受此种认识的导引，一部分人改变了对传统文化中处于边缘地位之巫术迷信的菲薄心态，认为其中包含着学理。传统巫术迷信借西学复活，同时，又模糊了西来科学之边界。作为"新颖之科学"，灵学颇受一部分新学者的关注。当时，"幽灵学""灵魂学"乃至"鬼学"等不同称谓说明谈论鬼神灵魂也被认为是"科学"。扶乩因能"沟通人神"而成为认知"科学"的途径和透视"灵学世界"的窗口，成为民初灵学实践的一个标本。可见，民初灵学在中国是一个多重因素互为纠结和重新组合的"畸形怪胎"。

　　民初，政局动荡，权威失序，"道德沦丧，学问衰颓，至今日而极矣"。① 杜亚泉提倡"精神救国"② 于第一次世界大战前，梁启超提倡"科学破产"③ 于第一次世界大战后，表明知识界部分人士

---

　　① 陆费逵：《〈灵学丛志〉缘起》，《丛志》第 1 卷第 1 期。

　　② 杜亚泉：《精神救国论》，《东方杂志》1913 年第 10 卷第 1、2 号。

　　③ 梁启超：《东南大学课毕告别辞》（1923 年 1 月 13 日），王德峰《国性与民德——梁启超文选》，第 320 页。

开始审视此前学习西方的历史，出现了重视精神的倾向。这一时期，"精神文化和物质文化的折衷办法，是很流行的"。① 在对时局的焦虑与反思中，俞复等人将信仰缺失归之于无鬼说"毁义灭性，已造成小人无忌惮之行，习将以是亡国灭种而有余"②，并总结"今之败坏国家者，皆未尝知果有鬼神伺察之者也"③，转而重视鬼神，提出"鬼神之说不张，国家之命遂促"。灵学为这种转变提供了合法性。在灵学派看来，灵学既为科学，又谈鬼神；既糅合新旧，又能行神道于人道；既与传统扶乩结合，又与社会需要契合。而杨光熙、杨践形父子则娴于扶乩，提供了"沟通人神"的技术途径。至此，灵学会的成立水到渠成，其以现代学会的形式结合传统扶乩而行于世。通过对地缘、业缘和学缘的社会网络分析，发现俞复的背后还有相当一批类似"行动者"。他们大多自清末以来崇向新学、响应新政、兴办学堂，后又多参加辛亥革命或地方光复。

可见，灵学在近代中国的传播羼杂了近代与传统的多重因素，相应地，灵学会亦具有多重的面相。知识界对科学认知的模糊是灵学得以汇为思潮和灵学会公开"研究"鬼神的重要原因。

在经历了新青年派的批判之后，灵学与科学的关系又被进行了多次讨论。这种反复讨论使科学的边界逐渐分明，知识界对科学的认知趋于明晰。

1923年2月，科玄论战爆发，作为引证，论战双方从科学方法上审视灵学。科学派如唐钺主张科学万能，灵学当无存在余地。相反，玄学派如林宰平则对灵学持保留态度。

科玄论战的重要内容是对科学边界划分的讨论。张君劢在交代其在清华演讲的缘起时，即点明此主题，"我乃以科学能力有一定

---

① 陈序经：《东西文化观》，中国人民大学出版社2004年版，第147—148页。

② 俞复：《答吴稚晖书》，《丛志》第1卷第1期。

③ 《记载栏》九月二十二日，《丛志》第1卷第10期。

界限之说告我青年同学，其为逆耳之言，复何足以"。① 他把科学分为物质科学（包括数学、物理学、化学、生物学等）和精神科学（包括生计学、法律学、社会学、文字历史学、历史学、文字学、心理学等），认为"精神科学，依严格之科学定义，已不能认为科学"。② 针对玄学派界限科学的有效范围，丁文江提出科学是万能的，而"科学的万能，科学的普遍，科学的贯通，不在他的材料，在他的方法"。③ 以科学方法为科学的确立标准，丁文江还提出，"许多中国人不知道科学方法和近三百年经学大师治学的方法是一样的。他们误以为西洋的科学是机械的，物质的，向外的，形而下的"。④

以科学方法划分科学边界，灵学作为划分的对象再次出场。针对丁文江视科学方法即科学的观点，林宰平反驳道："英国心灵学会，搜集许多神异的事实，也自命是应用科学方法研究的……这些东西是否亦认为科学？"⑤ 进而，林宰平肯定灵学研究的科学态度，认为这是真的科学家应持有的态度，值得丁文江学习。他引汤姆生

---

① 张君劢：《再论人生观与科学并答丁在君》，张君劢等《科学与人生观》，辽宁教育出版社 1998 年版，第 57 页。

② 张君劢：《再论人生观与科学并答丁在君》，张君劢等《科学与人生观》，第 60—61 页。其科学划分乃沿袭德国哲学家翁特（Wundt）确实科学与精神科学的二分法。他明确交代，"吾所以不取确实科学之名者，以物质二字与精神相对待，为明晓计，故取而代之"，亦即标明物质与精神的差异而已。见该书第 60 页。

③ 丁文江：《玄学与科学——评张君劢的〈人生观〉》，张君劢等《科学与人生观》，第 49 页。

④ 丁文江：《玄学与科学——评张君劢的〈人生观〉》，张君劢等《科学与人生观》，第 53 页。同样，梁启超亦认为自清代考证学派二百余年的训练，"成为一种遗传，我国学子之头脑，渐趋于冷静缜密。此种性质，实为科学成立之根本要素"。他还提出，中国对于数理的科学"渊源本远，根柢本厚"，只是对于物理的科学"机缘未熟，暂不发展"，但是凭借考证学派而来的"遗传上极优粹之科学的头脑"，中国将来必成为"全世界第一等之'科学国民'"。见《清代学术概论》，第 89 页。

⑤ 林宰平：《读丁在君先生的〈玄学与科学〉》，张君劢等《科学与人生观》，第 147 页。

在《科学大纲》①中为灵学的辩护，提出"对于灵学的承认呢，这样重大的问题，固然各人有详审的余地。至于汤姆生所持之'不存成见'的态度，实在比在君强得多，我们以为凡是真的科学家应当如此"。②

但是，心理学家唐钺不以为然，断定灵学不是科学，其研究方法亦非科学方法。"灵学，虽然得少数学者如洛奇（Sir Oliver Lodge）辈的崇信；但是大多数的科学家都不承认灵学所用的方法是真正科学的方法，所以不称他作科学。洛奇于变态心理学是外行，他对于灵学的判断，是靠不住的。洛奇从前信一个做灵媒（medium 略如吾国的巫，号能召鬼）的女人，后来经詹姆斯（William James）发见是'诪张为幻'的，而洛奇前三年到美国演讲的时候，还要说他所见过的灵媒没有作伪。此公昏愦，可谓达于极点。这是枝节的话。我们所当注意的：灵学不是科学，是因为他不用科学的方法，不是因为他所研究的材料是特别"。③进而，他提出一切心理现象受因果律的支配，一切心理现象都是有因的，"关于情感的事项，要就我们的知识所及，尽量用科学方法来解决的。至于情感事项的'超科学'的方面，不过是'所与性'，是理智事

———————

①　1923年，《汉译科学大纲》出版，这是民初科学传播中一件有重要意义的大事。当年12月的一篇评论认为，较一般通俗的科学书籍，该书"总应该比那些外行人译的外行人著的大题目小册子的外国书好得多"（林：《内外书籍绍介批评：汉译科学大纲》，《太平洋》1923年第4卷第4号）。该评论主要就文字翻译的准确度方面提出商榷，唯独未对由内行人翻译的第3卷第16篇之洛奇著灵学有所评论。相反，译者陆志韦在正文之前加有特别按语，以示提醒。陆志韦的意思识实质上是围绕科学方法提出了三个疑问。其一，质疑洛奇研究灵学是否如其研究物理学一样严谨，抑或因丧子而感情用事；其二，文中所引事实皆得自传闻，虽不同于中国"设坛敛货，假托鬼仙"，但是否经得起"科学方法之一考核"；其三，类似于洛奇，心理学家包括精神研究专家"是非无抉择者"有几人。参见［英］洛奇，陆志韦译《灵学》，［英］汤姆生，王云五主编译：《汉译科学大纲》3卷，商务印书馆1923年版。

②　林宰平：《读丁在君先生的〈玄学与科学〉》，张君劢等《科学与人生观》，第156—157页。

③　唐钺：《科学的范围》，张君劢等《科学与人生观》，第264—265页。

项及一切其他经验所共有的，是科学的起点"。① 他还提出，"天地
间所有想象都是科学的材料。无论哪一种科学任凭他怎样发达，都
有一部分——恐怕是大部分——还是研究不出来所以然的。科学中
这种未知的部分，京垓年代以后，或者可以望其渐近于零；但是，
要使他等于零，恐怕是万劫做不到的事。然而吾人的知识却是日有
进步的，可以不必因此灰心，更不应该因此而说科学方法不适用于
研究某类的现象"。② 可见，唐钺在对待科学边界和科学方法等方
面的观点与丁文江相比，有所缓和。③

　　当时，任鸿隽亦参与人生观问题的讨论，撰有《人生观的科学
或科学的人生观》，但未提及灵学。实际上，此时他正处于对灵学
的迷惘阶段。1923 年 1 月，任氏推介《汉译科学大纲》，认为灵学
与天演论、相对论同等重要，值得普及，"天演学中之最近发见，
物理学中之相对论，心理学中之灵学等，皆今日科学界之大问题，
为人人所亟欲知之者也"。④ 可见，即使是创办《科学》杂志、致
力于科学普及的任鸿隽，亦难免一时被灵学所蒙蔽。但 4 个月后，
任氏已经怀疑前论，声称"使我们不大满意的，是关于心理科学一
方面的文字"，他开始质疑灵学。他认为灵学或许是变态心理学，
若算作科学则值得商榷，"灵学所说的那些见鬼见神的事体，容许
是一种变态心理，但能不能算一种科学，还是一个绝大的问题"。⑤
前已述及，《科学大纲》的主编汤姆生本是灵学的崇信者，在该书
的《绪言》中特为灵学辩护，称"至灵学之所自鸣，虽近怪诞，

---

　　① 　唐钺：《一个痴人的说梦——情感真是超科学吗？》，张君劢等《科学与人生
观》，第 252 页。

　　② 　唐钺：《科学的范围》，张君劢等《科学与人生观》，第 266 页。

　　③ 　相对于丁文江等，郭颖颐认为唐钺是"减弱了他的唯科学人生观的信条"。
见郭书第 93 页。

　　④ 　任鸿隽：《绍介〈科学大纲〉》，《科学救国之梦——任鸿隽文存》，第 293
页。该文初发表于《科学》1923 年第 8 卷第 1 期。

　　⑤ 　任鸿隽：《评汤姆生的〈科学大纲〉》，《科学救国之梦——任鸿隽文存》，第
299 页。该文初发表于《努力周报》增刊《读书杂志》1923 年第 9 期，署名叔永。

而不自存成见之科学家视之，亦未尝无承认之价值"。① 任氏则从科学方法上质疑这一辩护，认为"我们研究科学固然要'不执成见'，但也不能不严格的考查事实。如汤姆生拿'不执成见'的一个要求，来作承认灵学的条件，是我们不能赞同的"。② 直到1926年，任氏才彻底识别灵学，连变态心理亦不承认，直接提出灵学为假科学（pseudoscience，今译伪科学）。"近有所谓'灵学'（psychical research），因为它的材料有些近于心理现象，又因为它用的方法有点像科学方法，于是有少数的人居然承认它为一种科学［如英国的洛奇（Sir Oliver Lodge）］；但是细按起来，它的材料和方法却大半是非科学的。这种研究只可称为假科学（pseudoscience）。我们虽然承认科学的范围无限，同时又不能不严科学与假科学之分。非科学容易辩白，假科学有时是不容易辩白的。"③ 可见，在对待灵学问题方面，任氏亦走过一段曲折之路。从科学方法和科学材料出发是任氏识破灵学为假科学的武器。

此时，杨践形依然固守灵学，并以之审视科玄论战，提出灵学能够统合科学与玄学之争，企图以灵学为论战指点出口。杨氏以中国传统道术与方术、儒与伎的区别来附会哲学与科学，认为"其见于全体者为哲学，其见于偏用者为科学。凡科学之原理，初非不出自于哲学也。及其日趋精密则离哲学而独立，别树一科以去，然则科学实自哲学而分，哲学实为科学之原矣"。道术分裂而后有方术，"所谓道术即今之哲学也，所谓方术即今之科学也"。进而，他以扬雄"通天地人之谓儒，通天地而不通人之谓伎"来进一步做解释，认为"儒即哲学之谓也，伎即科学之谓也"。此外，杨氏还引用孙伏园关于科学、玄学与哲学的概念，并做出评价。科玄论战中的孙

---

① 《绪言》，［英］汤姆生《汉译科学大纲》，王云五主编译。

② 任鸿隽：《评汤姆生的〈科学大纲〉》，《科学救国之梦——任鸿隽文存》，第299页。

③ 任鸿隽：《科学与假科学》，《科学救国之梦——任鸿隽文存》，第348—349页。该文原为1926年出版的《科学概论》之一部分。

伏园曾甄别科学、玄学与哲学的概念，提出玄学是狭义的哲学，以本体论为中心；英美应验派哲学多限于认识论，不入本体论，而大陆理性派哲学则由认识论而直入本体论。[①] 据此，杨践形轻易断定西方的哲学并不完备，提出了"世所谓哲学云者，不皆即属道术，实仅偏备之玄学，专研究天地万有之方，而略于立身处世之道，谓之术，谓之伎可矣，谓之哲则未也"。科学与玄学各有缺陷，"各得研究宇宙之偏备"，其后果是"偏于分别研究宇宙之科学，固不能发挥本性"，而"偏于整个研究宇宙之玄学，更不能造道自然"。此偏颇的哲学不能兼通天地人一贯之道，因此"亦时而穷矣"。灵学即为补科学和哲学之穷而来，"今欲济哲学之穷，而补科学之偏，非研究灵学不为功"，"灵学者哲学之兼通宇宙人生，条科学之理，发灵识之智而所以造道之极，致其固有之良知良能也，故其为学最全备"。[②]

　　科学与玄学的论战，是唯心主义阵线内部的一场混战。科学派（也可以称之为西方文化派）认为科学可以解决人生观问题，表现

---

　　① 孙伏园：《玄学科学论战杂话》，张君劢等《科学与人生观》，第121—124页。

　　② 杨践形：《灵学浅讲》，《哲报》1925年第3卷第17期。此处，杨践形关于科学与哲学、道术与方术、儒与伎等的分类与描述，与谢无量在《中国哲学史》绪言所言颇类似。谢氏即称，"今世学术之大别，曰哲学，曰科学。哲学之名，旧籍所无，盖西土之成名，东邦之译语。而近日各承学之士所沿用者也。虽然，道一而已。庄周论道术裂而后有方术。道术无所不统。方术则更明其一方。道术即哲学也，方术即科学也。古之君子，尽力于道术，得其全者，是名曰儒。杨子云曰：通天地人之谓儒，通天地而不通人之谓伎。儒即哲学也，伎即科学也。故百工居肆，以成其事。君子学以致其道，在古之世，道术恒为士君子之学，称学而道在其中。及官失学散，乃谓之曰儒学，谓之曰理学。佛氏则谓之义学，西方则谓之想，其实一也。地虽有中外之殊，时虽有古今之异，而所学之事，所究之理，固无不同者矣。……见其全者为哲学，见其偏者为科学，故哲学备矣。善夫斯宾塞尔之言曰，世所谓下学，不备之学也，科学偏备之学也，哲学全备之学也"。参见谢无量《中国哲学史》，台湾中华书局1976年版，第1—2页。由此，我们再联系到杨氏关于世界学术发展的划分与胡适颇类似，可以推知杨氏哲学知识多为采撷于同时代的著述，其灵学知识拼凑的痕迹是较为明显的。

为对于近代化认识的进步，但是丁文江将物质定义为"感官的复合"，物质随心而变的著名观点①，恰好说明了科学派对"科学"的解释是非科学的。有研究者已指出，丁文江在论战中基本承袭了马赫的思想，认为科学认识的对象是心理现象，即马赫所言之"感觉的复合"。② 因此，正如陈独秀所评论的，科学派"并未攻破敌人的大本营"。③

五四时期，陈独秀以海克尔的一元论批判灵学。在科玄论战中，他以唯物史观为指导，揭示了论战双方在哲学上一致的"存疑的唯心论"，提出"我们对于未发见的物质固然可以存疑，而对于超物质而独立存在并且可以支配物质的什么心（心即是物之一种表现），什么神灵与上帝，我们已无疑可存了。说我们武断也好，说我们专制也好，若无证据给我们看，我们断然不能抛弃我们的信仰"。④ 这无疑从哲学观上揭示了灵学的根源并批判之。

1931 年，艾思奇在从辩证唯物主义立场论及资本主义国家的自然科学危机时，多次旗帜鲜明地批判灵学。从认定科学研究的对象入手，艾思奇提出了灵学是观念论乃至有神论的产物。他提出，"科学研究的对象是自然现象的运动法则"，唯物论者"承认这些法则是独立于我们的主观之外的"。但是，资本主义社会里的科学家们"是为了纯真理而从事他们的职责的，只要他们'认为'是真理，那就不拘或是主观的真理或是客观的真理都成为真理了。因此也无须乎承认有客观的法则，因此科学家也就不必是唯物论者，也可以是观念论者或一直成为有神论者了。荒诞无稽的英国的洛治（John Lorge）的灵魂学，应用种种野蛮人的迷信底方法，把所谓

---

① 参见丁文江《玄学与科学——评张君劢的〈人生观〉》，张君劢等《科学与人生观》，第 41—45 页。

② 周云：《从"科玄论战"看 20 年代西方思想与中国社会思潮》，《社会科学辑刊》1999 年第 6 期。

③ 陈独秀：《〈科学与人生观〉序》，张君劢等《科学与人生观》，第 1 页。

④ 同上书，第 6 页。

'灵媒'这一种人的变态精神作用的记录当作唯一的证据，硬说灵魂的存在已被证明。在'灵魂学'里，科学的公开方法变成了秘密底，灵魂学家干些什么，谁也不能知道它的详细情形。然而在'为真理'的招牌之下，还是发卖到世界上来了；竟在汤姆生的《科学大纲》里占了一席地位！这灵魂学，把为真理而研究的科学的真面目无情地全然暴露了"。① 在指出灵学是观念论的产物后，艾思奇总结道，这种脱离实践的"纯"真理是捏造的真理，"捏造真理的目的，不是别的，却是布尔乔亚为挽救没落的支配地位而实行的欺瞒大众企图"。②

从科学研究的对象到哲学观，艾思奇将灵学层层剥离于科学之外，有利于知识界对近代科学的认知逐渐清晰。以辩证唯物主义为指导，1964 年前后，傅雷拒绝翻译巴尔扎克含有灵学方面的作品，认为这"既与吾国民族性格格不入，更与社会主义抵触，在资本主义国家亦只有极少数专门学者加以注意；国内欲作巴尔扎克专题研究之人尽可阅读原文，不劳翻译"。③ 他从民族性格和社会主义等方面反对这类翻译，表明其对灵学和科学有了较为清晰的认知。

但是，始于 1979 年四川唐雨"耳朵认字"的特异功能很快席

---

① 艾思奇：《现代自然科学的危机》，《艾思奇全书》1 卷（1933—1936 年），人民出版社 2006 年版，第 28 页。原载《中华月报》第 1 卷第 4 期，1933 年 6 月 1 日，第 28 页。值得注意的是，陆志韦明确将"Psychical Research"译为灵学，此处艾思奇以灵魂学名之，似别有深意。另外，艾思奇认为，观念论即"否认了物质的独立性，把它看作观念的产物。最极端的观念论是主观的观念论，它以为一切物质都只是我们的观念，所谓物质并不存在在我们的意识之外，而是存在在我们的意识之中"。他还指出，观念论是迷信宗教的桥梁，"每一种观念论都是用神来做它的理论的归结的"。参见《辩证法唯物论梗概》（1937 年 7 月），《艾思奇全书》第 2 卷，第 416—418 页。

② 艾思奇：《现代自然科学的危机》，《艾思奇全书》第 1 卷（1933—1936 年），第 31 页。另，布尔乔亚（Burgensis）是一个音译名，大意为资产阶级和中产阶级。

③ 傅雷：《给"效洵先生"的信》（1964 年 11 月 13 日），傅敏《傅雷书简》，生活·读书·新知三联书店 2001 年版，第 286 页。

卷全国，引发了新一轮的灵学热潮。① 这一时期，抨击灵学最为有力者当为于光远。他延续艾思奇从唯物论与唯心论两个角度划分灵学与科学边界的做法，戳破"特异功能"宣传者的哲学悖论，即"欧洲和美国的这些心灵研究者或超心理学的研究者们，由于他们处在资本主义制度下，就毫无顾忌地说出他们是反对唯物主义的。但是我国的'特异功能'的积极鼓吹者，因为他们生活在社会主义中国，公开站在反对唯物主义的立场上是很不方便的，何况在这些鼓吹者中间有的是共产党员"。② 的确，直到今天，西方灵学者依旧把灵学视作救星，抨击唯物论，认为"心灵科学会帮助西方科学摆脱其唯物论偏见，进而把西方从共产主义中解救处理"。③ 于是，于光远发现中国的"特异功能"成为一个"矛盾百出、多种性格的畸形儿"，处境尴尬，既自称科学，又自认是扩大辩证唯物主义的阵地。④

前已提及，黄兴涛把灵学视为五四时期中西文化交流的"畸形怪胎"，而于光远所言的"畸形儿"显然是此后辩证唯物主义占据思想主流阵地、唯心主义逐渐失去声音的表现。科学的边界从模糊到清晰，非科学、伪科学在长时期的讨论中被剥离，反映了科学在近代中国的传播走过了曲折、复杂的历程。

---

① 学界一般认为从 1979 年至 1999 年取缔"法轮功"的 20 年为此热潮时期。参见辛芃"中国特异功能传播的三次浪潮及其文化背景分析"，《科学与无神论》2004 年第 6 期。

② 于光远：《psi 和它的变种——人体特异功能》，《中国社会科学》1982 年第 2 期。

③ ［美］戴维·赫斯：《新时代科学》，乐于道译，吴硕校，第 113 页。

④ 于光远：《psi 和它的变种——人体特异功能》，《中国社会科学》1982 年第 2 期。

参考文献

一 经典文献

《马克思恩格斯选集》，人民出版社 1972 年版。

《列宁选集》，人民出版社 1972 年版。

二 民国报刊

《心灵》

《哲报》

《心灵文化》

《大精神杂志》

《科学》

《新潮》

《庸言》

《新声》

《新青年》

《东方杂志》

《教育杂志》

《国粹学报》

《不忍杂志》

《国故月刊》

《光华学报》

《大中华》

《青年进步》

《进步杂志》

《尚贤堂纪事》

《海潮音》

《道德月刊》

《学生杂志》

《少年进德汇编》

《申报》

《时报》

《大公报》

《民国日报》

三　民国书籍

张凤徽：《鬼神语》，救世新教总会 1925 年发行。

康有为：《物质救国论》，上海长兴书局 1919 年版。

王小徐：《佛法与科学之比较研究》，国光印书局 1932 年版。

郭仁林：《有鬼论》，（出版者不详）1917 年版。

方慢琴：《鬼话》，上海广益书局 1942 年版。

陈大齐：《迷信与心理》，北京大学出版部 1922 年版。

余萍客：《催眠术函授讲义》，中国心灵研究会 1931 年版。

［英］约瑟芬特莱：《科学的人灵交通记》，上海世界新闻社 1933
　年版。

朱光潜：《变态心理学》，商务印书馆 1933 年版。

鲍芳洲：《千里眼》，中国心灵研究会 1929 年版。

高燮：《吹万楼日记节钞》，（出版者不详）1940 年版。

杨践形：《学铎余编》，著易堂印刷所 1926 年版。

杨践形：《战地鸳鸯》，盛德艺术社 1928 年版。

史筱微、魏心化编：《扶乩原理》，北京真坛发行（似为 1943 年之
　后）。

丁福保：《畴隐居士学术史》，诂林精舍出版部 1949 年版。

丁福保：《用科学改造中年后之命运法》，医学书局 1947 年版。

丁福保、华纯甫译：《近世催眠术》，商务印书馆 1926 年版。

陆费逵：《教育文存》，中华书局 1922 年版。

张钦士：《国内近十年来之宗教思潮》，燕京华文学校 1927 年版。

余萍客：《千里眼》，中国心灵研究会 1929 年版。

马叙伦：《石屋续渖》，建文书店 1949 年版。

张春帆：《九尾龟》，新文化书社 1934 年版。

谢无量：《中国哲学史》，中华书局 1916 年版。

四　文集与编著资料

鲁迅：《鲁迅全集》，人民文学出版社 1981 年版。

汤志钧：《康有为政论集》，中华书局 1981 年版。

艾思奇：《艾思奇全书》，人民出版社 2006 年版。

陈独秀：《独秀文存》，安徽人民出版社 1987 年版。

熊十力：《熊十力全集》，湖北教育出版社 2001 年版。

刘文典：《刘文典全集》，安徽大学出版社 1999 年版。

尚思、方行：《谭嗣同全集》，中华书局 1981 年版。

蔡元培：《蔡元培全集》，浙江教育出版社 1997 年版。

张耀翔：《心理学文集》，上海人民出版社 1983 年版。

南怀瑾：《南怀瑾选集》，复旦大学出版社 2003 年版。

曹聚仁：《曹聚仁杂文集》，生活·读书·新知三联书店 1994 年版。

傅敏编：《傅雷书简》，生活·读书·新知三联书店 2001 年版。

徐珂：《清稗类钞》，中华书局 1984 年版。

《云在山房丛书三种》，山西古籍出版社 1996 年版。

无锡市文史资料研究委员会：《无锡文史资料》。

陈平原：《神神鬼鬼》，复旦大学出版社 2005 年版。

盛成：《盛成文集》，北京语言文化大学出版社 1997 年版。

钱玄同：《钱玄同文集》，中国人民大学出版社 1999 年版。

中国史学会：《辛亥革命》，上海人民出版社 2000 年版。

夏晓虹：《追忆梁启超》，中国广播电视出版社 1997 年版。

张菊香：《周作人代表作》，黄河文艺出版社 1987 年版。

陈伯熙：《上海轶事大观》，上海书店出版社 2000 年版。

中华书局编辑部：《回忆中华书局》，中华书局 2001 年版。

盛巽昌、朱宁芬：《学林散叶》，上海人民出版社 1997 年版。

张仲礼：《近代上海城市研究》，上海人民出版社 1990 年版。

郑逸梅：《南社丛谈：历史与人物》，中华书局 2006 年版。

何作庥：《伪科学再曝光》，中国社会科学出版社 1999 年版。

张宝明、王中江：《回眸〈新青年〉》，河南文艺出版社 1998 年版。

王友三：《中国无神论史资料选编》（近代编），中华书局 2002 年版。

王德峰：《国性与民德——梁启超文选》，上海远东出版社 1995
　　年版。

王揖唐：《今传是楼诗话》，张金耀校点，辽宁教育出版社 2003
　　年版。

苏智良：《上海：近代新文明的形态》，上海辞书出版社 2004 年版。

释印光：《印光法师文钞》，张育英校注，宗教文化出版社 2000
　　年版。

任鸿隽：《科学救国之梦——任鸿隽文存》，上海科学技术出版社
　　2002 年版。

陈其泰、陆树庆、徐蜀：《梁启超论著选粹》，广东人民出版社 1996
　　年版。

胡海牙、武国忠：《中华仙学养生全书》，华夏出版社 2006 年版。

牙含章、王友三：《中国无神论史》，中国社会科学出版社 1992 年版。

黎靖德：《朱子语类》，王星贤点校，中华书局 1986 年版。

王充：《论衡》，岳麓出版社 2006 年版。

李天华：《世说新语新校》，岳麓书社 2004 年版。

于沛：《20 世纪中华学术经典文库历史学史学理论卷》，兰州大学

出版社 2000 年版。

李文海、林敦奎、周源、宫明：《近代中国灾荒纪年》，湖南教育出版社 1990 年版。

北京大学哲学系外国哲学史教研室：《西方哲学原著选读》（上卷），商务印书馆 1981 年版。

中国社会科学院近代史研究所：《中国社会科学院近代史研究所青年学术论坛 2005 年卷》，社会科学文献出版社 2006 年版。

《中国近代社会与秘密宗教结社史国际学术讨论会论文集》（未刊），上海，2004 年 12 月。

五　中文专著

钱穆：《师友杂忆》，生活·读书·新知三联书店 1998 年版。

钱穆：《现代中国学术论衡》，生活·读书·新知三联书店 2005 年版。

钱穆：《灵魂与心》，广西师范大学出版社 2004 年版。

汪晖：《现代中国思想的兴起》，生活·读书·新知三联书店 2004 年版。

邵雍：《中国会道门》，上海人民出版社 1997 年版。

曹聚仁：《文坛五十年》，东方出版中心 2006 年版。

汪中贤：《俗语图典》，云南美术出版社 2006 年版。

郑逸梅：《清末民初文坛轶事》，中华书局 2005 年版。

胡适：《中国哲学史大纲》，东方出版社 1996 年版。

李恩绩：《爱俪园梦影录》，生活·读书·新知三联书店 1984 年版。

容肇祖：《容肇祖集》，齐鲁书社 1989 年版。

陈撄宁：《道教与养生》，华文出版社 1989 年版。

罗家伦：《科学与玄学》，商务印书馆 2000 年版。

程歗：《晚清乡土意识》，中国人民大学出版社 1990 年版。

唐德刚：《胡适杂忆》，广西师范大学出版社 2005 年版。

许地山：《扶箕迷信底研究》，商务印书馆 1999 年版。

王晓明：《刺丛里的求索》，上海远东出版社 1995 年版。

张君劢等：《科学与人生观》，辽宁教育出版社 1998 年版。

李醒民：《纵一苇之所如》，广西师范大学出版社 2004 年版。

陈序经：《东西文化观》，中国人民大学出版社 2004 年版

罗家德：《社会网分析讲义》，社会科学文献出版社 2005 年版。

何建明：《佛法观念的近代调适》，广东人民出版社 1998 年版。

郑大华：《民国思想史论》，社会科学文献出版社 2006 年版。

段治文：《中国近代科技文化史论》，浙江大学出版社 1996 年版。

龚书铎：《近代中国与文化抉择》，北京师范大学出版社 1992 年版。

余英时：《中国思想传统的现代诠释》，江苏人民出版社 2003 年版。

朱联保：《近现代上海出版社印象记》，学林出版社 1993 年版。

陈旭麓：《近代中国社会的新陈代谢》，上海人民出版社 1992 年版。

牟宗三：《周易哲学演讲录》，华东师范大学出版社 2004 年版。

路遥：《山东民间秘密教门》，当代中国出版社 2000 年版。

包天笑：《钏影楼回忆录》，（香港）大华出版社 1971 年版。

梁启超：《清代学术概论》，上海古籍出版社 2005 年版。

梁景和：《近代中国陋俗文化嬗变研究》，首都师范大学出版社
　1998 年版。

李世瑜：《现代华北秘密宗教》，上海文艺出版社 1990 年影印本。

邹依仁：《旧上海人口变迁的研究》，上海人民出版社 1980 年版。

梁漱溟：《东西文化及其哲学》，商务印书馆 1999 年版。

赵冬：《近代科学与中国本土实践》，社会科学文献出版社 2007
　年版。

熊月之：《西学东渐与晚清社会》，上海人民出版社 1994 年版。

张鸣：《乡土心路八十年——中国近代化进程中农民意识的变迁》，
　上海三联书店 1997 年版。

彭明、程歗：《近代中国的思想历程（1840—1949）》，中国人民大
　学出版社 1999 年版。

何畏：《迷信论——对盲目信仰的哲学反思》，中南工业大学出版社

1999 年版。

高瑞泉：《中国现代精神传统——中国的现代性观念谱系》，上海古籍出版社 2005 年版。

邱若宏：《传播与启蒙——中国近代科学思潮研究》，湖南人民出版社 2004 年版。

罗志田：《权势转移近代中国的思想、社会与学术》，湖北人民出版社 1999 年版。

章开沅、罗福惠：《比较中的审视：中国早期现代化研究》，浙江人民出版社 1993 年版。

邹振环：《影响中国近代社会的一百种译作》，中国对外翻译出版公司 1996 年版。

尚新建：《美国世俗化的宗教与威廉·詹姆斯的彻底经验主义》，上海人民出版社 2002 年版。

陈方竞：《多重对话——中国新文学的产生》，人民文学出版社 2003 年版。

刘青峰：《让科学的光芒照亮自己：近代科学为什么没有在中国产生》，新星出版社 2006 年版。

吴先伍：《现代性的追求与批评——柏格森与中国近代哲学》，安徽人民出版社 2005 年版。

六 译文编著

[美] 郭颖颐：《中国现代思想中的唯科学主义（1900—1950）》，雷颐译，江苏人民出版社 1995 年版。

[美] 顾德曼：《家乡、城市和国家——上海的地缘网络与认同，1853—1937》，宋钻友译，上海古籍出版社 2004 年版。

[美] 爱德华·S. 里德：《从灵魂到心理——心理学的产生，从伊拉斯马斯·达尔文到威廉·詹姆士》，李丽译，生活·读书·新知三联书店 2001 年版。

[美] 大卫·格里芬：《后现代科学——科学魅力的再现》，马季方

译，中央编译出版社 2004 年版。

［美］戴维·赫斯：《新时代科学——超自然及其捍卫者和揭露者与美国文化》，乐于道译，吴硕校，江西教育出版社 1999 年版。

［美］孙隆基：《历史学家的经线》，广西师范大学出版社 2004 年版。

［美］理查德·诺尔：《荣格崇拜——一种有超凡魅力的运动的起源》，曾林等译，上海译文出版社 2006 年版。

［美］P. K. 费耶阿本德：《反对方法——无政府主义知识论纲要》，周昌忠译，上海译文出版社 1992 年版。

［法］托克维尔：《论美国民主》，董果良译，商务印书馆 1988 年版。

［法］布迪厄、［美］华康德：《〈实践与反思〉：反思社会学导引》，李猛、李康译，中央编译出版社 1998 年版。

［法］马塞尔·莫斯：《巫术的一般理论》，杨渝东译，广西师范大学出版社 2007 年版。

［法］古斯塔夫·勒庞：《乌合之众——大众心理研究》，冯克利译，中央编译出版社 2004 年版。

［英］耶方斯：《名学浅说》，严复译，商务印书馆 1981 年版。

［英］I. G. 吉尼斯：《心灵学——现代西方超心理学》，张燕云译，辽宁人民出版社 1988 年版。

［英］史蒂芬·霍金：《霍金讲演录》，杜欣欣、吴忠超译，湖南科学技术出版社 1995 年版。

［英］詹·乔·弗雷泽：《金枝精要——巫术与宗教之研究》，刘魁立编，上海文艺出版社 2001 年版。

［英］W. C. 丹皮尔：《科学史及其与哲学和宗教的关系》，李衍译，广西师范大学出版社 2001 年版。

［英］汤姆生：《汉译科学大纲》，王云五主编译，商务印书馆 1923 年版。

［英］弗里德里希·A. 哈耶克：《科学的反革命——理性滥用之研究》，冯克利译，译林出版社 2003 年版。

［德］西美尔：《现代人与宗教》，曹卫东等译，中国人民大学出版

社 2003 年版。

［德］卫礼贤：《中国心灵》，王宇洁、罗敏译，国际文化出版公司
　　1998 年版。

［德］卫礼贤、［瑞士］荣格：《金华养生秘旨与分析心理学》，通
　　山译，东方出版社 1993 年版。

［澳］汉伯里·布郎：《科学的智慧——它与文化和宗教的关联》，
　　李醒民译，辽宁教育出版社 1998 年版。

　　七　学位论文

黄玉顺：《超越知识与价值的紧张——科学与玄学论战的哲学问题》，
　　博士学位论文，中国社会科学院，2000 年。

潘涛：《灵学——一种精致的伪科学》，博士学位论文，北京大学，
　　1998 年。

范铁权：《中国科学社与中国的科学文化》，博士学位论文，南开大
　　学，2003 年。

　　八　期刊论文

于光远：《要灵学，还是要自然辩证法》，《自然辩证法通讯》1982
　　年第 1 期。

于光远：《唯灵论·心灵研究·超心理学·人体特异功能研究》，
　　《百科知识》1982 年第 1 期。

程歗、曹新宇：《20 世纪规模最大的中国民间教门田野调查》，《清
　　史研究》2002 年第 4 期。

吴光：《论〈新青年〉反对鬼神迷信的斗争》，《近代史研究》1981
　　年第 2 期。

吴光：《王充的无神论与五四时期的反迷信斗争》，《浙江学刊》1981
　　年第 3 期。

吴光：《灵学·灵学会·〈灵学丛志〉简介》，《中国哲学》（第十
　　辑），生活·读书·新知三联书店 1983 年版。

吴光:《从近代"灵学会"到当代"法轮功"——对"伪科学、真迷信"的一个历史考察》,《观察与思考》1999 年第 10 期。

程钢:《论陈独秀反"灵学"中的一元论思想及其渊源》,《清华大学学报》1989 年第 4 卷第 3、4 期。

李延龄:《论五四时期无神论与灵学鬼神思想斗争的时代意义》,《长白学刊》2000 年第 4 期。

栾伟平:《近代科学小说与灵魂——由〈新法螺先生谭〉说开去》,《中国现代文学研究丛刊》2006 年第 3 期。

辛芃:《从催眠术到唯灵论运动——灵学的起源》,《科学与无神论》1999 年第 2 期。

辛芃:《中国特异功能传播的三次浪潮及其文化背景分析》,《科学与无神论》2004 年第 6 期。

杨科:《1979—1999:20 年科学与伪科学的大较量》,《科技潮》2000 年第 3 期。

魏屹东:《科学、非科学及伪科学的界定》,《自然辩证法研究》1998 年第 6 期。

田松:《唯科学·反科学·伪科学》,《自然辩证法研究》2000 年第 9 期。

田松等:《关于科学与伪科学问题的科学、哲学、文化对话》,《民主与科学》2007 年第 1 期。

王秉翰:《灵魂与心灵辨析》,载《柳州职业技术学院学报》2003 年第 1 期。

何宏:《国外特异功能研究的历史和现状》,载《中国气功》1997 年第 5、6 期。

罗志田:《近代中国社会权势的转移:知识分子的边缘化与边缘知识分子的兴起》,《开放时代》1999 年第 4 期。

罗志田:《见之于行事:中国近代史研究的可能走向——兼及史料、理论与表述》,载《历史研究》2002 年第 1 期。

章清:《省界—业界与阶级——近代中国集团力量的兴起及其难局》,

《中国社会科学》2003 年第 2 期。

金观涛、刘青峰:《中国近现代观念起源研究和数据库方法》,《史学月刊》2005 年第 5 期。

钟国发:《20 世纪中国关于汉族民间宗教与民俗信仰的研究综述》,《当代宗教研究》2004 年第 2 期。

郭大松:《缘起于齐鲁的道院组织及其时代特征》,《山东师范大学学报》1994 年第 3 期。

韩建民:《晚清科学传播的几种模式》,载《上海交通大学学报》2003 年第 5 期。

赵广明:《柏拉图的理念》,《中国社会科学院研究生院学报》2003 年第 2 期。

苏华、刘希裕:《柏拉图认识论图式评析》,《陕西教育学院学报》2005 年第 4 期。

卢毅:《建构论唯理主义与进化论理性主义——一个解读"科玄论战"的新视角》,《东南学术》2001 年第 4 期。

黄颂杰:《灵魂说:西方哲学的诞生地和秘密——柏拉图和亚里士多德灵魂说研究》,《学术月刊》2006 年第 8 期。

孟维杰:《从科学划界看心理学划界的深层思考》,《科学技术与辩证法》2007 年第 1 期。

王锡伟:《论"以太"说的现代认识论意义》,《江苏社会科学》2007 年第 1 期。

吴晓红:《可证实原则与可证伪原则的不对等性》,《广西社会科学》2004 年第 8 期。

王赓唐:《秦毓鎏》,《民国档案》1989 年第 3 期。

周武:《新文化史的兴起》,《文汇报》2006 年 11 月 22 日。

周育民:《民国时期一个文坛巨子乩笔下的灵界》,《民间宗教》(中国台湾)1995 年第 1 期。

[日] 酒井忠夫:《民初初期之新兴宗教运动与新时代潮流》,张淑娥译,《民间宗教》(中国台湾)1995 年第 1 期。

丁骕：《丁文江·李四光·翁文灏》，《中外杂志》（中国台湾）
　　1988 年总第 257 号。
范纯武：《近现代中国佛教与扶乩》，《圆光佛学学报》（中国台湾）
　　1999 年第 3 期。
黄克武：《民国初年上海的灵学研究：以"上海灵学会"为例》，《中
　　央研究院近代史研究所集刊》（中国台湾）2007 年第 55 期。

九　辞书类

《简明不列颠百科全书》，中国大百科全书出版社 1986 年版。
《中国大百科全书·宗教》，中国大百科全书出版社 1987 年版。
吴念慈、柯柏年、王慎名：《新术语辞典》，上海南强书局 1929
　　年版。

附 录

表一　　　　　　　　　　十八期丛志出版时间及记载栏时间表

卷期	出版时间	记载栏起止时间
1—1	1918 年 1 月	丁巳年八月十八日至十月十一日
1—2	1918 年 2 月	十月十二日起至十一月廿五日
1—3	1918 年 3 月	十一月廿六日至十二月廿四日
1—4	1918 年 4 月	戊午年正月十三日至卅日
1—5	1918 年 5 月	二月初一日至廿九日
1—6	1918 年 6 月	三月初一日至廿九日
1—7	1918 年 7 月	四月初一日至廿六日
1—8	1918 年 8 月	四月能七日至六月初五日
1—9	1918 年 9 月	八月初一日至八月卅日
1—10	1918 年 10 月	九月初一日至卅日
2—1	1919 年 5 月	戊午年十二月初一日至己未年二月卅日
2—2	1919 年 7 月	己未年三月初一日至五月
2—3	1919 年 8 月	六月初一日至七月
2—4	不详	闰七月初三日至八月廿九日 （八月初二日至廿八日因杨践形回无锡而停坛）
2—5	1920 年 4 月	无
2—6	1920 年 4 月	无
2—7	1920 年 6 月	无
2—8	1920 年 9 月	无

表二 **清末民初《东方杂志》灵学篇目汇总表**

作者	题目	期刊	卷期	年代
	催眠术之医院	东方杂志	第 1 卷第 6 期	1904
问天	催眠术之功用	东方杂志	第 6 卷第 11 期	1909
王我臧	※动物与催眠术（译日本时事）	东方杂志	第 8 卷第 7 号	1911
甘永龙译	欧美之关亡术	东方杂志	第 8 卷第 5 号	1911
钱智修译	神仙信仰之复活	东方杂志	第 9 卷第 4 号	1912
杨锦森译	※论心理交通	东方杂志	第 9 卷第 8 号	1913
	世界神秘之研究	东方杂志	第 13 卷第 8 号	1916
钱智修	新相术	东方杂志	第 10 卷第 3 号	1913
章锡琛	日本新千里眼出现	东方杂志	第 10 卷第 4 号	1913
章锡琛	千里眼之科学解释	东方杂志	第 10 卷第 7 号	1914
王昭三	千里眼之科学解释	东方杂志	第 11 卷第 4 号	1914
王昭三	千里眼之入手方法	东方杂志	第 12 卷第 5 号	1915
甘作霖	蛇与催眠术（译大陆报）	东方杂志	第 13 卷第 4 号	1916
梁宗鼎	※催眠说	东方杂志	第 13 卷第 7 号	1916
卢可封	※中国催眠术	东方杂志	第 14 卷第 2、3 号	1917
愈之译	关亡术	东方杂志	第 14 卷第 5、6 号	1917
愈之译	※梦中心灵之交通	东方杂志	第 15 卷第 1 号	1918
［美］立孟阿勃脱	生死界之沟通（选《青年进步》）	东方杂志	第 15 卷第 1 号	1918
罗罗	※灵学研究之进境	东方杂志	第 15 卷第 9 号	1918
仲衡	催眠术概说（选录）	东方杂志	第 15 卷第 11 号	1918

带※标者曾收入《催眠术与心灵现象》，商务印书馆 1924 年版。下同。

表三　　　　　　　　　　　灵学会会员参考表

序号	姓名	籍贯	基本经历
第 1 卷第 3 期/第 1 次公布			
1	唐吉生		曾为上海天马会会员；1921 年发起成立上海停云书画社；1926 年成立金石书画团体古欢（懽）今雨社会员。
2	俞凤宾	太仓	医学博士，中国博医会、中国医学会会员，中华医学会和全国医师联合会创建者之一，中华医学会上海分会第三届会长；主张"去旧医之短，采西医之长"；在上海创办《医学世界》，主编《中华医学杂志》，著《五十年中国之卫生》等 18 种。
3	※华纯甫	无锡	1903 年与李静涵据《欧罗巴通史》以及《西洋史纲要解》二书合译上海文明书局印行之《泰西通史》；1919 年无锡佛学研究会发起人之一。
4	※华艺三	无锡	组织无锡商团，为无锡光复的重要力量，曾任商团公会会长、无锡商会会长；题无锡广福寺"佛道不从心外得；人生好向静中参"。
5	孙揆伯	无锡	同盟会员，曾于 1909 年于伦敦为孙中山与吴稚晖父子拍合影。
6	※汪兰皋	常州	参加辛亥革命，后寓居上海江苏，常州籍的南社社员，《苏报》编辑，主政《民声日报》，编南社文集《来台集》；丛志一卷一期有序，记载栏有叩问。
7	沈问梅		毕业于上海圣约翰大学，中华书局董事，任专门及中学英文教员暨中华书局西文部编辑主任。
8	※徐可亭	无锡	同盟会员，中华书局董事会监察。
9	赵子新	无锡	1896 年考取秀才，后弃儒从商，任无锡米豆业公所总董、文明书局主任等，北伐军进驻无锡后，任民政厅长。
10	※余冰臣	绍兴	举人，丛志一卷三期有书信，其夫人沈寿是近代著名的刺绣专家，夫妇二人皆得张謇资助。
11	※唐孜权	无锡	江苏常州人，曾任文明书局副经理、《智群白话报》月刊经理、中华书局印刷所副所长；《回忆中华书局》有传；丛志多次登其卖字广告。
12	陈协恭	武进	早年赞助粹化女学；先在商务印书馆任事，后协助创办中华书局；为吕思勉《中华民族史》作序；《出版与近代文明》称其"为公司创办人，历任店长、理事、印刷所长，任职二十三年（1912—1934），诚恳刻实、勤劳夙著"；《回忆中华书局》有传。

续表

序号	姓名	籍贯	基本经历
13	※吴镜渊	常州	常州大资本家，曾赞助中华书局度过危机，任局常务董事；丛志一期有其颂词。
14	陶刉千	无锡	编《无锡旅沪同乡会十周纪念册》。
15	※夏伯周	无锡	无锡历史上有名之清风茶墅创建者。
16	华弼丞		1923 年任商务印书馆承印部主任。
17	沈丹忱		高燮有《赠沈丹忱》（见《高燮集》，中国人民大学出版社 1999 年版）。
18	※张墨耕		张静如之四弟，曾留学欧洲；另张氏家族素信佛。
19	※张让之		张静如之五弟。
20	钱基博	无锡	钱钟书之父，曾任无锡县图书馆馆长、圣约翰大学国文教授、光华大学中文系主任和文学院院长等职；著有《近百年湖南学风》等。
21	※秦琢如	无锡	秦邦宪之族叔，曾与钱基博发起捐建无锡图书馆，为第一任馆长。
22	张蔚西	泗阳	地理学家，1908 年发起成立中国第一个地理学会——中国地学会，南社社员。
23	李静涵		1903 年与华纯甫据《欧罗巴通史》以及《西洋史纲要解》二书合译上海文明书局印行之《泰西通史》；教会办之芜湖萃文中学第三任校长。
24	秦毓鎏	无锡	留学日本早稻田大学时入同盟会，华兴会副会长，《江苏》杂志总编辑；1911 年 11 月 6 日领导光复无锡，曾任县长；南京临时政府时期总统府秘书，孙中山手书"乐天"字幅相赠；著有《生物的过去和未来》，因反对袁世凯入狱，期间写《读庄穷年录》；1934 年皈依印光法师，为无锡佛教莲社的负责人之一，印光法师记有"无锡秦效鲁三种病，医不好，以大悲水吃擦得好，遂归依"。
25	胡元倓	湘潭	从王闿运学，服膺王阳明的学说，考取秀才，为丁酉科拔贡；1902 年与丁文江等公费留日，主教育救国，翌年在长沙创立明德学校，曾聘陆鸿逵、张继、王正廷、秦效鲁等主讲。黄兴亦曾秘密以任体育教师作掩护从事革命活动。

序号	姓名	籍贯	基本经历
26	丁云轩	无锡	秀才，喜谈新学，与吴稚晖、俞复等在无锡崇安寺创立三等学堂，并担任国文教习；受聘文明书局美术编辑，并兼任书局附设的文明小学教员，后因文明书局并入中华书局而去职；亦受聘于周舜卿为家庭教师外，周为无锡实业家，曾为灵学会捐银6元。
27	※顾晓舟		商务印书馆董事。
28	※薛遂安	无锡	与秦琢如、顾衡泉、曹衡之有交谊。
29	※邓栽臣	无锡	毕业于上海南洋大学土木工程科，协助同学张德载完成《无锡城厢地图》的测绘工作，是为无锡城厢第一张实测地图。
30	※俞复	无锡	1912年，锡金军政分府实行军民分治，成立无锡县民政署，俞复任民政长；1902年集股创办文明书局，任经理。
31	陆费逵	桐乡	中华书局创办者，盛德坛坛督。
32	※丁福保	无锡	学贯中西，于医学、佛学、道教、古泉学、小学等皆有成就，先后创办多家书局。
33—48	陈世训、胡文澜、周磐士、杨端培、姚福俦、范芝生、俞叔达、张少卿、胡寅安、朱镜澄、柯心补、燕堂氏、丁雨庄、李嘉禾、张伯、华复苏		
49—59	※顾韬甫、徐勉民、谢雅堂、石竹三、陈薇生、单炳诚、尹缤叟、单仲范、王子诚、吴士行、郭翼云		
	第1卷第6期/第2次公布		
1	王瑾士		曾任中华书局印刷所所长，1938年调任香港长监督。
2	侯敬舆		校《丁甘仁用药一百十三法（丁氏套方）》。
3	董竟吾		1900年绍兴稽东书院创建者之一。
4	※蔡潜谷	上海	1920年10月间曾参加在上海晨风庐举行的"晨风庐琴会"，据《晨风庐琴会纪录》记载10月13日（九月初二）下午携琴在琴会上演奏有《崆峒引》。民国初年从体真山人汪东亭研习丹道。
5	陆维镛		长丰面粉厂厂主，上海织商界共和团和上海出口公会发起人，中国佛教济生会上海分会会员、居士。
6	张爱棠		近代痘医。
7	※王心如	无锡	王羲之六十六世裔孙，无锡厘卡局长，1929年建无锡广福寺。

序号	姓名	籍贯	基本经历
8	※丁慕韩	无锡	1905 年毕业于北洋将弁学堂后任陆军贵胄学堂教员；民国元年，任陆军部教育科长；张勋复辟，任讨逆军起义总司令部参议。同年，调任陆军部军务司司长。民国八年，调任航空事务处处长；民国十年，授陆军中将，任北洋政府航空署第一任署长。抗战初期，始任对日作战军事委员会中将参谋。
9	吕子泉	崇德	早年为商务印书馆得力干将，后在 1916 创办大东书局，出版有《中国医学大成》（13 集）、《中国医学大成总目提要》等书。
10	陆逸如		与黄炎培等一批有志青年，兴办教育，举办各种演讲会，宣传新知识、新科学，曾被认为是革命党而关押；1903 年参与将观澜书院改办为川沙小学堂，1906 年受聘为浦东中学校董。
11	※华享平		中华书局编辑所任职，主编数学、化学等教科书多种；丛志第 1 卷第 1 期有发刊辞。
12	张艺新		1900 年，仿制洋毛巾，对土布织机进行改革，制为国内最早的毛巾织机。
13	※孙玉叟		去过日本。
14	陈雅楼	高昌	1926 年创建"桥路同善会"。
15	钱季常	无锡	律师。
16	※高绎求		1939 年高绎求等四人著《丁丑劫余印存》，以各自所遗藏之印汇拓辑成，自明迄当时计二百七十三位篆刻家，共一千九百余印。
17	※沈琢如		全国医药团体总联合会十五监委之一，有《中医内科全书》（1937 年，南宗景医药事物所初版）等序文。
18	庄士敦		溥仪的英文教师，英国苏格兰人，号志道，英国牛津大学文学硕士，专攻东方古典文学和历史，曾任香港总督府私人秘书。
19	张筱云		创办"新化通义职业学校"，设脚踏织布机 30 多台，学生半工半读，主要学棉布织染技术。
20—48	宫凭自、杨陛云、陆瑞芳、陈采芹、盛全璧、沈一梅、郑子宣、张长林、王君宣、彭道泗、凤纯初、合庆小学、华雍倩、顾鼎龚、何亲源、顾挹梅、唐嘉装、沈蝼庵、吴耀文、李贺明、关平孙、刘香候、李少峨、刘绶珊、方善卿、张湘门、鲍子修、刘祉庭、刘玉章		
49—58	※凤济娱、王守民、叶伯瑜、王锐佛、杨实甫、顾海泉、劳文劻、李式民、尹缤叟、谢桐生		

序号	姓名	籍贯	基本经历
捐款	章锦林	鄞县	在商务印书馆时，悉心钻研进口印刷机构造技术，并产生了独立创业、制造印刷机的意向。1916 年，自筹资金，创办明精机器厂（现上海第二机床厂的前身），承接印刷机械修理业务。后转变经营方向，由维修改为制造，并陆续向市场推出四开、对开印刷机。其中落石架印刷机还打入国际市场，民国 7 年出口到日本 300 余台，开创了中国印刷机出口先例。
第 1 卷第 9 期/第 3 次公布			
1	※刘叔裴		1918 年，中华书局董事。
2	※李时谙		1920 年春，皈依太虚。
3	游筱溪		编《中华国粹》。
4	戴劫哉		曾任中华书局董事等，早期书局会计。
5	黄墨涵		1901 年与龙国桢等秘密组织光复会。1912 年创办《大共和日报》，任主笔，1912 年被推选为中华民国众议院议员和宪法起草委员，起草《宪法》，先后参加了反对袁世凯、张勋和曹锟的复辟活动；1924 年任四川省财政厅长。
6	刘宝馀		致力于创办舟山中学，是舟山中学创始人之一。
7	戴懋哉	杭州	中华书局创办人之一，曾任董事、事务所长、编辑所长。此前为商务印书馆编辑。《回忆中华书局》有传。
8	江亢虎	弋阳	发起成立"社会主义研究会"和中国社会党等，著有《灵学会与国学之关系》，载《哲报》三卷十八期。
9	曾孟朴	常熟	即曾朴，晚年从欧阳竟无先生游。
10—39			成葭生、谢永思、陶福庭、高季连、潘晋甫、梁记虎、陈晋塈、陶文波、陈振立、许庚清、董德明、金理堂、汪声和、徐涤凡、邓筱田、崔尘无、郭松云、张静生、邵克堂、张鸿藻、贾福堂、杨崇亭、魏謦钥、蒋蓬庵、顾荩诚、袁麓生、江馥卿、钱如庭、金叔奋、施公唯
40—48			※马晏卿、刘冕尘、锡景禹、陈荣棠、严蓝田、单彦通、侯绍先、俞道明、施贡三
第 2 卷第 2 期/第 4 次公布			
1	郁葆青	上海	工诗善书，设郁良心药铺，曾任鸣社社长，洋布商团团长。
2	顾瑞来	余姚	少年迁居嘉兴，开办铜丝店经营杂货，后改开同源样书店兼办印刷厂。
3	潘宪臣		1916 年当选中华书局董事会监察。

续表

序号	姓名	籍贯	基本经历
4	※钟听泉	德清	钟新泰酱园传人。
5	李绍颜		江苏第二分监长。
6	吴秋坪		新智社书局创办人，上海书业商会会员，该会刊物《图书月报》由陆费逵主编。
7	杨惺琴		河南省佛教会会员。
8	※邵毅甫	山西	丛志二卷一期内有"自山西寄来，其原跋为出自西安某坛乩笔"，知为山西会员。
9—23	邓诗庵、谭少华、果缋丞、王健甫、石上清、钱养源、吴欣三、崔芙卿、胡西樵、邝勋臣、汤秀岩、李澍生、朱浣青、甘景钰、周文彩		
24—25	※许韵笙、沈载经		
捐款	唐郢郑	无锡	历任清政府工部、商部、农工商部、邮传部郎中（高级部员）、邮政司司长等职，1905年赴日本考察工商实业，是清末赴日本考察工商实业的无锡第一人。民国后，被选为参议院第一届国会议员，任总统府秘书，晋授二等大绶嘉禾章。
捐款	谢雅堂、吴星如、尹批叟		
第2卷第3期/第5次公布			
1	程伯葭		袁寒云曾有《与程伯葭夜坐》诗。
2	华实孚		此人显示为第二次交会费，但未查到第一次记载。编《应用本草分类辑要》（中华书局1951年版），《中西合参痨病诊疗集》（中华书局1948年版），译汤本求真著《应用汉方释义》（中华书局出版1946年版）。
3—13	强亚秋、阎乐渔、程韵珂、张不盈、崇肖葵、朱季缄、张觉一、陶耀青、省三坛同人、吴醉生、袁顯初		
14	※陈宇春		
第2卷第4期/第6次公布			
1	李希明	唐山	一卷四期记有"前月唐山李希明以返性图全集十册见惠本坛，乃五十年前滇中扶乩记录"，又"按是书初刻于滇，两次翻刻于粤，李君寄来者，广州聚德堂刊本也。"
2	华弼臣		清末民初书法家。
3—10	陈翊山、姚玉孙、郑颐年、应子卿、陈岳庵、至元善堂、孙撰百、李公迪		
11	※李芗皋		
捐款	张静生		

序号	姓名	籍贯	基本经历
	第 2 卷第 6 期/第 7 次公布		
1	※欧阳仲涛		仲涛为字，名溥存，曾为《有鬼论》作序，与陆费伯鸿等编《中华大字典》，著《宗教救国论》载《大中华》卷第 2 期。此处为第二次交会费，但第一次未见登记。
2	冯超如		佛教居士，1925 年赴日参加东亚佛教大会。
3	周六平		江西南昌大同小学校长，著名的维新人物。
4	韩绾青		陕西易俗社社员。
5	王伯平		译希尔费丁著《财政资本论》神州国光出版社 1920 年初版。
6	谢馨吾		纂修（浙江上虞）古虞义门刘陈（七修）世谱 11 卷首 1 卷。
7—11	洪雅县儒教分会、崔文轩、张少宾、陕西图书馆、徐仲苣		
12	※由谢桐生介绍		此人未见真实姓名，但系第二次交会费。
捐款	戴劼哉		曾任中华书局董事等。
	第 2 卷第 7 期/第 8 次公布		
1	周维新		翻译小野矶次郎编《日本高等学校规则要览》（约 1901—1903 年间出版），参加二次革命。
2	汪履安		1925 年任上海各路商界总联合会等筹备追悼孙中山事宜之招待。
3	李时谙		1917 年建造汉口佛教会，1920 年皈依太虚大师，并发起成立了武汉佛教会。

说明：

1. 灵学会共分 8 次公布会员名单，惜未列籍贯、职业等更详尽的信息，因此本表仅为参考。目前，228 名会员中，大体可分为 4 种情况：第一，有些会员有确切的资料能证实本人信息；第二，有些会员通过相应的著作如出版史资料、中华书局的资料等能证明当时有此人名，但未有明确资料证实此人即彼人，本表暂列其资料；第三，有些会员的资料通过网络查找，从籍贯、职业等方面判断，非常相仿，但未有明确资料证实，本表暂列其资料；第四，其余部分会员不能查找到资料，本表将之归类合为一栏。

上述 4 种情况，主要的会员情况基本能查出具体情况，能为本书研究提供基本的资料支持，况且通过分析这部分会员的社会网络，可以进一步印证其他资料未详的会员情况。

2. 灵学会会员共有两届，※表示为两届会员。

3. 部分资料出处：王建辉：《出版与近代文明》，河南大学出版社 2006 年版。

中华书局编辑部：《回忆中华书局》，中华书局 2001 年版。

《无锡文史资料》（内部资料）。

表四 　　　　　　　　　　　　灵学会两次收支报告表

卷期	截止日期	列支情况
第一卷第十期（1918.7）	1917 年 9 月—1919 年 1 月	收会费及相款银：一千零三十五元六角 收丛志寄售款银：八百五十四元二角 收丛志零售款银：二十七元八角二分 收照片售款银：七十四元九角四分 收存息银：二十四元零一分 收杂项银：六元 共收：一千九百九十二元五角六分 支出：一千七百八十一元一角六分 结余：二百一十一元四角
第二卷第五、六期（同 1920.4）	1919 年 2 月—1920 年 1 月	收会费及相关款银：五百九十二元六角四分 收丛志寄售款银：四百零七元三角八分 收丛志乩仙像照片等零售：八十七元五角六分 收存息银：二十四元零一分 收杂项银：六元 共收银：一千一百十七元五角九分 支出：一千零六十二元七角六分四厘 结余：五十四元八角二分四厘

　　说明：据丛志，一卷十期的版权页标明出版时间为 1918 年 10 月，但登记收支情况的截止时间至 1919 年 1 月，似因出版时间拖延所致，亦说明该杂志出版时间混乱。

表五　　　　　　　　　　**历届会员、会费及捐款表**

卷期	截止期限	会费总数 （元）	捐款数 （元）	捐款人数	会员 总数	二届 会员
第一卷第三期	1918 年 5 月 15 日	496	61	3	60	一
第一卷第六期	1918 年 9 月 7 日	268	10	1	591	
第一卷第九期	1919 年 1 月 30 日	244	63	6	502	一
第二卷第二期	1919 年 7 月 30 日	195	75	4	33	7
第二卷第三期	1919 年 10 月 16 日	247	/	/	394	25
第二卷第四期	1920 年 1 月 2 日	98	10	1	27	20
第二卷第六期	1920 年 5 月 26 日	96	6	1	35	12
第二卷第七期	1920 年 7 月 21 日	32	/	/	5	4

说明：会费总数为 1676 元，会员为 228 人，其中交第二届会费为 68 人，捐款人为 16 人。内含 5 个为团体单位，分布于四川、陕西等地。

表注：

1 内有庄士敦及合庆小学。

2 含至元善堂。

3 《灵学会紧要广告》，要求交第二会费。另，五卷出现特别广告。

4 含省三坛同人。

5 含洪雅县儒教分会（为四川省）、陕西图书馆。

表六　　　　　　　　　　　丛志登载信函表

作者	籍贯	题目	是否"春来党"	卷期
吴稚晖	无锡	《〈答吴稚晖书〉之附录》	是	第 1 卷第 1 期
汪文溥	常州	《〈灵学丛志〉序》	否	第 1 卷第 1 期
秦毓鎏	无锡	《秦效鲁先生书》	否	第 1 卷第 2 期
华纯甫	无锡	《华纯甫先生书》	否	第 1 卷第 2 期
侯疑始	无锡	《侯疑始先生书》	否	第 1 卷第 2 期
蔡元培	绍兴	《蔡孑民先生书》	否	第 1 卷第 2 期
严复	侯官	《严几道先生书》	否	第 1 卷第 2 期
严复	侯官	《严几道先生致侯疑始书》	否	第 1 卷第 3 期
裘廷梁	无锡	《裘廷梁先生书》	是	第 1 卷第 2 期
裘廷梁	无锡	《裘葆良先生书》	是	第 1 卷第 3 期
廉泉	无锡	《题灵学丛志六首》《文苑》	是	第 1 卷第 3 期
姚作霖	不详	《姚作霖先生书》	否	第 1 卷第 3 期
余冰臣	绍兴	《余冰臣先生书》	否	第 1 卷第 3 期
孙揆均	无锡	《奉题〈丛志〉并上陈俞二仲丁氏昆季汪兰公》	否	第 1 卷第 5 期

表七　　　　　　　　　　《新青年》批判灵学文章表

作者	题　目	卷　期	发表时间
陈独秀	《有鬼论质疑》	第4卷第5号	1918.5.15
刘半农	《随感录九》	第4卷第5号	1918.5.15
陈大齐	《辟"灵学"》	第4卷第5号	1918.5.15
钱玄同	《随感录八》	第4卷第5号	1918.5.15
易白沙	《诸子无鬼论》	第5卷第1号	1918.7.15
陈独秀	《随感录十二》	第5卷第1号	1918.7.15
陈独秀	易乙玄《答陈独秀先生〈有鬼质疑论〉》之跋	第5卷第2号	1918.8.15
陈独秀	《偶像破坏论》	第5卷第2号	1918.8.15
刘叔雅	《难易乙玄君》	第5卷第2号	1918.8.15
鲁迅	《随感录三十三》	第5卷第4号	1918.10.15
陈独秀	莫等《鬼相之研究》之答	第5卷第6号	1918.12.15
陈大齐	莫等《鬼相之研究》之答	第5卷第6号	1918.12.15
莫等	《鬼相之研究》	第5卷第6号	1918.12.15
刘叔雅	《〈灵异记〉译后记》	第6卷第2号	1919.2.15
陈大齐	《鬼相与他心通》之答	第6卷第4号	1919.4.15
王抚五	《鬼相与他心通》之答	第6卷第4号	1919.4.15

后 记

　　拙作由博士学位论文修改而来，是一个既冷又偏的选题，一路走来，甘苦自知。有太多要感谢的人，这里就先记一个流水账吧。

　　记得是入学的第一天，导师程先生即约我和同门宋长琨兄一起到家里很详细地谈起三年学习要注意的问题，告诫我们最后的论文非常重要。我也知道，作为学生，做好论文是天职。求学三年，因担任先生工作助手的便利，虽经常能聆听先生的指导、感悟先生为人为学之道，但生性愚笨的我，最后提交的作业与先生的要求相差万里。先生是在担任国家清史编纂委员会史表组组长繁重的工作下，在已确诊肺癌晚期的情况下，从提纲到语句再到标点，逐次修改。草稿处处是先生密密麻麻修改的痕迹，读来令我心酸和内疚。先生为我论文付出的心血和对学生孩子般的关爱，我难以用言语表述，唯有感激！

　　张鸣教授有鲜明而颇具感染的人格魅力。先生总是用平实朴素的话语表述深刻的学术观点和深切的社会关怀。先生独到地建议我要结合近代科学来谈灵学，打通了我的思路。没有先生的点拨，论文很难有现在这个样子。

　　谈火生博士，实际是我的副导师。程先生曾交代我要多向谈老师请教。从论文最初的选题到论文最后的修改阶段，谈老师都付出了大量的心血。谈老师总有我请教不尽的智慧，总能给我的论文恰如其分的指点，惜我领会不够。

　　在我求学的道路上，山东师范大学的田海林教授是我的领路人，是先生带我进入学习历史的门径。硕士毕业后，先生还时时关心我的发展。每当我遇有困难时，先生总能给我醍醐灌顶的教诲。

三年的学习，人民大学给我终生难忘的教益。国际关系学院王乐理教授、张小劲教授、景跃进教授等诸位老师都给了我很多提示。我的工作单位青岛市社会科学院为我创造了宽松的环境。国家清史编纂委员会史表组何瑜教授、王开玺教授、郝秉键教授、赵雅丽博士、郑永华博士、曹新宇博士等诸位老师，不时关心和指导我的论文。同门及同级的各位同学读书求知，宋长琨、于海峰、王学军、徐学谦、高卫民等都给我了很多帮助。责任编辑赵丽博士秉承山东老乡本色，主动帮忙联系出版事宜，亲自为拙作审改修琢。感谢他们！

最后，我要特别感谢我的父母。我的父母是地道的农民，我多年来在外求学工作，越来越体会到他们的艰辛。

当然，拙作还有诸多问题与不足，其咎在我，并恳请专家批评指正。

郑　国